本书由四川省哲学社会科学研究“十四五”规划2022年度项目（项目编号：SC22B023）、西南民族大学中央高校基本科研业务费专项资金揭榜挂帅项目（项目编号：2023SJBGS04）资助。

JINYU LIULINHUA WENBAIYIDU
JIQI BIANYIYANJIU

晋语柳林话文白异读及其变异研究

贾海霞　著

民族出版社

序：社会语言学和方言学结合大有可为

海霞是我2007级的硕士研究生，她给我的第一印象是质朴、踏实，不仅勤奋好学，而且善于思考。读研期间，她在阅读现代汉语重叠式论著时，关注到前人关于普通话动词重叠限制问题的论述。比如朱德熙（《语法讲义》，商务印书馆，1982：182）指出，动词重叠式的否定形式只出现在两种场合：一是“不……不……”的前一个“不”字之后，如“不调查调查不容易弄清楚”；一是出现在反问句中，如“你怎么不问问”。张先亮（《试论重叠式动词的语法功能》，《语言研究》，1994年第1期）指出，普通话“没（有）”限定动词重叠式时只出现在陈述句中，如“他没敲敲门就进来”。石毓智（《论汉语的句法重叠》，《语言研究》，1996年第2期；又见《肯定和否定的对称和不对称》，北京语言文化大学出版社，2001：301）认为，在陈述句中，动词重叠式不能被“不”或“没”否定，在条件句和疑问句中才能被“不”否定，并暗示某种行为应当发生却没有发生，如“昨天晚上你怎么不看看那个电视呢？”

海霞对比自己母语发现，晋语柳林话动词重叠式的否定形式比普通话更为复杂。从表义和功能角度可将柳林话动词重叠分为两类：甲类重叠式的主要功能是表“动量小、时量短”，还可表“尝试、持续和反复”等情状；乙类重叠式在语义上更强调动作的动态描述性。甲类重叠式受否定形式的限制主要有三种格式：一是动词重叠式可受否定副词“没（有）”限制，一般出现在疑问句中。这时的疑问句是无疑而问，只是提出建议或表达些许遗憾。二是动词重叠式可受否定副词“不”的限制，如朱德熙所说，可出现在“不……不……”格式和反问句中。三是出现在“不……就……”句子格式中，表建议或带有责备语气。乙类重叠式的否定形式则不受限制，它与甲类重叠式的最大区别是，可出现在否定祈使句中，其格式是“不要……”。这也是它与同类格式形容词性重叠式的本质区别。

以此为线索，海霞广泛搜集家乡方言材料，证明了晋语柳林话动词重叠式否定形式的复杂性。她以此确定了硕士学位论文选题并顺利完成答辩（《晋语柳林话重叠式研究》，中央民族大学硕士学位论文，2010），研究结论丰富了对动词重叠式否定形式的认识。

2010 年毕业时，海霞以优异的成绩和踏实的语言学功底被西南民族大学录用。五年之后，她提出想跟我读博深造，我担心她工作期间的相关研究离社会语言学较远，抱着试试看的心态应允了她，结果她以总成绩第一的成绩上榜，这从一个方面体现了海霞另一方面的优点——韧性。

博士学位论文选题时，海霞起初想结合工作内容调查西南少数民族语言使用和语言态度，但我建议她在硕士学位论文的基础上做持续性探讨，一是可以利用母语优势，二是可以结合社会语言学的理念和方法探索方言调查研究的新路。她接受了我的建议，在试调查的基础上，选择柳林话的文白异读及其变异为研究对象，将传统方言学与社会语言学方法相结合，运用语言变异理论研究柳林话的文白异读现象。

在汉语北方方言中，晋语的文白异读比较复杂。20 世纪 80 年代，徐通锵、王洪君《说“变异”——山西祁县方言音系的特点及其对音变理论研究的启示》（《语言研究》，1986年第1期）在分析山西祁县方言文白异读语音特点的基础上，提出了“叠置式音变”概念。王洪君的硕士学位论文《文白异读与叠置式音变》（北京大学，1986）也专题讨论了叠置式音变。关于叠置式音变是否独特的音变形式，学界存在不同看法。后来，王洪君《历史音变面面观——〈历史语言学：方音比较与层次〉评介》（《语言科学》，2011年第6期）将文白层次的说法改为本地/外来层或内/外层，本地层（内层）指汉—西夏对音文献所反映的宋西北方音层，外来层（外层）又可细分为二：外来层1指中原官话关中方言层，外来层2指北京方言层。海霞从字音出发，认为“文白异读是同一个字以词汇或语用为分布条件，不同场域的不同读音（声韵调的各类组合）在某一语言系统中共现的语言现象”。她从音类入手，对照中古音韵特点，梳理文白异读字声韵调的演变方式、过程和特点，分析语音及其语词分布特点和功能，进而认为“文白异读是语言接触条件下形成的语音交错现象，是一个共时语音系统中不同历史层次的语音随语境、语体和语用变化形成的词语异读现象”，这一研究结论有一定的创新性。

过去，汉语方言文白异读研究多聚焦于文读音的特点（借入单位、方式、动因、规模以及来源等）、文白异读的语词分布与语体色彩、读书音与口语音是否两套音系、文白异读是否成系统、新老派读音是否文白异读等方面。海霞试图从“源”“流”“用”“变”四方面建构汉语方言文白异读的研究框架：“源”和“流”相当于过去的文白异读研究。“用”和“变”主要从动态层面反映文白异读的共时使用特点，其中“用”指文白异读的语音体现与语词分布特点，是进一步揭示语音层次性和功能性的基础；“变”指文白异读在使用过程中语音的变化以及不同社会群体的社会化变异。

这一分析框架是我近十多年来指导研究生研究方言或语言变异普遍采用的分析模式。这种模式至少有三方面的意义：一是可以采用共时和历时结合的方法，解释语言系统的稳定性和可变性特点；二是能够揭示通用语或强势方言对调查地方言或弱势方言的各种影响因素（主观和客观因素、语言或方言内部与语言或方言接触因素）；三是综合采用字表、词表、长篇语料、访谈、问卷调查等方法，将社会语言学和方言学调查分析方法即质性研究和量化分析有机结合起来。

变异是语言的基本属性，但直到 20 世纪 60 年代才逐渐得到应有的重视。语言变异研究的基本思路是以语言社区为调查单位，综合采用定性（如参与观察、深度访谈等）和定量（如抽样的问卷调查等）方法，体现了历时语言变化和共时语言变异、定性研究和定量分析相结合的语言演化研究模式。海霞关于柳林话文白异读研究很好地运用了这一分析模式，她认为："文白异读不是变异，是异读。变异是社会化的读音分化，体现了语言使用的社会属性；异读是功能性的读音分化，体现了语言使用的差异。"在提取语音变项时，海霞综合考虑了调查对象文白异读字的知晓率和使用率、中古音韵分布等指标，并从中选择代表性的 45 个异读字，提取声母变项 15 组、韵母变项 34 组、声调变项 13 组，量化分析各音类异读使用的关联、扩散过程及社会分布，既避免了依据有限语料做出的过度推论，又直观呈现出文白异读"用"与"变"的动态过程。

制约语言变异的条件和影响因素是变异研究的重要内容。海霞的研究将文白异读置于语词环境中考察不同社会特征方言人文白异读的使用特点，既分析影响语言变异的内部制约条件，也考察影响语言变异的社会和心理因素。语言结构的制约条件方面，从语音和词汇系统的内在演变规律中探讨文白异读变异对声韵调系统的影响。社会和心理影响因素方面，既考察年龄、性别、文化程度、外出经历等社会变项与语言变项的交互作用，还考察政策导向、社会文化、思维方式、语言态度及语言接触对语言变异的影响。简言之，将语言变异置于方言系统内部、特定语境以及方言使用者社会文化和认知心理中探讨，能够更好地揭示语言变异的特点和规律，得出的结论也更加可靠、更有针对性。

随着语音变异数量的增加、使用范围的扩散，必然会影响音系特点。柳林话文白异读的变异已对声韵调产生了一定影响，并在一定程度上改变了原有声韵组合规律以及白读系统中声韵调系统的格局。随着词汇的扩散，文读音会进一步融入白读系统，而白读系统将逐步向普通话靠拢。在文读音和白读音的相互作用和演化过程中，演化的中间阶段即过渡阶段变化较快，基本呈中间大、两头小的状态。这一结论在一定程度上说明，柳林话文白异读现象将长期存在下去。

通过博士学位论文答辩后，海霞吸收了答辩委员会专家的意见对论文做了一定的补充修订。从这部即将付梓的著作中可以看出，海霞在文白异读研究方面费时颇多、思考较深，其研究成果为汉语方言相关研究提供了一个可资参考的个案。相信她沿着这条路坚持下去，必会有更多的收获。

王远新

2023 年 5 月 4 日于中央民族大学

目　录

绪 论

近几十年来，汉语方言学界以侯精一、温端政、刘勋宁、乔全生等为代表的部分学者认为，晋语是我国北方唯一与官话同级的方言。晋语区的大致范围东起太行山，西近贺兰山，北抵阴山，南至黄河汾渭河谷，是中华文明的重要发源地之一。黄土高原相对封闭的地理环境，是晋语保留较多古代汉语特点的重要原因。

最早记录晋语的当推汉代扬雄的《輶轩使者绝代语释别国方言》，书中记载的秦晋语最多，且语义说明也较细，有时甚至用秦晋语注解四方的“方语”。李恕豪（1992）认为，在汉代，秦晋方言是最重要的方言，是当时“通语”的基础。李开（1993）也认为，秦晋方言很可能是汉代共同语的基础方言。清朝和民国时期，也有一些关于晋语词语和读音的零星记载。

最早运用语言学理论与方法记录晋语的是瑞典汉学家高本汉，他于1910年调查了山西太原、太谷、兴县、文水、大同、凤台（今晋城）等6个点各3000多个字音材料，收录在《中国音韵学研究》（法文版，1915）的《方言字汇》中。① 这一研究成果为日后晋语的研究提供了参考，其不足之处在于只记单字声韵，未记声调，也没有整理出音系。

① 转引自乔全生、周怡帆：《论晋语语音研究在汉语音韵学中的重要价值》，载《山西大学学报》，2017（11），14~19页。

1948 年，英国学者富励士（R. Forrest）引用高本汉的材料，在《汉语》（*The Chinese Language*）一书中首次提出“晋语”的概念，并从语音角度列出五个特点。他所说的晋语指分布在甘肃东部、山西和陕西一带的方言，与春秋时期秦晋两国的疆域相近。

1976 年，日本学者桥本万太郎的《晋语诸方言的比较研究》一书也涉及晋语，他所说的“晋”是山西的别称，晋语即山西省内的方言，还研究了包括河北的崇礼和尚义等地的方言。

1985 年，李荣《官话方言的分区》按古入声字声调的分派将官话方言分成七个次方言，1989 年的《汉语方言的分区》修正为八个，并将晋语从官话方言中独立出来，用来指山西省及其毗连地区有入声的方言，包括陕北、内蒙古西南部、河北西北部和沿太行山东麓以及河南北部等地。

侯精一认为，晋语的特点主要有：①有入声；②崇母平声字的擦音化；③古全浊声母今读塞音、塞擦音平声不送气；④蟹、止两摄部分合口字今白读 y；⑤鼻音韵尾的消失与合流；⑥入声收喉塞尾并入舒声调；⑦文白异读；⑧有表音词缀“圪”；⑨指示代词三分；⑩具有分音词等。[①]

比较来说，北方方言的文白异读现象没有南方方言丰富，但在北方方言中唯独晋语是例外，这也是晋语成为独立方言的一个重要因素。张光宇（2006）认为，文白异读是一个地理分布很广、蕴含相当丰富的汉语史现象。就地理分布来说，文白异读在华北地区以山西方言（包括晋南黄河以东中原官话汾河片和山西、陕西的晋语诸方言）的蕴藏比较丰富；在华南地区则以闽南方言的文白异读现象最为复杂。

---

① 侯精一：《晋语研究十题——为纪念桥本万太郎教授逝世 10 周年而作》，见侯精一：《现代晋语的研究》，北京，商务印书馆，1999。

本研究以晋语柳林话文白异读为对象，试图从柳林话这一方言点切入，以点推面，关照整个吕梁片，乃至晋语及中原官话汾河片（晋南区）的文白异读分布情况，探讨文白异读现象的起变原因、变化方式、语音体现、语词分布、历史来源及其使用和发展趋势；运用社会语言学方法做专项变异调查，探讨文白异读变异的原因、过程、结果和规律，考察语音变化的原理和机制。

一、研究缘起

《中国语言地图集（第2版）》（2012）显示："晋语吕梁片分布在山西西部16个市县和陕西北部的吴堡、清涧、佳县三县，内部分汾州小片和隰县小片。"① 笔者选择吕梁片柳林话作为研究对象主要有以下原因：

（一）吕梁片是晋语核心区，方言底层复杂

侯精一（1999）指出"有的现象，如文白异读则多见于晋语的中心地带：山西中部太原盆地、西部吕梁山区等"。沈明（2006）比较了并州片和吕梁片方言，认为二者语音系统的白读层有一些共同点：宕江今读音、曾梗今读音、"废费飞肥 | 脆岁嘴醉"今读、姐≠解 | 借≠介 | 爷≠崖、等的区别、冯=红 | 飞=灰 | 扶=胡。② 沈明、秋谷裕幸（2018）认为，吕梁片和并州片是公认的晋语核心区域，但随着社会的发展，普通话的大力推广以及人们受教育程度的提

① 转引自沈明、［日］秋谷裕幸：《吕梁片晋语的过渡特征》，载《中国语文》，2018（4），422~434页。汾州小片：山西西部11县市（离石县、汾阳市、方山县、柳林县、临县、中阳县、兴县、岚县、静乐县、交口县、石楼县）、陕西北部3县（佳县、吴堡县、清涧县）；隰县小片：山西省西南部5县（隰县、大宁县、永和县、汾西县、蒲县）。

② 沈明：《山西方言宕江两摄的白读》，载《语文研究》，2006（4），46~51页。

高，晋语核心区已产生了变化。王晓婷（2016）检测晋语中心地带的 29 个方言点，认为太原城区方言不能作为晋语的核心方言。晋语的另一个核心区吕梁山区，因山川阻隔、交通不便，方言发展速度较慢，在体现晋语特点方面具有典型性，在整个晋语研究中占据重要地位。

王洪君（1992）认为“宋西北方音不能作为山西白读层的共同出发点，由于晋南、晋中、吕梁白读音的分歧，其共同出发点在许多方面比宋西北、甚至唐西北方音更古老”①。乔全生（2008）认为“现代晋方言是唐五代西北方言的直系后裔，汾河片方言是宋西北方言的延续”。乔全生、周怡帆（2017）进一步指出，现代晋语的底层形式是母语为非汉语的少数民族所操的汉语方言。据陈庆延（2001）考察，晋语受不同历史时期的蒙兀室韦语、鲜卑语、东胡语、乌桓语、匈奴语、敕勒语、突厥语等北方少数民族语言的影响。在音韵结构上，现代晋语之所以与以吴语为代表的非官话南方方言有密切关系，正是“因为它们的底层都是北宋通语官话，是少数民族学习通语官话的结果”。

（二）吕梁片内部具有渐变性，亟需深入挖掘

沈明、秋谷裕幸（2018）选取三个音韵现象②观察吕梁片晋语的性质，认为“古全浊声母今白读、曾梗三四等舒声韵今白读的特征，其源点是汾河片中原官话，往北往西跨过黄河遍布整个吕梁片，辖字的数量逐渐减少，直至完全变成官话方言的样子。单字调

① 王洪君：《阳声韵在山西方言中的演变（下）》，载《语文研究》，1992（1），50 页。

② （1）古全浊声母今逢塞音、塞擦音的白读；（2）曾梗开口三等舒声韵的白读；（3）单字调系统。

系统方面，吕梁片晋语的6调（汾西7调）是源点，往北往东6调合流成4调（阴平上合流、阳阳入合流），成了五台片晋语；往南6调也合流4调（阴入归阴平，阳入归阳平）”①。该文认为不论音韵特征还是地域分布，吕梁片晋语都呈现出连续状态，具有过渡性特征。其过渡性特征不止这三点，其他特点需进一步挖掘。

笔者认为，这里所谓的“过渡性”与吕梁片是晋语的核心区并不矛盾。一方面，因为地域特点，吕梁片被吕梁山、太行山、汾河、黄河包围，语言发展较为缓慢，所以说是晋语的核心区。另一方面，由于语言交际的需要，虽然交通不便，但还是会与河对岸、山那边的其他晋语区接触，所以其内部特征具有渐变性。

（三）吕梁片文白异读丰富，但成果较零散

侯精一（1997）指出，晋语的重要特点之一是有比较丰富的文白异读。从现有研究成果看，晋语的文白异读研究还呈碎片化状态。侯精一、杨平（1999）将山西方言声母的文白异读分为九种类型（其中五种为晋南区独有），韵母的文白异读分为八种类型（主要观察了晋南区和晋中区的情况），主要列举例字，并没有深入分析。事实上，吕梁片文白异读情况要比该文所述情况复杂得多。黑维强（2010）指出，黄河沿岸的方言都有成系统的文白异读，自南而北有延川（张崇，1990；曹鹏，2009）、清涧（刘勋宁，1983；张崇，2001）、吴堡（邢向东，2007）、神木（邢向东，2002），呈现出南北带状分布。但是这种成系统的文白异读现象仅呈现于单篇期刊论文中，其系统性具体体现在哪些方面，有何特点？与文白异读现象复杂的吴语、闽语相比有何共性和差异性？晋语文白异读在

① 沈明、[日] 秋谷裕幸：《吕梁片晋语的过渡性特征》，载《中国语文》，2018（4），422~434页。

地域分布上又有何特点？这些问题均需进一步深入研究。

（四）个案研究水平参差不齐，难以横向对比

柳林县是山西的“西大门”，紧靠黄河，与陕北吕梁片三县（吴堡、清涧、佳县）及五台片（绥德）隔河相望。柳林话属晋语核心区吕梁片，具有一定的代表性。据清乾隆年间修纂的《绥德州直隶州志》卷三《风俗志》（附方言）记载：“绥德语言类太原、代州等处，与汾阳、永宁虽接壤，却不相似也。”永宁（今山西离石，包括今柳林大部分区域）与绥德隔黄河相望，但语音差异较大。

从地理位置看，柳林县西隔黄河与陕北晋语相望，南接吕梁片隰县小片，东接并州片，处于方言片（小片）的过渡地带；从地理语言学的视角看，山川、河脉对语言的形成和发展有一定的影响，与柳林县隔河相望的陕北地区多为吕梁片方言，也有极少数行政区域（如绥德县）属五台片。黑维强（2016）的调查表明，绥德县沿河区方言应划归为吕梁片汾州小片，其文白异读成系统分布。据此，笔者推断柳林话文白异读也应成系统分布。从人口迁移角度看，侯精一（1999）认为，山西的移民是形成山西境外晋语区的直接原因。黑维强（2016）认为，河南和内蒙古晋语是山西移民形成的，而陕北晋语并非如此。笔者从本族家谱记载中发现，陕北贾姓一族是从柳林县穆村镇迁出，孰是孰非，还有待进一步考察。

近年来，陕北晋语研究成果丰硕，比如邢向东主持了三项国家社科基金项目，黑维强《绥德方言调查研究》入选国家社科后期资助项目等。河对岸山西境内的吕梁片方言研究成果却很少，且散见于各家论著，系统描写不够，既无法全面揭示吕梁片方言的特点，也不利于方言横向对比研究。由此可见，深入研究柳林话，特别是

开拓文白异读变异研究的新领域，对晋语方言、语音史和社会语言学研究都有重要价值。

二、研究价值

（一）理论价值

1. 通过柳林话文白异读的全面描写及其变异现象的调查研究探索柳林话的性质、特点及其在晋语中的地位，并深入探讨文白异读现象的起变原因、变化方式、使用及发展趋势，为汉语方言文白异读研究提供重要资料，为语音变异理论研究提供个案参考。

2. 通过语音的历时比较和共时变异研究，可进一步认识语言演变和变异的原因、过程、结果和规律，考察语音变化的原理和机制，还可依据社会语言学调查预测柳林话语音发展演变的趋势。

3. 通过与陕北晋语、中原官话汾河片及并州片方言的对比研究，可进一步认识河流、山川等地理因素对方言特点的影响，为方言地理学研究提供个案。

4. 通过与其他方言文白异读的比较，能进一步揭示晋语文白异读的特点和地域差异。

（二）应用价值

1. 语言本体方面，在前人研究的基础上，通过田野调查，客观描写柳林话语音系统，可以修正前人的语料记录和音系研究的不足。

2. 整理和研究文读音和白读音的语音系统，不仅可以揭示柳林话语音系统的层级性，而且可以规范当地居民的汉语语词读音，进一步推动国家推广普通话工作的发展。

3. 全面梳理柳林话文白读音和文白词语，能够揭示柳林话特殊的表达方式，体现柳林的风土人情及柳林人的语言态度和文化心理。

三、研究内容

本研究以柳林话为研究对象，从记录柳林话的语音系统入手，考察文白异读词的来源、分布、特点、类型和语词环境，研究文白异读词的语音系统及其在语词中的分布，通过社会语言学的调查，进一步探讨文白异读词在不同社会属性群体中的变异情况，并在研究文白异读词现状的基础上预测它的发展和演变方向。具体内容如下：(1) 柳林话的语音系统；(2) 柳林话的文读音系与白读音系，包括文白异读的语音体现、文白读音在语词中的分布、文白异读的历史来源、文白异读在音节中语音上的体现；(3) 柳林话文白异读的特点，包括文白异读变异的语音分布、文白异读的社会变异分布、文白变异的扩散过程、文白异读对语音格局的影响、文白变异发生的原因及发展的趋势。

四、理论与方法

(一) 相关理论梳理

1. 语言接触理论

任何时代的语言或方言都不会是孤立的、静止的，作为人类最重要的交际工具和文化载体，它必然处于不断接触和变化的过程中。

最早使用“语言接触”这一术语的是瓦茵莱赫（U. Weinreich）的专著《语言接触》(*Languages in Contact*)。“语言接触指使用两种或多种不同语言或变体的个人或群体，在直接或间接接触过程中所发生的各种语言使用现象及其结果所产生的各种变化情况。其研究对象主要包括：双语兼用、语言融合、语言成分的借用、语码转换、语言转用、语言混用、语言联盟、语言混合（如皮钦语和克里奥尔语等）、语言消失、语言濒危、语言兼用等。”①

在语言接触过程中，导致语言或方言变异与变化的因素主要有两方面，即结构因素和社会因素。结构因素反映了接触对语言结构系统的影响范围，即“有阶性”。主要通过研究结构中发生变异的成分、变异的发展方向和变异对原结构系统的影响等方面，揭示其作用范围。社会因素决定了语言接触的深度，即“无界性”。主要通过研究接触时间的长短、人口迁移、交际模式、群体范围、语言使用者的心理、权势和威望等问题，揭示接触对语言使用的影响。②

从接触方式看，语言接触可分为直接接触和间接接触两类。直接接触主要指在社会言语活动中，不同语言或方言的人直接用口语或书面语交流，如汉语各方言区的人虽彼此听不懂对方的方言，但是可以通过普通话或规范汉字交流。间接接触主要指用文字符号记录的历史上的同一种语言或不同语言之间的接触，如中古汉语的残留、外国文学作品等。③

2. 语言变异与变化理论

变异性（variability）是语言的一个基本特性。著名的语言学家爱德华·萨丕尔（Edward Sapir）说：“谁都知道语言是可变的。即使是同一代、同一地、说一模一样的方言、在同一社会圈子里活动的两个人，他们的说话习惯也永远不会是雷同的。”④

---

① 转引自张兴权：《接触语言学》，1~6页，北京，商务印书馆，2012。

② 陈保亚：《论语言接触与语言联盟：汉越（侗台）语源关系的解释》，北京，语文出版社，1996。

③ 张兴权：《接触语言学》，2页，北京，商务印书馆，2012。

④ ［美］爱德华·萨丕尔：《语言论》，陆卓元译，132页，北京，商务印书馆，1985。

社会语言学以变异为立足点，认为语言是由符号的各种变异形式构成的、异质有序的动态系统，社会语言学“重点研究语言结构、语言系统和社会结构、社会系统的对应规律和共变关系，研究语言的社会功能以及在不同语境中的使用特点、变化规律和发展趋势，目的是更全面、更深入地解释语言结构和语言功能的本质特点”①。变异的产生不仅受语言结构系统内部因素的制约，也受外部因素的影响。语言的历时变化就产生并体现在语言的共时变异之中，可以说，变化是实现了的变异，变异是正在进行的变化。社会语言学将共时的变异称为“进行中的变化”②，认为语言自身不改变，而是使用语言的人改变了语言，语言变化的基本模式是在不中断社区内部言语沟通的条件下逐渐演变的，言语社区成员对语言变异形式往往具有比较一致的看法，也就是说，语言变化的发展往往伴随着言语社区成员对语言变异形式的态度的改变。③

劲松、瞿霭堂（2011）认为，拉波夫等人关于语言变异现象丰富了社会语言学和历史语言学的研究内容，同时对作为变异理论基础的“异质论”提出质疑。文章从哲学、认识论和方法论角度辨析了“本质”差异是变化关系，“性质”差异是变异关系，二者是“质”与“量”的关系，而“异质论”研究的是语言的“性质”，没有区分变异和变化的概念，甚至将语言起变的原因等同于语言整个变化的过程。

---

① 王远新：《社会语言学的语言观与方法论》，载《中央民族大学学报》（哲学社会科学版），2005（2），138~140页。

② 陈松岑：《语言变异研究》，57~60页，北京，高等教育出版社，2001。将“进行中的变化”称为“实现中的变异”，并指出汉语方言中普遍存在的文、白异读是这种变异的表现形式。

③ 徐大明：《语言变异与变化》，11~12页，上海，上海教育出版社，2006。

3. 词汇扩散理论

王士元（1982）指出："新语法学派关于语言变化的学说存在两个困难，一是'把语言从它的社会环境中孤立出来'，造成了'个人与社会之间不可调和的对立'，这一困难'可以用描写变异的技术加以精致的处理'；二是'假设语音的逐步变化没有例外'，这一困难可以用词汇扩散理论加以补充。"①

词汇扩散理论认为，"音变对词汇的影响是逐渐的。也就是说，一个音变在发生时，所有符合音变条件的词是逐个变化的"②，这个连续过程中，共时变异在词汇扩散中发挥着关键作用，可以从中透视出音变的整个动态过程。从音变的载体来观察的话，音变是从词汇和说话者上反映出来的一个连续过程。词汇层面，词的出现频率是决定扩散进度的最重要的因素之一，也就是说，词的出现频率越高，变化就越早。说话者层面，年龄是时间的共时反映，在音变研究中发挥举足轻重的作用。年龄较大的代表变化的较早阶段，年龄较小的代表变化的较晚阶段。与音变阶段相对应，年龄的差异一般分为老年、中年和青年三组。

潘悟云（1985）探讨了词汇扩散理论与新语法学派的"语音变异无例外"的关系，认为"音变过程中其他因素的影响可以忽略不计，只有语音条件起决定性影响时，就是新语法学派的音变模型，但有时有多个音素影响着音变，且这些因素只跟词发生直接的关系，表现为句法功能、词的频率、词的语音形式、词在各个社会阶层的不同用法时"③，就属词汇扩散现象。

① 王士元：《语言变化的词汇透视》，载《语言研究》，1982（2），34~48页。

② 王士元、沈钟伟：《词汇扩散的动态描写》，载《语言研究》，1991（1），15~27页。

③ 潘悟云：《词汇扩散理论评介》，载《温州师专学报》（社会科学版），1985（3），53~62页。

4. 叠置式音变理论

20世纪80年代，徐通锵、王洪君分析闻喜文读、旧文读、新文读的共时社团差异，揭示出闻喜文白异读的三个层次：本地层、中原官话关中方言层和北京方言层①，后两者属外来层，指出权威方言的更迭是多层文白的成因，提出“叠置式音变”的概念②。

叠置式音变理论认为，文白异读的实质是来源不同、进入当地时间不同的两个（或几个）音韵层次在共时音系中的叠置。各音韵层次间有成系统的同源对应（姊妹方言关系），但它们不是直接的继承发展关系，而是反映某一历史层面上土语音系与权威方言音系的接触与竞争。音变的单位是词中的音类，不同于一般的“方言借词”。音变的条件是文白音系中相异的部分，一般这部分在共时方言音系中已消失。音变的过程一般是文白比例由文少白多变为文白相对均衡再变为文多白少，而制约交替的因素也由词汇限制转为语境限制又转为词汇限制。竞争大致可分为文弱白强、文白相持、文强白弱三个阶段。③

瞿霭堂（2008）认为，叠置式音变的动因与其他接触性动因没有本质的差别，它只是离散式音变的一种形式，与语言间的接触式音变性质相同，与其他音变模式具有相同动因和方式，很难成为一种独立的音变类型。以文白异读为例，区分“竞争”和“变化”，

① 本地层：汉—西夏对音文献所反映的宋西北方音层，即：全浊归次清、宕果合流、曾梗分立、曾通归臻、梗开二归蟹、梗开三四归山咸开三四失尾入；

外来层1：中原官话关中方言层，即：曾梗分立、宕曾梗通均为阳声、假开三分化与舒化山咸入合流为独立的车遮韵、知庄章合口变唇齿、v与w声母对立；

外来层2：北京方言层，即：知庄章合口同开口、无v与w声母对立。

② 徐通锵、王洪君：《说“变异”——山西祁县方言音系的特点及其对音变理论研究的启示》，载《语言研究》，1986（1），42~63页。

③ 王洪君：《历史语言学方法论与汉语方言音韵史个案研究》，304~347页，北京，商务印书馆，2014。音类：字音的直接组成成分（声、韵、调）的统称。

在一定程度上是有缺陷的。①

另外，侍建国（2011）认为，文白异读是不同社会阶层的语言差异，否认“词汇扩散理论”和“叠置式音变理论”是独特的语言演变模式。王洪君（2011）又将文白层次的说法改称本地/外来层或内/外层。

5. 言语社区理论

言语社区是社会语言学的一个核心概念，是语言调查的基本单位，也有人将其译为“言语社团”“语言社区”“言语共同体”等。它的界定与“群体”这一概念息息相关。

早在20世纪二三十年代，学界就开始关注“言语社区”。布龙菲尔德认为：“一个言语社团就是依靠言语相互交往的一群人，但言语社团内部存在着变异现象，某个社区内部的言语之所以不同是由于交集密度的不同造成的。”② 莱昂斯认为言语社区为“使用某一特定语言（或方言）的全体人员”③。很明显，这两种界定实际上是“以语定区”，郝德森直接指明“只有在能够界定语言和方言的程度上，才有可能在这种意义上界定出言语社区”。也有一些语言学家提出了“交往”的重要性，如霍凯特认为，言语社区是通过共同的语言直接或间接地相互交往的一群人。甘柏兹采用“语言社区”这一概念，认为“语言社区是一个社会群体，它既可能是单语的也可能是多语的，因频繁的社会交往模式而聚合在一起，并因交际不充分与周围地区分割开来”④。拉波夫认为，言语社区的界定，

① 瞿霭堂：《“叠置式音变”献疑》，载《语言研究》，2008（4），1~7页。

② ［美］布龙菲尔德：《语言论》，袁家骅等译，51~69页，北京，商务印书馆，1980。

③ Lyons，J. *New Horizins in Linguistics*，Harmondsworth：Penguin，1970：326.

④ 转引自［加］罗纳德·沃德华：《社会语言学引论》第五版，雷红波译，149~150页，上海，复旦大学出版社，2009。

与其说是根据某些语言成分使用上的特殊一致，不如说是根据共同准则的参与，即社区中的说话人对社区内的言语行为有某种共同的感受，共同遵守某些语言准则。徐大明认为，言语社区理论就是关于语言使用者的系统解释。言语社区可以是多层次的，较小的言语社区嵌入在较大的实际上也就是更抽象的言语社区之中。①

笔者认为，语言理论史上每次学术对话都将推动理论的不断发展与完善，而理论的完善必定是建立在丰富的个案研究基础上的。以上理论是基于不完全相同的语言现象，采用不同的视角加以研究的结论。在实际应用中，我们应客观认识和评价各理论及方法论，“以我之需，为我所用”，科学合理地加以应用。适时根据现有材料，对有关问题进行理论性探讨。

（二）研究方法

1. 材料获取方法

（1）文献法。通过梳理文献，全面了解晋语各片区，尤其是吕梁片以及中原官话汾河片的地理环境、历史沿革、人口分布等背景材料；了解晋语划片、语音、词汇、语法研究的现状和存在的问题，确定研究方向；掌握汉语方言学研究的成果和方法，为研究奠定方法论基础；尽量全面地搜集吕梁片各方言点的书面语料。

（2）访谈法。调查员分别访谈主要发音人和辅助发音人，初步了解其语言掌握和使用情况、主要经历，并初步判断其方言纯正度和特色语言现象。虽然笔者是土生土长的柳林人，但因在外求学多年，母方言语言能力有所退化，在试调查中通过与发音合

① 徐大明、陶红印、谢天蔚：《当代社会语言学》，218～225 页，北京，中国社会科学出版社，1997。

作人交谈，发现或回忆起很多有意思的现象，如，主要发音人（王久平，1944年生，穆村镇气象所负责人）读字表中“宅”字时，先发ʦai³⁵，后主动说此字有别音，即“宅基地家庭户用作住宅基地而占有的土地”ʦhaʔ²¹。

（3）问卷调查法。按照一定的原则和程序选取语音变异项，设计调查词项使用、语言态度调查问卷，采用一对一访谈式问卷调查法，进一步了解调查对象的基本信息，包括年龄、性别、职业、文化程度、婚姻状况等社会变项，以及语言的掌握和使用情况。

（4）词表调查法。首先，利用《方言调查字表》①，根据主要发音人语料，整理柳林话声母、韵母、声调系统、音系特点及文白异读字等。其次，参考《汉语方言地图集》的“语音调查条目”（2002）和《汉语方言地图集调查手册》（北京语言大学语言研究所），自制《文白异读字调查表》等，进一步调查柳林话语音特点。然后找辅助发音人核实，进一步确认哪些语音现象存在变异。用《汉语方言词汇调查手册》（2006）调查文白异读的词变项，考察文白异读字的使用环境。最后，根据调查材料，制作柳林话语音变异项调查字表，结合不同社会变量，采用一对一引导式谈话法进一步调查。

同时也采取了一些调控手段，尽量使调查到的语料接近自然话语。主要的调控手段有：A. 前期梳理了现有成果中提及的文白异读字（词）及其词汇环境，调查时遇到此类字（词）时间接提示，核实是否有该现象，或该现象是否有所不同；B. 通过聊家常的方式，先调整好被试的状态，然后再开始调查，即尽可能获取最自然状态下的语料；C. 被试可以适当讲解，认识的字用柳林话读，也可

① 中国社会科学院语言研究所：《方言调查字表》（修订本），北京，商务印书馆，2012。

以组几个词①，不认识的字笔者提前查字典，标注释义，请被试用柳林话说该意思；D. 后期在文白异读变异专项调查环节，请被试用相关的词语造句，在保证语料真实性的同时，也可观察其语言环境。

（5）参与式观察法。笔者通过日常对话或参与各项活动（下地、购物、教学、去政府部门办事等），有意识地参与各种活动，记录自然语流中柳林话的语音现象，观察其使用条件、场合及社会变异情况。

（6）隐匿式录音法。在发音人不知情的情况下，将日常生活中的话语、访谈资料录制下来，以便进一步考察柳林话语音变异对环境的选择。

2. 问题分析方法

综合运用方言学、社会语言学等理论与方法论，采取定量研究与定性分析相结合的原则分析相关问题。

（1）历史比较法与共时对比法相结合。将柳林话与《广韵》音系、唐宋西北方音、《中原音韵》比较，分析语音的历史演变轨迹；与中原官话汾河片、陕北晋语、除吕梁片外的晋语其他片区方言对比，分析语音的共时差异。

（2）统计分析法。依据问卷调查获得的数据，本书主要采用Excel软件统计问卷数据。统计项包括“百分比”和“差比”②，一

---

① 被试在组词的过程中，经常会自己发现有异读音，如“夏”，被试组词如下：夏天、立夏、夏晌天、春夏秋冬等，说完马上意识到，前三个都读 xa^{51}，只有最后一个读 $ɕia^{51}$，如果“春夏秋冬”也读 xa^{51}，就会感觉很别扭，不顺口。

② 王远新：《城市维吾尔族维吾尔词语掌握和使用状况调查——以乌鲁木齐天山区药王庙社区为个案》，见王远新：《语言田野调查实录》（四），33~121页，北京，中央民族大学出版社，2010。

般情况下，差比越大，相关比较项的差异越明显。再结合社会变项（性别、年龄、文化程度、职业等）与语言变项做单一相关分析，最后试图分析同一语言变项与两个社会变项之间的交叉关系。

五、概念界定

（一）文白异读的性质

赵元任（1928）最早注意到方言里有文白读音不同的现象，并在《现代吴语的研究》一书中给吴语的一些字音注明“文”或“白”，分别指“文言”和“白话”的区别，即语体差别。之后学界在描述文白异读现象时，均对“文白异读”做了相关说明和界定。梳理前辈时贤的观点，笔者将其分为两大类。

1. 以字音为单位

这是最为传统的认识。如李荣（1957）认为“文白异读专指同一个字文言音和白话音不同”。张盛裕（1979）指出“所谓文白异读，是说同一个字有文言音和白话音的不同，有两个或几个不同的读法。同一个字，一般是指来历相同，在《切韵》系统里音韵地位相同的字”。张振兴（1989）指出“文白异读是指意义上有关联的两个或两个以上不同的读音，具有相同的来历，即在《切韵》系统里具有完全相同的音韵地位，即一个字有文言音和白话音的不同，有两个或几个不同的读法”。李蓝（1991）指出“文白异读即特定方言中同一个具有相同音韵地位的字在口语言谈中和读书念文件时有不同的读音”。李如龙（2001）认为文读音又称读书音，多用于书面语，白读音又称说话音，多用于口头语词。

2. 以音类为单位

根据辖字数量，异读可细分为两类，即单个字异读类[①]和多个字异读类[②]。王福堂（2003）指出："汉语方言中，一个字的异读中往往有异源的。这类异读具有不同的风格，并有语音上的对应性，一般称为文白异读。单个字的异读分别称为文读音（或读书音）和白读音（或口语音），如北京话铎韵'络'字 luo 为文读音，lao 为白读音。多个字语音上有对应的异读形成异读层次，分别称为文读层和白读层，如北京话陌铎韵的 o/uo 属文读层，ai/au 属白读层。"[③] 陈忠敏（2007）认为"文读音""白读音"要跟"文读层""白读层"区别开来。前者的对立元是音节，后者的对立元是音类"。

本研究所用"文白异读"指同一个字以词汇或语用为分布条件，不同场域的不同读音（声韵调的各类组合）在某一语言系统中共现的语言现象。可从"源流用变"四个角度简要说明文白异读的特点。

"源"指文读音的来源和系统性。汉语各地方言都源于上古汉

---

① 如熊正辉（1985）认为文白异读在古今语音对应关系上表现为古音一个或一组声母、韵母或声调在今天分为两套读音。有的字有文读又有白读，一字两音，有的字只有文读无白读，一字一音。徐通锵、王洪君（1986）认为文白异读反映两种语音系统的交融，大体说来，白读代表本方言的土语，文读则是在本方言的音系所许可的范围吸收某一个标准语（现代的或古代的）的成分，并在语音上向这一标准语靠拢……文白异读的"异"只是词中某一个音类的区别。陈忠敏（2003）指出认为文白异读是"一个方言里相同来源的语素读音，由于文言和口语的区别而造成的系统的层次又音现象。这里所说的'音'是指一个音节中声母、韵母或声调三个语音单位的某一项，而不是整个字音音节，或音节中的元音、辅音等音素"。

② 王福堂（2009）认为方言原有的读音和借入的读音叠置在一起，构成字音的层次。同一音类中，字音的读书音构成文读层，口语音构成白读层。字音的层次和音类的层次是个别和一般的关系。

③ 王福堂：《汉语方言语音中的层次》，见北京大学汉语语言学研究中心《语言学论丛》编委会：《语言学论丛》（第二十七辑），1~10 页，北京，商务印书馆，2003。

语。受汉语特殊的语言文字关系和多方言和谐共生的影响，各地方言发展很不平衡，这是文白异读产生的前提；权威方言的形成受政治、经济、文化等社会因素影响。方言接触是文白异读产生的条件，权威方言的语音在接触过程中，遵循当地白读音系的规约，采用折合方式渗入当地白读音系，并通过词汇扩散方式与白读音展开竞争，而竞争的具体体现就是语言使用者的日常交际，也就是说，交际需求是文白异读产生及发展的内驱力。一般而言，文读音是某一方言对权威方言中同源成分的音译，因此文读音一般在音韵层面上能统领一批字，辖字越多，系统性越强。从共时角度来看，文读音借自外方言，白读音是本方言，二者之间是层次关系，而非音变关系。

“流”指文白读音的演化。文读和白读并不是固定不变的，在一定的社会历史条件下，白读音可能成为新的文读音，文读音也可能成为新的白读，而且不同来源的多个文读音或白读音可以并存。这也是有些学者认为“文白异读”只适用于只有两个语音层次的方言，而对于语音层次较为复杂的方言，文白的概念就不敷应用。①

“用”指文白读音的使用范围和使用频率，即其在词汇或语用中的分布情况。文读音一般用于书面语词和新词术语，白读音多用于口语词、地名、姓氏及古语词。当用于地名和姓氏时，属中性色彩，而其他情况可能有词汇色彩的差别。文白异读既是语音现象，也是词汇现象。

“变”主要指文读和白读共存的动态过程。在语用中，文白读音会在使用范围和使用频率方面不断竞争，徐通锵（1991）将这一动态过程分为三个阶段：文强白弱、文白相持和文弱白强。另外，

① 刘勋宁（2003）认为南方方言有数量庞大且差异明显的不同读音，层次也往往不是两三层可以概括的，所以文白的概念就不敷应用，这可能就是研究闽语的罗杰瑞先生反感“文白异读”这个说法，成为最早实践语音层次研究的人。

从外方言借入的语音也可看作该方言的变异成分，也就是说，文白异读是一种特殊类型的变异。

（二）文白异读与语音层次

早期文白异读的相关研究多为语料收集，而文白异读背后的深层研究却始于20世纪70年代末，恰逢语音层次研究开始兴起，一些学者便将文白异读与层次分析相联系。王福堂（2005）认为："层次一般指进入方言的外来成分。语音层次，即同一古音来源的不同语音形式，如上海话'人'的读音中与⊆ȵiŋ相对的⊆zəŋ。异读中也常有外来成分，如一般文白异读中的读书音……层次一般指文白异读中的读书音……层次和异读并不等同。"[①] 潘悟云（2010）认为："文读是一种特殊的外借层……是方言区的人在学习强势方言时候的一种中介语，是经过自己方言的音系改造过的强势方言语音。""文读的形成必定服从'最大相似原则'和'最小改动原则'。"[②] 另外，高晓虹（2001）、刘勋宁（2003）、陈忠敏（2003）、王洪君（2006）、张光宇（2006）、王福堂（2009）等学者也从不同角度论述了文白异读与语音层次之间的关系。总之，文白异读与语音层次分析有关，但语音层次并不完全等同于文白异读，研究文白异读只是分析语音层次的重要手段之一。

六、相关研究综述

（一）晋语语音研究综述

文白异读与语音研究有密切关系，晋语的语音研究较多，这里

① 王福堂：《汉语方言语音的演变和层次》，48页，北京，语文出版社，2005。
② 潘悟云：《历史层次分析的若干理论问题》，载《语言研究》，2010（2），1~15页。

主要从入声韵及入声调、古全浊声母、古平声字、一二等的分别、语流音变、文白异读等方面介绍晋语语音研究现状。

1. 入声韵及入声调

有入声是李荣先生将晋语独立的重要标准，也是晋语在北方方言中最有特色的语音现象。入声特点和舒促转化现象是比较集中的两大研究方向。

(1) 入声特点

从现有资料看，学界多从晋语入声的演变特点、发展态势等方向探讨晋语入声韵及入声调现象。

杨述祖（1982）认为，晋语入声的特点是“声调大部短促、有ʔ尾、入声韵自成一套系统”。然后分“有入声的地区”“没有入声的地区”两方面看入声字的发展变化，认为“山西方言的入声虽然发展趋势不完全一致，但总的是向普通话靠拢”。[①] 温端政（1997）认为，晋语入声有六方面特点：第一，入声的调类有进一步合并的趋势；第二，入声调值多和舒声某调接近；第三，入声韵母系统趋向简化；第四，不同程度地存在着入声舒化和舒声促化两种方向相反的现象；第五，入声中的喉塞尾ʔ明显而稳定；第六，入声中系统的构词能力很强的不表义音节。[②] 乔全生（2003）通过对比晋语与江淮官话入声的异同及各自的发展渊源，认为二者在入声分阴阳的方言数量、入声韵的套数、宕江摄入声韵是否保留-k尾以及通摄一三等字今音分化情况等四处不同。[③] 以上研究成果主要

① 杨述祖：《山西方言入声的现状及其发展趋势》，载《语文研究》，1982（1），130~133页。

② 温端政：《晋语区的形成和晋语入声的特点》，载《山西师大学报》（社会科学版），1997（4），93~102页。

③ 乔全生：《晋语与官话分同步发展（一）》，载《方言》，2003（2），147~160页。

涉及入声调的归并及塞音韵尾的合流与失落。

也有一些学者从入声韵切入，研究晋语音韵特点、分区划片原则及与非晋语的区别。如：王洪君（1990）从主元音舌位的高低前后变化角度切入，考察26个方言点入声韵的归并或分化，进而从入声韵白读层分析各方言点韵类归向分歧的原因，从入声韵的文读音的外部来源看，认为大部分地区还未形成一致的文读层次。侯精一（1999）列出晋语区13个市、县的资料，补充了“山西省及其毗连地区有入声的方言”这一标准，认为“通摄合口一等与合口三等精组入声字晋语今读音多有分别，一等字读入声洪音，三等字读入声细音”①，这一特点在晋语区有很大的一致性，可以说是一项区别性特征。沈明（2005、2007）分别以晋语上党片、五台片入声调类的分合关系和演变过程为研究对象，指出山西晋语入声单字调类演变方向的异同，说明入声舒化方式有的源于方言自身演变，有的则是受外来强势方言的影响，并根据入声韵的类型给山西境内的晋语分区。

另外，还有一些单点方言的案例研究，如：崔淑慧（2004）将山西北区方言入声韵的演变分为忻州型、繁峙型、保德型三类，探讨了山西北区方言入声韵演变的过程、规律及趋势等。范慧琴（2004）以定襄方言（西北部）为个案考察入声字从喉塞尾向零塞尾演变的过程，认为可以将入声韵的主元音、塞音韵尾和声调三方面结合起来考察入声演变的特点。邢向东、孟万春（2006）描写了陕北甘泉话和延长话的入声调，指出两地中古入声字在读字时完全舒声化，口语中部分字仍保留入声读法。随后与绥德、清涧等方言对比，考察入声字演变的类型、规律，以及保留入声的语言环境，

① 侯精一：《论晋语的归属》，见侯精一：《现代晋语的研究》，2~5页，北京，商务印书馆，1999。

认为古韵摄是影响古入声保留与否的首要因素。

（2）入声舒化

从中古韵母演变方向看，有些中古入声字今柳林话读作平声、上声和去声，即入声舒化；有些中古非入声字今柳林话读作入声，即舒声促化。笔者穷尽式地统计了《方言调查字表》中的606个入声字，按今柳林话的使用情况，将其分为五类：今读阴入、今读阳入、今已舒化、今不再使用和舒促两读，详见附录2。

从现有研究成果看，有些研究以单点方言为例，梳理入声舒化现象，探究舒化原因，如：王希哲（1996）列举了左权方言古入声字今读舒声的79个字，和今有舒、入两读的28个字，并说明文读音多读入声，用于书面语词和新词；白读音多读舒声，用于口语词和固定语词。曹瑞芳（1996）以阳泉方言为个案，探究入声舒化的四方面原因：构词法（“子尾”、儿化、重叠）、句法、阳入调类的消失和普通话影响。

也有一些研究选取晋语各片代表方言点，综合比较，探究入声舒化的状况，如：孙玉卿（2005）选取大同、左权、代县、太原、岚县和长治六个方言点，从韵摄、声母清浊和调类三方面分析入声舒化的状况，认为晋语入声舒化是整个语音系统的一种渐变过程，渐变的方式有大同式（全浊、次浊声母入声舒化字最多，分布较均匀）和左权式（次浊声母明显占优势，清声母字也较集中）两种。王利（2008）通过调查晋东南16个方言点的518个古入声字，从声母的清浊、韵摄和舒化后的调类归属加以考察，认为“古入声正以次浊、清声母舒化占优势，舒化后调类大多归去声或阴去和阳去的方式，在晋东南晋语各方言中进行着不均衡（且相当漫长）的演变”。①

① 王利：《晋东南晋语的入声舒化现象》，载《语文研究》，2008（3），62~65页。

还有一些研究着眼于入声舒化的发展趋势，及其与其他方言的异同，如：李如龙（2004）对比分析了古入声字在晋语和江淮方言的异同，认为“晋语的入声不但没有弱化、简化，反而还在强化、繁化着”。[①] 贺玉龄（2017）认为，李如龙的这一观点与温端政等大部分学者的观点正好相反。笔者认为，这种说法不太合理，李如龙的上述观点是基于温端政、侯精一等学者的研究成果，整理出晋语与江淮方言入声的四点差异后提出的，是一脉相承的关系。

入声舒化是一种“进行中的变异”，从柳林话的使用情况来看，这一变异方向明确，在语音体现和词汇分布上均处于扩散过程中。

（3）舒声促化

舒声促化现象是晋语的显著特征，从现有研究成果看，有些立足于单点方言，探讨舒声促化的特点、类型及成因等。如：马文忠（1985）举例说明大同方言舒声字促变的状况，个别阴声韵一律读入声，普通话兼读轻声的字，大同方言兼读有喉塞尾的入声，还有些字可以看成轻声的变体，但是有明显的区分词性或词义的作用，而且促变主要体现在元音上。李小平（1998）以临县方言中 90 个舒声促化字为例，分析今音与古音韵地位，并从只读入声、舒入两读（文白异读和音随义变）两方面深入分析了入声的使用情况。邢向东（2000）以“鼻臂譬秘蔗厕裕”为例，依据“上古汉语分长短入，长入在中古变为去声”的音理，认为“这些字是上古汉语长入字在现代方言中的遗留，而不是真正的舒声促化”。[②] 张光明（2006）以忻州方言中 66 个舒声促化字为例，分析其音韵特点、类型及成因，认为舒声促化的成因有三方面：一是方言固有的入声韵或入声音节影响；二是处于轻声位置的舒声字重读促化；三是古鼻

① 李如龙：《晋语读书札记》，载《语文研究》，2004（1），8~15 页。

② 邢向东：《小议部分“舒声促化字”》，载《语文研究》，2000（2），59~61 页。

韵尾脱落。孙玉卿、王茂林（2006）从古舒声字在语词中的位置、词性和句子成分等方面考察舒入两读字的类型，分析了舒声读入声时的音变方式，如直接加ʔ、增音、脱落、更换等，并通过实验语音学方法测试得出“舒入两读字读入声时，音长变短。其中一部分字的塞音韵尾ʔ逐渐弱化，与普通话的轻声音节一致，另一部分将继续保留塞音韵尾ʔ”①。

还有一些研究着眼于汉语方言或某个方言片区，试图联系各方言来解读舒声促化现象。如：郑张尚芳（1990）着眼于汉语各方言区，梳理舒声促化现象的分布、成因、特点，以及唐宋以来关于该现象的文献记录，认为舒声促化与轻音有紧密联系。贺巍（1996）认为，“晋语舒声促化字有两个特点：一是这类字的字音演变没有一定的规律；二是这类字除少数字外，大都只在某些词语里出现……这类舒声字促化，是受晋语入声影响的结果”②。王利（2017）参照《方言调查字表》酌选2404个常用舒声字，在晋东南16个方言点开展调查，分析舒促两读的条件，辨识各地完全促化的舒声字，认为，舒声促化现象不足以阻碍入声舒化的大趋势。

总的来说，晋语各方言点入声舒化比例远高于舒声促化，入声舒化方向明确，有成规律的扩散路径，是晋语发展的大趋势，但这一过程还将经历相当漫长的一个过程。舒声促化没有明确的方向，使用受限，扩散没有规律，其发展受入声影响。

2. 古全浊声母

徐通锵（1990）将山西方言全浊声母的演变归为三种类型：平送仄不送、平仄皆送气、平仄皆不送气，并推测古全浊声母的早期

① 孙玉卿、王茂林：《大同方言“舒声促化”与轻声音节的关系》，载《山西大学学报》（哲学社会科学版），2006（3），112~115页。

② 贺巍：《晋语舒声促化的类别》，载《方言》，1996（1），49~51页。

形式和分化途径。韩沛玲（2012）认为山西方言全浊声母清化应分为两类：不分文白和文白有别。前者平声送气，仄声不送气。后者文读系统平声送气，仄声不送气。白读系统又分为四小类：①不分平仄皆送气，该类型主要集中在南区汾河片；②不分平仄皆不送气，该类型主要在中区并州片；③平声送气、仄声以入声送气为主，该类型主要在西区；④平声和仄声各有部分字送气、部分字不送气，该类型主要在晋北五台片东部。

3. 古平声字

目前，学界关于晋语古平声字来源的认识大致可分为两大类：存古类和创新演变类。

（1）存古类。丁邦新（1989）提到山西方言平声只有一类，是存古现象。而晋语和北方官话是姊妹关系，前者平声一类，后者两类，并不冲突。王临惠（2001）在分析汾河流域方言的平声调的基础上，归纳出汾河流域方言平声调的五个基本类型，并从地域性和历史音韵两方面分析了它们的成因，认为太原型方言中平声不分阴阳是一种存古现象，而平声联调分阴阳是全浊声母影响调值的残存形式。乔全生（2007）从文献记载和演变机制角度，以并州片平遥话、五台化、山阴话、繁峙话论述了声母清浊与声调分化不存在必然联系，如果没有分化的证据，宁可认为是保存了古音系统。

（2）创新演变类。何大安（1994）认为，山西方言单字调阴、阳平不分，变调二分现象，实际是阴、阳平二分以后的再合流。沈明（1999）根据两字组连读变调和儿尾连读，认为该平声先分后合，属于创新演变。

4. 一二等的分别

中古一二等韵在现代汉语官话方言中已经合并，而在晋语各方言点却有不同程度的残留。田希诚（1994）指出某些方言古二等字与一三等字今音的差别。沈明（1999）把山西方言一二等有别分成晋语类、过渡类和中原官话三类，各类又细分为六型，并指出各类型之间的异同。李建校（2017）认为："咸摄和山摄并没有完全合流，这在北方汉语中是比较少见的……陕北晋语保留山摄舒声合口一二等有别的方言主要分布在黄河西岸，以及东岸的柳林、兴县、永和3方言点。"① 白静茹（2019）从音值和音类两个方面考察吕梁方言一二等韵母的分合关系，认为"吕梁方言一二等韵以元音'高：低'对立为特征，不同于传统的'后：前'对立，说明吕梁方言一方面在音类分合关系上具有保守性，另一方面在音值演变上又具有创新性"②。

5. 语流音变

音素在语流中发生的非音位性共时语音变化称为语流音变，语流音变可以发生在音节内部，也可以发生在音节之间。音节内部的语流音变多受相邻或相近音素的影响，是不自由音变，符合条件的一般都要发生音变，这类音变有：腭化、鼻化、同化、异化等。跨音节的语流音变又称连读音变，这是语流音变的主要类型，这类音变是自由音变。这里主要综述自由音变。

现有研究多是以单点方言为个案，研究连读变调现象。如：侯精一（1980、1982）以平遥话为个案研究晋语的连读变调现象，详细探讨了两字组（根据表调行为分成三类）、三字组（前叠式、后叠式、形容词三字组、副词三字组）及广用式三字组（连调与语法结构、调类组合的关系）的连读变调。邢向东（1999）在描写神

① 李建校：《陕北晋语咸山摄舒声一二等见系字的读音》，载《晋中学院学报》，2017（6），78~84页。

② 白静茹：《从吕梁方言一二等韵对立看晋语的保守与创新》，载《山西大学学报》（哲学社会科学版），2019（3），8~15页。

木话两字组连读变调的基础上，讨论了轻声的声调条件、调式、性质、词汇和语法环境，并分析了新老派轻声词的差异，认为“神木话的轻声是重轻式语音词后字的调位中和现象，单字调和连调形式对轻声具有一定的控制作用，复合词的结构对轻声的出现也有一定的制约性，词的使用频率则不起作用”。① 此外，还有贺巍（1979）、吕枕甲（1989）、齐仁（1990）、江荫褆（1991）、王希哲（2007）也以获嘉、运城、祁县等方言为例，讨论了连读变调的特点、类型及功能等问题。也有学者从理论层面探讨连读变调现象，如五臺（1986）以北京话和吴语为主，其他方言材料为辅，引进“语音词”，从理论层面分析了连读变调产生的原因、意义、在语言中的作用以及语音词的声调和类型等问题。吴永焕（2014）从连调的语音变化类型、音系的不透明、词调与跨词连调的区分等方面，考察分析了汉语方言连读变调的语音表现、音系特点及其与语法、语义的关联等问题。包智明、曹栌文（2014）运用生成音系学理论将汉语方言的连读变调分为语境变调、位置变调、模版变调和扩展变调，探讨声调结构与调形、变调特征、音节以及变调域的关系。

另外，晋语还有儿尾变调、儿化变调、重读变调、子尾变调等现象。如：马文忠（1995）论述了大同方言的重读变调。沈惠云（1989）分析了晋城方言的子尾变调。蒋平、沈明（2002）探讨了儿尾变调和儿化变调等。

总体来看，晋语自由音变研究成果较丰硕，但是还有一些地方有待深化，如可以运用实验语音学方法分析调形及调值，运用社会语言学方法分析音变与社会因素的关联，结合词汇、语法及语用分析音变的条件、环境、位置等特点。

---

① 邢向东：《神木方言的两字组连读变调和轻声》，载《语言研究》，1999（2），62~72页。

（二）柳林话语音系统研究综述

笔者查阅到目前的柳林话语音系统有不同的版本，列表如下：

表 0–1 柳林话各语音系统情况简表

版本	声母	韵母	声调	说明
侯精一、温端政（1993）①	21	38	6	未说明发音合作人情况和调查点
李九林（1995）②	20	39	6	未说明发音合作人情况和调查点
穆保金（2006）③	26	56	6	发音合作人 5 人、调查点共 4 个
张金平（2007）④	19	36	6	自省，调查点为庄上镇长峪村
刘悦（2014）⑤	19	33	4	发音合作人 6 人，调查点未明确说明
白静茹（2009）⑥	20	37	6	发音合作人 1 人，为穆村人，音系放在附录

上述各版本语音系统都是以中国社会科学院语言研究所编制的《方言调查字表》（修订本）为纲，通过对比分析可知，上述六种音系有如下特点：

1. 发音合作人及调查点的选取

侯精一、温端政（1993）在选取发音人时只说明是 50 岁以上

① 侯精一、温端政：《山西方言调查研究报告》，太原，山西高校联合出版社，1993。

② 李九林：《柳林县志》，北京，海潮出版社，1995。

③ 穆保金：《山西柳林方言的词汇研究》，昆明，云南师范大学硕士学位论文，2006。

④ 张金平：《柳林方言语音研究》，临汾，山西师范大学硕士学位论文，2007。

⑤ 刘悦：《山西柳林方言词汇研究》，武汉，华中师范大学硕士学位论文，2014。

⑥ 白静茹：《吕梁方言语音研究》，北京，北京大学博士学位论文，2009。

的口齿清楚、有一定文化的土生土长的当地人，也未交待调查点。李九林（1995）未说明发音合作人和调查点的情况。穆保金（2006）主要调查人有5人，三男（分别是35岁初中、36岁中专、37岁大学）两女（73岁文盲和28岁硕士）；调查点是成家庄镇、孟门镇、三交镇和薛村镇四点，选点较分散，且都是与周边县域接壤区。刘悦（2014）发音合作人6人，四女（62岁文盲、56岁高中、48岁小学、28岁大学）两男（45岁高中和25岁大学），发音合作人的居住地集中在柳林镇和贾家垣乡，但调查点未作明确说明，只交待48岁的女性发音合作人“40岁之前在农村居住，40岁之后在柳林县城居住”，笔者姑且认为其调查点为柳林镇。张金平（2007）是通过自省整理的音系，调查点为庄上镇长峪村。白静茹（2009）发音人是穆村人，男，76岁，干部，时间为2008年7月。

根据方言调查理想发音合作人的选取原则：①本地方言是他的母语，他一直住在本地，或只是成年后短期离开过本地；②他应该是中年人，最好是老年人；③他应该受过一定教育；④他的发音器官健康正常，口齿清晰；⑤他最好是一个喜欢谈天说地且熟悉地方文化的人。笔者认为，调查音系应选取中老年男性为主要发音合作人，综合考虑老中青、性别等因素选取5个辅助发音合作人。自省方式虽然简单方便，但是发音人自身主观性较强，且多数作者文化程度较高，受普通话或其他方言影响较大。另外，记音不能完全依靠录音材料，最好是面对面记录，这样音质清晰，且可以观察发音人口形，记音更为准确。笔者整理的音系正是按照上述方法整理而来。

2. 声母系统的差异

不同音系的声母数量从19个到26个不等，经分析，差别主要集中在有无唇齿音f、舌尖后音t ʂt ʂh ʂʐ、浊鼻音nz、浊擦音z这四个方面，只有穆金保（2006）还有 v 和 ȵ，具体情况详见表 0–2：

表 0–2 柳林话不同音系中的声母差异表

版本	声母数	唇齿音	舌尖后音	浊鼻音	浊擦音	其他	调研点
		f	t ʂt ʂh ʂʐ	nz	z	v、ȵ	
侯、温版	21	+	–	+	+	–	未交待
李九林版	20	+	–	+	–	–	未交待
穆保金版	26	+	+	–	+	+	成家庄、孟门、三交和薛村镇
张金平版	19	–	–	–	+	–	庄上镇
刘悦版	19	–	–	–	+	–	柳林镇
白静茹版	20	+	–	–	+	–	穆村镇

从选点情况来看，穆保金（2006）有四个调查点，成家庄镇和孟门镇位于柳林县北部，薛村镇位于柳林县中西部，三交镇位于柳林县西南部，与石楼县接壤。据笔者观察，柳林县个别区域确有舌尖后音 t ʂt ʂh ʂʐ，20 世纪 90 年代，柳林话浊鼻音 nz 中鼻音应该是伴随特征，也就是说浊擦音 z 带有鼻音色彩，目前，穆村镇浊擦音已基本完成去鼻音化音变。另外，v 和 ȵ 还有待进一步考证。

3. 韵母系统的差异

不同音系的韵母数量从 33 个到 56 个不等，刘悦（2014）韵母有 33 个，没有入声韵，也没有入声调。穆保金（2006）韵母有 56 个，该版本舌面低元音有 ᴀ a ɒ 三个，还有央元音 ɐ，有 9 个入声韵 aʔ iaʔ uᴀʔ ɐʔ əʔ ieʔ iəʔ uəʔ yəʔ。笔者认为这两个版本的韵母系统不够合理。其他四个版本入声韵均有 aʔ 类和 əʔ 类两套 8 个，其主要差异体现在以下几组韵母：ei、uei/ai、uai；uɔ/uʌ；iʌ/iɛə；ʌ/ɤ；e/æ；o，见表 0–3：

表 0–3　柳林话不同音系中的韵母差异表

版本	韵母数	ei、uei/ai、uai	uɔ/uʌ	iʌ/iɛə	ʌ/ɤ	e/æ	o	总计
侯、温版	38	−/+	+/−	+/−	+/−	+/+	+	8
李九林版	39	+/+	−/−	+/−	+/−	+/+	+	9
张金平版	36	ɛi、uɛi	+/−	−/+	+/−	−/+	−	6
白静茹版	37	+/−	−/−	+/−	+/+	−/+	+	7

4. 声调系统的差异

因刘悦（2014）整理的音系没有入声调，明显不符合柳林话实际语音现状，这里直接剔除，只比较其他五个音系的声调差异。

表 0–4　柳林话不同音系中的声调差异表

版本	阴平	阳平	上声	去声	阴入	阳入
侯、温版	214	33	314	52	ʔ^{3}	ʔ^{314}
李九林版	213	33	424	53	ʔ^{2}	ʔ^{424}
穆金保版	24	44	214	53	ʔ^{2}	ʔ^{12}
张金平版	24	44	423	52	ʔ^{4}	ʔ^{423}
白静茹版	24	55	412	53	ʔ^{44}	ʔ^{313}

差异最大的是阴平调，20 世纪 90 年代的两个音系中阴平调为曲折调，其他音系中阴平调为升调。据笔者调查，目前柳林话阴平调为升调，其他五个声调差别不大。

总体看来，上述各柳林话语音系统均存在一些不足之处，故本书拟以穆村话为代表，重新记录、整理一份语音系统。笔者综合考虑年龄、性别、受教育程度等因素选择发音合作人，以中年男性为主，兼顾老中青三个年龄段和不同性别。

（三）文白异读及其变异研究综述

关于文白异读的研究，柳林话成果较少，晋语其他地方话成果较多。

徐通锵（1990）指出，山西方言的文白异读异常复杂，分布纵横交错，《切韵》音系的音类，绝大多数都可以在这里找到文白异读。① 侯精一、杨平（1993）提出，除闽方言及周边方言外，山西方言的文白异读现象最丰富、最复杂。② 温端政（1998）指出晋语的文白异读对应关系的复杂性与分布地域的集中。距离中心地区越远，文白异读越少，呈现逐渐弱化的态势。③ 侯精一（1999）指出："晋语的文白异读是一种成套的、有规律性的、在地域分布上是相连成片的。晋语的文读系统与北方官话的韵类分合大致相同，白读音的韵类系统则有自身的系统，与北方官话的韵类系统差别比较明显。"黑维强（2010）认为，陕北黄河沿岸的方言都有成系统的文白异读，呈现出一个南北带状分布。

20世纪关于晋语文白异读研究的文章还有：王立达（1958）、侯精一（1988）、张益梅（1988）、潘耀武（1989）、赵秉璇（1994）等。这些文章重在描述文白异读现象，部分做了进一步研究。其中大多数文章主要通过分析文白异读现象考察语音规律及历史层次，如王洪君（1991、1992）分析了山西方言中有文白异读的阳声韵，离析出外部移借的文读层和本音系固有的白读层，分别分析两个层次的韵类分合和音值，进而分析出语音的历史面貌。此

① 徐通锵：《进一步加强山西方言的研究——纪念〈语文研究〉创刊十周年》，载《语文研究》，1990（4）。

② 侯精一、杨平：《山西方言的文白异读》，载《中国语文》，1993（3），1~15页。

③ 温端政：《〈方言〉和晋语研究》，载《方言》，1998（4）。

外，刘勋宁（2003）、张维佳（2004）、沈明（2006）、张光宇（2006）、孙小花（2009）、邢向东（2007）、黑维强（2010）等学者也做了相关研究。

田希诚（1985）通过文白异读与普通话之间比较整齐的对应规律，分析了方言的文言音和白话音之间存在的5种情况，根据不同的情况探讨了它和普通话语音的对应规律。陈庆延（1991）分析了文白异读现象这一语音规律和语言历史的不同阶段，描述了山西西部方言中白读层元音高化的演变历程。赵秉璇（1994）通过地名来透视文白异读现象。王临惠（2006）讨论了临猗方言曾开一入声字韵母文白异读音的历史层次，认为同一区域方言的文白异读在产生过程中存在“同构共变”现象，不能无限夸大外来因素在方言文白异读中产生的作用。此外，田希诚、吕枕甲（1983），李守秀（1986），李小平（1987），张益梅（1988），潘耀武（1989），吴建生、李改样（1990）等学者也分别从词性、词义、历史层次等角度分析了各点的文白异读的特点，并根据语音特点，对文白异读的情况做了分析。

文白异读研究是叠置式音变理论提出的资料基础。徐通锵、王洪君在20世纪80年代，详细分析了闻喜方言的文白异读的音变方式，探讨了这种共时语言差异的音变方式及其在汉语方言音韵史中的进程，认为文白异读的音变方式具有独特性，由此提出了“叠置式音变理论”。徐通锵、王洪君（1986）以山西祁县方言音系的变异为个案，分析了变异现象的内在联系、成因及其与发展、系统的关系等问题，认为叠置式音变是一种独立的音变类型。①

① 徐通锵、王洪君：《说“变异”——山西祁县方言音系的特点及其对音变理论研究的启示》，载《语言研究》，1986（1）。

文白异读不同于如异读别义[①]的其他变读现象。李如龙（2004）曾将文白异读与别义异读做了对比，认为“文白异读存在一定对应条例，可以类推出一批字来，而别义异读则是根据别义的需要，一个一个发生，往往不能成片类推”。[②]

21 世纪初，越来越多的专家学者关注文白异读问题，据笔者不完全统计，有两本专著、三篇博士论文、十篇硕士论文及若干期刊论文专题研究晋语文白异读问题。可以说，文白异读相关研究成果很丰富，但绝大部分还限于文白异读今音和古音的对应描写以及所反映的语音层次。

笔者以“文白异读”“文读”“白读”等为关键词在中国知网搜索，据不完全统计，截至 2020 年 6 月 20 日，共有博士论文 21 篇，硕士论文 315 篇，期刊论文 756 篇，会议论文 29 篇，共 1121 篇。

根据研究内容，可以将上述文章分为专题研究和非专题研究两大类。

1. 专题研究类

此类研究围绕方言口语或书面材料解读文白异读现象。有的以单点方言为个案，尽可能穷尽式地列举该方言点的文白异读的面貌；有的在举例描写的基础上，进一步思考文白异读的特点、来源、类型、层次、演变等问题，还有的以“言语社区理论”为指导，选取几个，甚至一两百个方言点进行比较；有的在大量文白异读语言事实基础上加以总结，提炼一些有理论意义的论点。如林颂育（2011）有一篇专题讨论汉语方言文白异读的博士论文，文章运

① 李如龙：《晋语读书札记》，载《语文研究》，2004（1），9 页。异读别义，指“用改变字音的声母、韵母或声调来表示另外一种词汇意义或语法意义”。

② 李如龙：《晋语读书札记》，载《语文研究》，2004（1），8~15 页。

用点面互动、层层推进的方法，分析众多汉语方言文白异读语料，并尝试做出理论提升。笔者将其简单概括为以下几点：①文白异读是同一个字的不同语言层音读，以词汇为分布条件，在某一共时语言系统中共现的语言现象。文白是词汇的层次。②文白异读产生的前提是各方言在不同时空、不同语体中发展不平衡，主要动因是语言接触时的交际需求。与优势方言越相近的方言产生文白异读的概率越低。③以词汇分布特点为依据，运用语音对应规律、与权威方言音值或音类分合关系远近等判定白读音。④地位高的方言向地位低的方言借入的多为白读音，反之则多为文读音。⑤层次性是文白异读的本质特征。⑥文白异读研究与语音层次分析可以相互为用，却不宜相互取代。文白异读研究的重点应为音韵层次叠加的语言接触方式、过程和结果。[①] 笔者认为林颂育提出的几个理论问题有一定的价值和意义，但是仅以寿昌话、闽南话、杭州话和北京话四种方言为个案，来说明文读音和白读音的来源、判定等问题，是否具有说服力？尤其是第④点，文章以北京话“白内文外”和“文内白外”两派对峙为例，认为“二者与其说是对立，不如说是互补，它们分别回答了北京话在荣升为民族共同语前后的表现”。民族共同语即普通话，“北方话”不等同于“北京话”，故不应该说“北京话荣升为民族共同语”。王福堂（2006）也认为“如果从语音系统着眼，认为北京话的读书音是方言原有的，口语音是借来的，北京话就成了读书音问题上的例外”，可见，如要将北京话文白异读现象作为一个特例单列，还需要更多的支撑材料。另外，在此基础上对文白异读发展趋势的预测更有待商榷，因为语言变异是一个动态过程，受多种社会因素影响，要统筹分析后才能得出合理结论。

① 林颂育：《论汉语方言的文白异读》，福州，福建师范大学博士学位论文，2011。

从研究侧重点又可细分为4小类：（1）描述文白异读现象，如张益梅（1988）从区别词义、词性及所反映的历史层次三方面，分别列举了23对、6对、23对文白异读词，标注了读音、释义及例词；（2）探讨文白异读的特点、类型、来源、变迁等，如王晓莹（2016）运用地理语言学方法分析了山东滨州方言的特点、类型、层次、地理分布及特征等；（3）分析文白异读的层次，如邢向东（2007）从历时角度分析吴堡话的声韵调，论证其中叠置着中古或唐宋西北方音与后来从权威方言或共同语借入的不同语音层次；（4）相关理论问题探讨，如张玉来（2017）梳理了汉语方言文白异读研究的三个阶段，在此基础上结合实例讨论了文读音的借入单位与方式、文白异读的词语分布与语体色彩、读书音和口语音是否是两套音系、文读音借入的动因与规模、文读音的来源、文白异读的系统性、新老派读音是不是文白异读等七个问题，对文白异读这一术语提出质疑，有益于推进相关理论问题的发展。

2. 非专题研究类

此类文章将文白异读作为方言研究的一部分，着墨不多，但能体现该方言语音、词汇及语用特色。具体可分为5小类：（1）多音多义现象描写，如陈传佯（1994）用例证法描述了潮汕话中的多音多义字，分析其成因；（2）音系整理，如王政航、冯青青（2016）通过分析江淮官话泰如片大丰方言的声母、韵母和声调的特点，论证该方言文白异读现象丰富；（3）方言比较研究，如宋佩佩（2016）对比分析了吴语苏沪嘉小片启海话和江淮官话通泰片南通话的音系，同时与中古音韵加以比较，从声母和韵母方面梳理了这两种方言的文白异读情况，指出这两种共存于南通时境内的方言虽互相接触，但彼此影响很有限；（4）其他相关问题的解释，如耿丽君（2016）指出重叠变韵同时涉及构词、韵律、语义、语法、语用等多方面问题，其中体现的文白异读、新老派差异等现象，对考察历史音韵也具有重要作用，是汉语方言形态学的重要研究内容；（5）语音层次或语音史分析，如黑维强（2016）从声母、韵母、声调三个方面较为系统地描写和分析绥德方言的语音演变及历史层次。

根据研究类型，可以将上述文章归并为五大类：

（1）描写类。这类文章多为共时描写，重在收集、整理、描写各地文白异读现象，展示某方言文白异读的概貌，为进一步深入研究提供语料。如侯精一（1988）将平遥方言文白异读分为三种类型，探讨其与古音的关系，解读了少数特色字声母的文白异读及字音。李如龙（1963）整理出194条文白对应的词条，其中包括1409字次，探讨了文白读音系统的对立和方言语音系统的构成、历史层次及方言词汇范围的划分、文白读音系统的历史发展等问题。

（2）反思类。此类研究从与文白异读相关的一个或多个问题切入，深入剖析某方言文白异读的特点、类型、来源、变迁等内容，在客观描写的基础上，进一步结合人口迁移、语言接触、历史演变和时空差异等因素解读，提升理论思考，为文白异读理论研究奠定基础。如靳光瑾（1991）通过铎、药、觉、德、陌（麦）、屋三（烛）诸韵的考证，认为北京话的白读代表本方言的土语，而文读借自外方言。只是文与白的竞争类型比较特殊。再如张玉来（2017）认为使用文白异读的术语来观察方言字音构成及其变化的范畴，不如改为接触异读或叠置异读更为合乎方言的实际，不必框定在文白异读的范畴内，而应从新旧异读着眼去分析。

（3）层次类。此类文章可再细分为两个方面：一是将文白异读作为研究对象，如张维佳（2004）通过分析关中片和汾河片方言的宕摄文白读的时代层次，认为这是宋代西北方音的遗迹，最后从音理上推衍白读音演变轨迹的四个阶段。高晓虹（2001）通过分析北京话入声字文白异读的历史层次，认为前后朝代之间的异读有承继关系。二是将文白异读作为研究手段，如戴黎刚（2005）利用文白异读来划分历史层次，并确定各层次的相对年代，文白异读往往与方言语音层次有共通之处。

（4）运用类。文白异读研究可为方言语音层次分析提供借鉴，也可间接解释其他语言现象。如靳光瑾（1991）以 87 个文白异读字的词语，调查了 190 个被试，通过计量统计的方法认为，不同的词语由于竞争，其社会分布呈现参差状态，普通话正音须"因势利导"。汪化云（2000）对比研究以汉口为代表的武汉方言与黄冈方言，认为汉口方言中有音无字或例外字的读音是残存的白读，其音类分合和音值都与黄冈方言的白读成系统对应，由此推断二者 100 年前的面貌是相近的。

（5）理论类。探讨文白异读理论问题的文章包括：李荣（1957）、徐通锵（2014）、李如龙（1999）、刘勋宁（2003）、陈忠敏（2006）、王福堂（2006、2009）、王洪君（2006）、杨秀芳（2007）等。纵观相关论述，文白异读理论研究主要涉及：①文白异读概念界定；②文白异读的形成；③文白异读的特点和性质；④文白异读的判定；⑤文白异读竞争的趋势和原因；⑥文白异读的作用和价值；⑦文白异读在语音层次判定中的价值。

尚待进一步深入的方面：①目前研究多偏重于文白异读现象的收集、整理和描写。尤其单方言点文白异读现象的描写居多，没有打通汉语各方言点，综合考察文白异读现象的地理分布、演变轨迹、影响因素等问题。②对文白异读现象研究成果的应用还很有限。主要用于分析音韵层次、语音层年代的判定等，但界定模糊。③理论研究还有待更多语言事实的论证。学界对文白异读的性质、来源、类型以及在语言变化中的作用等方面的认识尚有歧义，需要多元化的语言事实验证，整个汉语方言文读音借入的动因和规模以及文白竞争的模式等还有待进一步研究。

七、田野调查设计

（一）调查背景

本研究的调查点是山西省柳林县穆村镇，即以穆村镇为代表来观察柳林话的情况。

1. 调查对象

第一阶段柳林话使用现状调查的调查对象为 102 位被试，笔者适当考虑了出生地为柳林县外，但已在柳林定居多年的 10 位被试，他们基本上能听懂柳林话，且多数人的下一代已不同程度习得柳林话。

第二阶段文白异读变异专项调查，笔者排除了柳林县之外出生的 10 位被试，专项调查被试共 92 位。另外，专项调查的个别被试虽然不是土生土长的穆村人，但是他们已在穆村镇生活多年，且出生地也在柳林县境内（多数为早年嫁入穆村，只有个别是举家迁入），其语言生活面貌与穆村镇的相差不大，在穆村镇生活的这些年潜移默化受穆村话影响，并向其靠拢。

2. 调查实施及成果

笔者先后做了四次正式调查，分别是音系调查、语言使用调查、筛选代表字调查及文白异读变异专项调查。

音系调查板块调查时间为 2017 年春节，主要采用念词表法，记录了主要发音合作人的识读情况，并及时与辅助发音合作人核实，整理出语音系统及同音字表。

语言使用调查板块调查时间为 2019 年暑假，主要采用一对一访谈式问卷调查法，记录了 102 位被试的情况，统计调查情况，并提取相关数据。

筛选代表字板块调查时间为 2020 年春节，由于文白异读字较多，笔者主要考虑了年龄、性别这两个社会因素，选取 6 位被试，调查异读字的知晓率、使用率及变异率。根据一定的规则选取 45 个语言变项。

文白异读变异板块调查时间为 2020 年暑假，根据笔者拟定的“文白异读变异专项调查问卷”回访之前的被试，因客观原因，回访时个别被试没在家，笔者便通过微信或通话等方式收集数据。

（二）研究设计

1. 问卷设计

本研究主要设计了两份问卷：语言使用问卷和文白异读专项问卷，每份问卷都专门编码，也就是说 001 号文白异读变异调查问卷的被试，同时也是 001 号语言使用情况调查问卷的被试，这样设计是想让二者相互补充印证，以更好地分析社会变项与语言变项使用的相关关系。

2. 样本分组

陈松岑（1999）认为，拉波夫对语言习得的阶段划分中，第四个阶段“语体变化阶段”，认为 15 岁以上的年轻人已基本具备依据社会环境选择语体的能力，他们的语言明显向权威形式靠拢。据此，笔者将年龄分为三个阶段：15—35、36—55、56—80 岁，分别对应青年组、中年组和老年组。将文化程度划分为四个类别：小学及以下、初中、高中、大专及以上。

（三）发音合作人

主要发音合作人：王久平，男，1944 年生，76 岁，原穆村镇气象哨负责人，高中文化，未在外地待过一年以上，祖上二十代都居住于本地。

另外考虑年龄、性别等因素，选取了五位辅助发音人，及时核对语音情况，确保记音的准确性。辅助发音合作人信息如下：

杨翠平，女，1953 年生，67 岁，小学语文教师，中师毕业，出生在穆村镇二村委，未在外地待过一年以上。

李铁柱，男，1966 年生，54 岁，药剂师，高中文化，出生在穆村镇沙曲村，未在外地待过一年以上。

高翠香，女，1968 年生，52 岁，农民，初中文化，出生在柳林县薛家湾村，1987 年嫁入穆村镇沙曲村。

张小刚，男，1984 年生，36 岁，公务员，大学本科，出生在穆村镇堡上村，就职于市政府办公室。

贾丽霞，女，1987 年生，32 岁，家庭主妇，初中文化，出生在穆村镇二村委。

第一章　柳林话的特点及语音系统

本章首先从地理、历史及人口等方面介绍柳林话的分布状况，简要说明柳林话的特点、内部差异、方言归属及其形成和地位。随后系统描写了柳林话的语音系统，梳理出柳林话声母、韵母、声调及声韵调配合的特点，作为研究文白异读及其变异的语料基础。

第一节　柳林话的分布、特点及其方言归属

一、柳林话的分布

（一）人文地理

柳林县位于山西省中部西缘，吕梁山西麓，黄河东岸，距吕梁市区约 28 千米。东与吕梁市离石区相连，东南与中阳县相邻，南、西南与石楼县接壤，西隔黄河与陕西省吴堡、绥德、清涧等县相望，北与临县毗连。地理坐标为东经 110°37′30″—111°05′32″、北纬 37°08′33″—37°37′09″，辖区东西最大距离 41 千米，南北最大距离 52 千米，总面积 1288. 12 平方千米。①

① 山西省地方志办公室：《山西省志 · 政区沿革志》，北京，中华书局，2015。

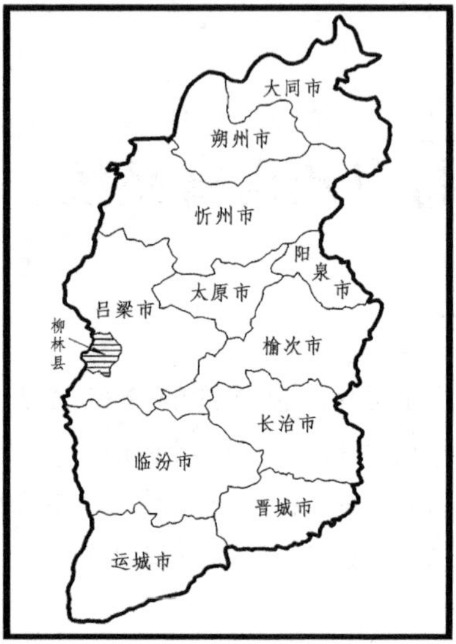

图 1-1　柳林县在山西省的地理位置①

图 1-2　柳林县行政区划图

全县地势东高西低，境内多为黄土梁峁、丘陵沟壑。东北部王家沟乡王老婆山最高，海拔 1522 米，西南部三交镇下塔村黄河滩最低，海拔 607 米。地表有清河、黄河、屈产河，合称三川河，分别发源于方山、离石、中阳三县。其中清河流经上青龙、寨东地段时注入河床温泉，全年水温 18℃—20℃，有“四十里斗气河”之称，是县域重要的灌溉渠道。

柳林县属暖温带大陆性季风气候区，全年平均气温 10. 5℃，冬夏温差较大（-21℃—38. 1℃）。全年日照时数 2478. 7 小时，无霜期 180 天。年平均降雨量 498. 3 毫米，多集中在夏秋两季，春季干

① 说明：图 1-1 和图 1-2 是在柳林县地图（截自卫彦平：《柳林县乡镇志》，内部资料，2014）的基础上，运用 GIS 地理信息系统绘制而成。

旱频发。农作物主要有玉米、高粱、大豆等耐旱作物。[①]

柳林县地处晋陕交通要塞，是山西省的西大门，素有“华北门户”“秦晋通衢”之称。现今，境内交通四通八达，横穿东西的307国道、青银高速公路、大运高速公路和太旧高速公路交汇于此；孝柳铁路西起穆村镇，东接同蒲线孝西站，太中银高速铁路和山西中南部出海大道铁路途径柳林县，吕梁机场距柳林县城仅40千米。全县柏油路和通信网络村村通。

（二）历史沿革[②]

柳林县地处黄河中游，历史悠久，建置较早。县境薛村镇高红村出土的仰韶文化遗址，表明早在新石器时代，就有人类在此繁衍生息。“柳林”之名始于清朝，因康熙、乾隆时期有大片柳树林而得名。

据史书记载，柳林春秋时为晋国领地，战国时属赵的边邑离石。赵国的蔺邑在今孟门镇，秦时属太原郡。汉武帝元朔三年（前126年）封其代共王子熹为蔺侯（古治在今孟门镇）、忠为隰城侯（治所遗址在今穆村镇与杨家坪之间），绾为离石侯。今县域分属离石、蔺、隰城等侯国。元朔四年（前125年）置西河郡，各侯国皆属之。

东汉建安十八年（213年）废西河郡，其地并入太原郡。三国魏黄初二年（221年）复置西河郡，西晋时西河郡改为西河国，今县域分属西河国辖下的离石、隰城、中阳三县。北朝时期，北齐置西汾州，北周大象元年（579年）西汾州下设定胡郡，兼置定胡

① 山西市县简志编写组：《山西市县简志》，太原，山西人民出版社，1990。

② 山西省地方志办公室：《山西省志·政区沿革志》，北京，中华书局，2015。

县，郡县治所皆在今孟门镇，今县域大部分都属于定胡县。后西汾州改称石州。隋大业元年（605 年），石州改为离石郡，唐武德元年（618 年）复称石州。武德三年（620 年）置西定州，治所在今孟门镇。贞观二年（628 年）废西定州，改定胡县为孟门县，县属石州。贞观七年（633 年）废孟门县，置孟门镇。贞观八年（634 年）废镇，复置定胡县。北宋时期，今县域属石州下治的离石、定胡等县，后部分地区隶属晋宁军。金时，县境大部属石州下治的孟门县，县治在今孟门镇。元朝初年，孟门、方山二县并入离石，今县境分属离石、宁乡二县。明初，离石县并入石州，1567 年石州改称永宁州，辖今县域。明代后期，今县域属太原府下治的永宁州。清朝时期，今县域分属汾州府治下的永宁州、宁乡县。1912 年，永宁、宁乡二县属山西省冀宁道。1914 年，永宁改称离石，宁乡改称中阳。1954 年 4 月，撤销离石、方山 2 个县，合并设立离山县。1958 年，撤销中阳县、离山县，合并设立离石县。1959 年 9 月离石、中阳分治，今县境又分属离石、中阳两县。

1971 年 4 月，从离石县西部划出柳林、薛村、军渡、龙花垣、吉家塔、成家庄、孟门、西王家沟、刘家山、贾家垣、结绳嫣、枣林、东竉、交口 1 镇 13 个公社，从中阳县西部划出龙门垣、庄上、陈家湾、金家庄、留誉、张家圪台、苇园沟、三交、高家沟、石西、贺家坡、杨家峪 12 个公社组建成新的离石县（原离石县城关及划剩的公社组建成离石郊区）。5 月离石县革命委员会移驻柳林镇，7 月 5 日，正式定名为柳林县（离石郊区定名为离石县），隶属吕梁地区。增设穆村人民公社，以原柳林人民公社的杜家湾、穆村、杨家坪、张家山、高家山、堡上、安沟、卜赖垣、贯头、强家塔、李家塔、白家塔、大凹、杜峪、沙曲、康家沟 16 个生产大队为其行政区域。

截至2014年末，政区辖8镇7乡，分别是柳林镇、穆村镇、薛村镇、三交镇、成家庄镇、孟门镇、庄上镇、留誉镇，贾家垣乡、陈家湾乡、李家湾乡、金家庄乡、石西乡、高家沟乡和西王家沟乡，设有4个居民委员会，257个村民委员会。

（三）人口概况

据历代学者研究，先秦时期在今山西省吕梁地区及陕西省北部的古代先民为白狄。白狄所居之地在西汉初期建置为西河郡。西汉时期的西河郡地域广大，涉及今天陕西、山西及内蒙古二省一区之地，而且横跨黄河两岸。《汉书·地理志》载："西河郡，户十三万六千三百九十，口六十九万八千八百三十六。县三十六。"魏晋时期，西河郡迁治于离石县后，辖域大为缩减，《后汉书·郡国志》云："西河郡，十三城，户五千六百九十八，口二万八百三十八。"后来，"白狄"族在史籍中神秘消失。两汉时期，由于地缘的便利性，今吕梁地区民族人口构成中，匈奴人占有相当大的比重。南北朝时期，南迁匈奴与当地其他民族融合形成一种新的族群——稽胡，稽胡居住地完全覆盖了今天的吕梁地区。自唐朝开始，又有党项族（包括部分吐蕃族）陆续迁入黄河中游地区。北宋时期，官府采取授官赐物、赐田等方式给予内附的党项族相当优厚的待遇，吸引了数量可观的党项族人进入黄河东岸地区。① 可见，史上柳林县所辖区域历来是多民族杂居区。

据光绪十二年（1886年）山西布政使司造册统计数字，全省时有2014120户，成年男女624万余人，未成年460万余人，其中冀宁道属（太原、汾州、泽州、沁州、平定）458.7万余人，雁平

---

① 安介生：《略论先秦至北宋秦晋地域共同体的形成及其"铰合"机制》，载《人文杂志》，2010（1）。

道属（大同、朔平、宁武、忻州、代州、保德）216.9万余人，河东道属（平阳、蒲州、解州、绛州、霍州、隰州）228.3万余人，归绥道属14.6万余人。[①] 可见当时县域所属的冀宁道辖区人口密度最大。

以上民族、人口历史发展材料是柳林县所属郡、州所辖区县的概况，非柳林县独有，但在分析柳林话底层及演变时可提供有效参考。据2022年柳林县人民政府统计，全县总人口343731人，柳林镇87171人，占比25.36%，穆村镇26769人，占比7.79%，薛村镇21614人，占比6.29%，陈家湾23277人，占比6.77%，三交镇22130人，占比6.44%。其他乡镇人口都不足两万，可见，人口密度较大的是柳林镇和穆村镇。

二、柳林话的特点及其内部差异

（一）柳林话的特点

1. 柳林话的文献记载

据清胡宗虞修的《临县志》卷十三之风土略第六记载："外祖父谓之僩（读若姐[②]）爷，外祖母谓之僩婆……呼儿曰小则女曰汝则……连襟曰挑担，外孙外甥统呼曰外傻则……（以上伦常），……天明曰觅（读若迷），来日亦曰觅，夜曰黑间亦曰黑地哩（以上天类）。"这些说法至今仍在吕梁片方言中使用。一些记录方言词的用字真实反映了当时的读音，如上引例"外傻则"的"傻"，即"甥"，这表明梗摄开口二等字读同麻韵字，今吕梁的临县、柳林等方言里，梗开二的白读仍与麻韵同。"天明曰觅，来日亦曰觅"的

① 刚毅、安颐等：《晋政辑要》卷八，《户制》，光绪十三年（1887年）刻本。

② 说明：下加着重号，表示笔者音译。

“觅（读若迷）”即“明”，表明梗摄开口三等与蟹摄开口四等韵相同，今吕梁片方言仍如此。这些重要的资料都形象地反映了柳林话的特点。

2. 柳林话的语言底层

柳林县境内历史上曾是汉族与匈奴、乌桓、拓跋鲜卑、西突厥、吐谷浑、蒙兀室韦、契丹、蒙古等民族交融的地方，时间长达三千多年。① 据《永宁州志》记载：“魏黄初二年，后置西河郡，分割太原四县，离石、兹氏、中阳、介休隶焉（按魏武分匈奴之众为五部，以刘豹为左部帅居太原兹氏，似当时离石亦属左部）。晋改置西河国，惠帝永兴元年，匈奴左贤王刘元海反于离石（豹即元海之父也），后陷于刘曜。”因此，柳林话中或多或少会残留民族语言的成分，如蒙古语词：巴巴（baba 脏物）、圪坨（bogtor 弯曲的，多指莜面圪坨等面食）、圐圙（huriye，院子、围墙内的空地）等。

再如羌语词：

表 1–1　柳林话中的羌语底层

羌语音②	羌语意	柳林话语音	柳林话语意	例句
tian	手工种玉米	$ti\varepsilon^{214}$	点	后晌跟我去地里～玉米下午跟我去地里种玉米。
pala	散开行李	$p\partial ʔ^{21} laʔ^{21}$	来回拨动	～过来～过去，你是吃不吃拨来拨去，你到底吃不吃？
katu	绳结	$k\partial ʔ^{21}\ tu^{35}$	拳头	杵起～你要做甚了伸出拳头你要干什么？
tɕi：mi	儿童	$çi^{51} mi^{0}$	孩子	～不听说孩子们不听话。

① 陈庆延：《晋语核心词汇研究》，载《语文研究》，2001（3）。

② 转引自孙宏开：《羌语简志》，北京，民族出版社，1981。

续表

羌语音②	羌语意	柳林话语音	柳林话语意	例句
xənthɑ	恨	$xɤ^{214}taʔ^{21}$	用言语批评	~一顿就算了，不要打 $ɕi^{51}mi^{0}$ 言语批评一下就可以了，不要打孩子们。
khurlu	轮子	$kuəʔ^{21}lɤ^{214}$	轱辘	抓住井~。

从语音对照上，我们可以看出柳林话与某些民族语有一定的相似性，可以初步推断柳林话的底层语言中有民族语言成分，但是由于历史久远，还需进一步考证及挖掘。

3. 柳林话的认知度

笔者在调查中，从主观认知层面了解了本地居民及外地居民对柳林话的评价。本地居民认为本地话“很土”“影响交流”“语气重”“生硬”，偶尔外出时，别人听不懂自己的话，无法沟通。尤其是一些方言特有土词，如“圪”头词、分音词等，别人更不知其为何意。外地人来柳林定居后，刚开始觉得柳林话好像外语一样难懂，学起来也很难，语气太重，听本地人说话感觉他们好像是在吵架。

从文献记载、历史语言接触和语言使用者的认知度三方面来看，柳林话形成时间久远，很多语音特点至今仍在沿用，词汇中仍可以发现历史上受少数民族语言影响的痕迹，与权威方言或普通话相比，柳林话可懂度较低。

（二）柳林话的内部差异

1. 柳林话的内部差异

柳林县交通线路可以概括为“三横两纵”。“三横”指横穿柳林县的铁路、青银高速公路和 307 国道，由东到西依次途经李家湾乡、柳林镇、穆村镇和薛村镇。“两纵”指纵贯柳林县的省道和铁路，由北到南，省道依次途经王家沟乡、成家庄镇、贾家垣乡、柳林镇、庄上镇、金家庄乡和留誉镇，铁路依次途经孟门镇、薛村镇、高家沟乡和留誉镇。地理语言学家认为地理因素是影响语言变异与变化的重要因素之一。今柳林县是1971年由原离石县与中阳县分别划出部分区域组建而成，如以“三横”所贯的沿川四乡镇为中心，将其视为正宗柳林话，那么向南北方向扩散，彼此之间的相似度依次递减，最终过渡为周边的临县话、离石话、中阳话和石楼话。

《柳林县志》（1995：561）：“由于历史和地理的原因，柳林话内部存在一定差异，大体以山脉河流走向分为三个小片：（1）以柳林三镇（柳林镇、青龙镇和锄沟）为中心的沿川话，只有ʦ ʦh s，没有tʂ tʂh ʂ，果摄合口一等字和宕摄合口一、三等字今韵母相同。（2）以成家庄为代表的北山话，果摄合口一等字，如‘过果窝火卧课’，今韵母读u，与宕摄合口一等字分流。（3）以张家圪台为代表的南山话区别ʦ ʦh s和tʂ tʂh ʂ，古知组开口三等字和古章组开口非止摄的字读ʦ ʦh s。另外，本县黄河沿岸一带的下三交镇话，除声母与张家圪台话一样区别ʦ ʦh s和tʂ tʂh ʂ外，古次浊声母的字，如‘月入纳麦袜药’等，在这一带归阴入，止摄合口三等字精组和知组字今读uei，不读y。”笔者走访了县境内各县居民，认为县志中的划片有一定合理性，但是还可进一步提高调查点的分布密度，细化分片范围。因本书研究的是以穆村话为代表的柳林话，这里将重点考察穆村话的内部差异。

2. 穆村话的内部差异

穆村镇最早称镇是明正德年间（1500年），因村中原居穆氏人而得名，后穆氏在战乱中绝户，现居民王、刘、贾三大家族曾是晋西商界骄子。该村位于柳林县腹地，东西最大距离6公里，南北最大距离10公里，总面积36.75平方公里，东距柳林县城5公里，交通便利，矿产资源丰富。太中银铁路、孝柳铁路、汾柳高速公路和307国道横穿全镇，华晋焦煤公司和柳林大电厂两大国有企业进驻该村。另外，还有闻名的“四十里斗气河”贯通全镇。该镇目前正以古建筑群落“明清一条街”为核心，结合当地传统小吃、文化习俗，大力发展古村镇旅游业。2012年该镇下辖穆村一村、穆村二村、穆村三村、杨家坪、张家山、安沟、杜峪、沙曲9个村委会、107个村民小组。总户数8114户，总人口24206人，其中农业人口19367人，非农业人口4839人，劳动力总数12012人，其中男性6722人，占比55.96%，女性5290人，占比44.04%，人口密度每平方公里917.06人。①

穆村话属沿川话，体现了沿川话的共性：①古精组洪音声母和古知庄章组字今全部读 ʦ ʦh s；②古精组和见晓组不分尖团；③古疑影母字今声母读 ŋ；④古日母非止摄开口字今读 z；⑤果摄合口一等字和宕摄合口一、三等字今韵母相同；⑥古泥母字今声母多数读为 n，如：捏 $niaʔ^{21}$、$niəʔ^{21}/niɛ^{33}$，有个别读为 z，如：糯 zuo^{214}/nuo^{51}、女 zu^{214}/ny^{214}；⑦有较系统的文白异读。

据笔者调查，穆村话内部存在一些语音差异。根据语音上的差别，穆村话内部大致可以分为三个小片：以沙曲话为代表的东区、以穆村二村委话为代表的中区和以穆村三村委话为代表的西区。分片的语音条件主要有四项：①古非敷奉母字分化情况；②山摄合口一等平声字分合情况；③山摄合口一等字分合情况；④果摄与山宕摄字分合情况。

① 卫彦平：《柳林县乡镇志》，内部资料，柳林县史志办编印，2014。

表 1–2　穆村话分区的语音表现

片区	语音表现							
	非敷奉母字		山开口一等平声字		山合口一等字		果摄与山宕摄字	
	f	x	ɛi	ou	uɛi	uo	uɛi	uo
东区沙曲	—	+	+	—	+	—	—	+
中区二村委	—	+	—	+	—	+	—	+
西区三村委	+	—少数	—	+	—	+	+	+

根据①的条件将西区三村委分出来，再根据②③④可将东区沙曲分出来，夹在西区和东区中间区域认定为中区，这样三个小片的具体语音差异体现在以下方面：

声母差异主要体现在古非敷奉母字上，东区沙曲和中区二村委的被试文白读一般都读 x，只有文化程度较高的青年组被试在文读时会有意识地区分声母 f 和 x。而西区三村委多数被试在白读时都能较准确地区分声母 f 和 x，从地理位置来看，该现象正好处于二村委和三村委的交界处贾家沟，如本书调查合作者 006 号被试（男，75 岁）、033 号被试（男，77 岁）、034 号（女，73 岁）和 053 号被试（男，73 岁）都可以区分声母 f 和 x。笔者进一步调查发现，这一现象在这一带的词汇分布方面也有差异，如“化肥”“肥料”等词西区被试都读唇齿音声母 f，而“幸福”“粉红”等词偶尔还会有 f 和 x 混读现象。

韵母差异主要有以下特点：第一，今北京话读为开口的山摄合口一等平声字在三小片分合情况。中区二村委和西区三村委基本都读 ou。东区沙曲情况比较复杂，部分字白读为 ɛi，文读为 æ，如“满拌盘瞒伴”；部分字有两个白读音 εi 和 æ[①]，如“搬”在“搬家”一词中读 æ，“搬东西、搬石头”等词中读 εi；部分字白读为 ou，文读为 æ，如“判馒”。三小片也有少数字分化情况一致，文白读都为 æ，如“班般潘叛盼”等。第二，今北京话读为合口的山摄合口一等平上去声字的分合情况。中区$_{二村委}$和西区$_{三村委}$白读与前一类词合流，读为 uo，东区$_{沙曲}$读为 uεi，且较为系统，如“官棺宽管馆欢完丸碗豌端团短暖断卵酸钻转穿川船砖串喘”等。第三，山摄合口字与宕摄字的分合情况。中区$_{二村委}$和西区$_{三村委}$合流为 uo，与果摄合口一等字同音，即：砖＝庄、船＝床、酸＝霜、官＝光、宽＝筐、碗＝网。东区$_{沙曲}$未合流，山摄合口字读 uεi，宕摄字读 uo。另外笔者还发现“芦$_{遇合一平模来}$”在“西葫芦”一词中的读音三个小片也有差别，东区$_{沙曲}$白读音为ɤ，中区$_{二村委}$和东区$_{三村委}$白读音为 y，三小片的文读音一致，均为 u。

声调方面各小片大体一致。

总的来说，穆村话内部差异集中体现在古非敷奉母字和山摄宕摄字的分合情况上，被试自己可以很明确地分辨出彼此之间的差异。

三、柳林话的方言归属

柳林话的的方言归属与晋语研究有密切关系。晋语在方言分立和分片上还存在不同的意见。以下先介绍晋语的分立和分片，然后说明柳林话的形成和归属。

（一）晋语的分立

李荣先生（1985、1989）文中的观点直接体现在中国社会科学

① æ 在“搬家”这个词中已进入白读系统。

院和澳大利亚人文科学院合作绘制的《中国语言地图集》（1987、1989）里，即晋语是与官话、吴语、闽语、粤语、赣语、平话、湘语、徽语和客家话平行的十大方言之一。自此，晋语能否独立便成为学界热议的话题之一，总体看来可分为两派：支持派、反对派。

1. 支持派

该派主要从微观层面剖析晋语在语音、词汇、语法方面的特征，立足现实语料论证晋语独立说。主要代表人物有侯精一、温端政、刘勋宁、乔全生等。

（1）实证描写

侯精一（1986）指出晋语有五个特点：①有入声；②有一组鼻音尾韵 əŋ、iəŋ、uəŋ、yəŋ；③有词头“圪”；④词尾“子”读入声韵；⑤有分音词。后又订正为十个，分别是：发音特点、崇母平声字的擦音化、古全浊声母今读塞音和塞擦音平声不送气、蟹止两摄部分合口字今白读 y、鼻音韵尾的消失与合流、入声收喉塞尾及入舒同调型、文白异读、有表音词缀“圪”、指示代词三分、分音词。[①] 后又补充了入声韵母的两个区别性特征：①通摄一等入声精组字韵母今多读合口呼，通摄三等入声精组字韵母今多读撮口呼；②曾摄开口一等入声帮组字、梗摄开口二等入声帮组字今韵母多读齐齿呼。[②]

温端政的文章集中论证入声这一分区标准可行性，他根据晋语的分布特征，分为内部普遍性特点、中心区特点及包括中心区在内

① 侯精一：《晋语研究十题——为纪念桥本万太郎教授逝世 10 周年而作》，见侯精一：《现代晋语的研究》，14~29 页，北京，商务印书馆，2008。

② 侯精一：《晋语入声韵母的区别性特征与晋语区的分立》，载《中国语文》，1999（2），103~108 页。

的大部分地区特点三类。① 马文忠（1995）考察了“圪”的语法形式、意义、功能和来源等特点，认为虚语素“圪”是古晋语的遗留。② 刘勋宁（1995）从晋语历史来源出发，主张晋语改称秦晋方言，地位与官话平行。论据有四点：入声、咸山摄一二等对立，日常用语中有一批古语词、有很多古汉语语法特征。③ 张振兴（1997）从地理语言学的角度进一步指出：“晋语的入声在分区上的意义显然跟江淮官话的入声不一样。晋语的入声连成一片，而江淮官话的入声实际上只是吴语等南方方言入声地区的延续。”④

李蓝（2002）从构造规则和分布范围两个方面，比较分析了晋语分音词和福州切脚词，发现晋、闽两个方言在方言类型方面具有相同之处，提出分音词在晋语区具有周遍性，是晋语最重要、最典型的语言特征之一。⑤ 乔全生（2003）以 16 个语音特点为例，证明晋语早在一千多年以前就已经与官话分化，即晋语早就应该从官话中独立。⑥ 陈庆延（2004）认为晋语有 800 条核心词不应与官话

---

① 温端政：《试论晋语的特点与归属》，载《语文研究》，1997（2），2～13 页。①内部普遍性特点，收喉塞尾的入声且入声调型和某舒声调型相同；表音词缀“圪”；②中心区特点，部分崇母平声字今读不送气擦音；古全浊声母平声读不送气的塞音、塞擦音；蟹止两摄合口部分字今读 y；有文白异读和变读现象；指示代词三分；③包括中心区在内的大部分地区特点，鼻韵尾合流或消失。

② 马文忠：《晋方言里的“圪”字》，载《大同高等专科学校学报》，1995（3），38～43 页。

③ 刘勋宁：《再论汉语北方话的分区》，载《中国语文》，1995（6），447～454 页。“古语词”如镑、甑、床凳子、荷拿、昇等；古汉语语法特征如方位词如“行”、句尾“也”“V 也不”反问句式等。

④ 张振兴：《重读〈中国语言地图集〉》，载《方言》，1997（4）。

⑤ 李蓝：《方言比较、区域方言史与方言分区——以晋语分音词和福州切脚词为例》，载《方言》，2002（1），41～60 页。

⑥ 乔全生：《晋语与官话非同步发展（一）》，载《方言》，2003（2），147～160 页。乔全生：《晋语与官话非同步发展（二）》，载《方言》，2003（3），233～241 页。

有包容关系，而且从民族发展的历史看，晋语和官话分别属于周、商两个部落的方言，早期就是平行、并列的。①

以上语音、词汇、语法等语言特征都属微观层面的静态描写。语音方面的研究成果最多，但是大多拘于晋语内部方言，没有与汉语其他方言进行横向比较，也缺乏演变路径的动态推衍。词汇方面成果较少，但尝试探求其来源及演变路径。语法方面研究相对薄弱，有待进一步深入研究。值得注意的是，以上这些语言特征是否能成为晋语独立的有力佐证呢？学界还没有一致看法，因为汉语方言分区需要一套严密、合理、科学、统筹的标准，而这一标准目前还没有定论。

（2）理论探讨

在挖掘方言语言特征的同时，有些学者也尝试探讨分区的理论方法。温端政提出用单一的音韵标准来划分方言，再综合历史、地理、人口等社会因素来确定方言区层次。认为可根据有入声把晋语划分出来，再根据其他因素将其确定为一级层次。②

李树俨强调在方言分区时必须考虑方言在地理分布上是否具有连续性。晋语入声在片区内部具有一致性，是自身演变现象。而江淮官话入声是吴语入声的延续，不是自身的语言现象。二者来源不同。

2. 反对派③

（1）分立派

丁邦新提出汉语分区的三项原则，依次按照早期历史性条件、

① 陈庆延：《晋语核心词汇研究》，载《语文研究》，2004（3），56~64页。

② 温端政：《晋语“分立”与汉语方言分区问题》，载《语文研究》，2000（1），1~12页。

③ 反对派即不支持晋语独立成为汉语十大方言之一。但其内部又可分为两派：一是分立派，认为晋语可以单列，但仍是北方官话的下级次方言；一是保守派，认为没必要将晋语从北方官话中单列出来。

晚期历史性条件和现在平面型条件，划分出大方言、次方言和小方言，并以此原则讨论晋语独立的条件，认为晋语是官话方言的一个次方言。① 王福堂主张以多项特定的历史性语音标准来考察晋语能否独立，最后承认晋语是官话方言中保留较多古老特点的次方言，主要原因是晋语独立的入声标准的不科学性。②

梁金荣（1997）认为，晋语的独特性只是同一系统内部不同层级的关系，而不是不同系统之间的区别，主张将秦晋方言（晋语）作为官话之下的一个次方言。③ 李如龙（2001）总结侯精一、温端政的观点，重申晋语的八项特征，认为晋语入声有扩大趋势，主张晋语至少可以在官话中立为二级区。④ 此外，李如龙（2004）认为从构词法角度，四字格、圪头词、分音词等也可以说明晋语的独特性。⑤ 项梦冰（2013）从方言地理学的角度，认为依据入声将晋语独立为一级方言是缺乏合理性的……也就是说晋语分立的问题只能在官话内部考虑，它只是共同语的基础方言——官话中一个有较多特点、相对保守的次方言。⑥

纵观分立派的著作言论，以王福堂先生为代表，他在《汉语方言语音的演变和层次》一书中，针对侯精一、温端政、乔全生总结的语言特征，逐条予以反驳，只承认晋语是一个特点较多的方言，其主要特点仍和官话一致。如果支持派想与该派对话，恐怕得进一

---

① 丁邦新：《丁邦新语言学论文集》，北京，商务印书馆，1998。

② 王福堂：《汉语方言语音的演变和层次》，北京，语文出版社，1999。

③ 梁金荣、高然、钟奇：《关于汉语方言分区的几个问题——兼论晋语的归属》，载《语文研究》，1997（2），37~42页。

④ 李如龙：《汉语方言学》，北京，高等教育出版社，2001。

⑤ 李如龙：《晋语读书札记》，载《语文研究》，2004（1），8~15页。

⑥ 项梦冰、曹晖：《汉语方言地理学——入门与实践》，北京，中国书籍出版社，2013。

步丰富和挖掘晋语的系统性、排他性特征，尤其要探究一些语言现象的来源、演变路径及发展趋势，另外还得细化晋语个案研究，以增强立论的可信度和连续性。

（2）保守派

高然（1997）认为，微观层面的研究可揭示语言事实的真实性、准确性，但需要与宏观思路相互支持，以更客观、科学地解释晋语的语言事实。[①] 詹伯慧（2004）认为，坚持晋语独立的学者是以微观层面的晋语内部特点作为依据，而反对晋语独立的学者是从宏观全局来考虑。闽语内部分歧很大，但仍属同一方言，晋语也没有必要从官话中分立出来。[②]

可见，划分方言区的标准既需要微观层面语言事实的支撑，也需要宏观层面同质性及排他性的统筹。

（二）晋语的分片

李荣（1985）区分了“晋语”和“山西方言”，认为“晋语”着重在语言，指山西省及其毗连地区有入声的方言；“山西方言”着眼于地理，指山西省境内的方言。而在此基础上，关于方言分片及命名便有两个维度和标准。

1. 语言特征分片

根据李荣关于晋语的界定，山西省东北角的广灵县没有入声，不属于晋语，应属于北方官话；山西省西南部二十七个县市没有入声，不属于晋语。故这类分片不包括上述二十八个县市。

1987 年《中国语言地图集》根据“古四声在今音的演变”把晋

① 高然：《对汉语方言分区问题的再认识》，载《学术研究》，1997（1），62~66 页。

② 詹伯慧：《当前汉语方言研究中的几个问题》，载《语文建设》，2004（2），36~39 页。

语分成八片：并州片、吕梁片（汾州小片、兴隰小片）、上党片、五台片、大包片、张呼片、邯新片（磁漳小片、获济小片）和志延片。

沈明《晋语的分区（稿）》（2006）认为近二十年的调查研究证明用调类分区、分片的方法简洁有效。她重新说明了晋语各片的特点，将上党片分为长治小片和晋城小片，将吕梁片兴隰小片改称隰县小片，仍将晋语分为八片，名称不变。①

乔全生《晋方言语音史研究》（2008）沿用八片划分法及名称，重点关注并州片与汾河片的特点及关系，并转引了王福堂（1999）的观点："山西西南部晋南方言具有晋语的大部分重要特点，某些特点的表现还极为典型，但仅仅因为没有入声就被划入其他官话方言，这不能不损害晋语本身的完整。"以及陈庆延（2001）的观点："并州片是晋方言的核心，汾河片疑是并州片的前身。"②

以上学者沿用了从语言特征划定方言片名称，虽各片所辖县域稍有差异，但这与相关行政区划的变更有关，无伤大雅。乔全生为论述方便，以附加说明的方式将汾河片这一研究对象列入，笔者认为这种方式比较可取。诚然汾河片是山西省域不可分割的一部分，但是"晋语"是以有无入声为标准分立出来的，随着研究的不断深入，我们或许可以发现二者深层次的联系，重新审视相关论述。

2. 地理位置分片

侯精一、温端政（1993）根据是否有入声和古四声在今方言里的演变情况，将山西省方言分为六区：中区（21 县市，太原片和阳泉片）、西区（15 县市，历史片和隰县片）、东南区（15 县市，长治片、沁县片和晋城片）、北区（25 县市，大同片、山阴片和忻

① 沈明：《晋语的分区（稿）》，载《方言》，2006（4），343~356 页。

② 乔全生：《晋方言语音史研究》，39 页，北京，中华书局，2008。

州片）、南区（24 县市，运城片、侯马片和临汾片）、东北区（1 县，广灵县）。具体标准如下：①有无入声。有入声地区，古入声清声母和全浊声母字今声调有无分别。无入声地区，古入声全浊声母都读阳平，主要看古入声清声母字和次浊声母字今读舒声后的声调有无分别。②古平声清声母字和浊声母字声调有无分别。③古平声清声母字和古上声清声母字、次浊声母字今声调有无分别。④古去声清声母字和古上声全浊声母、古去声浊声母字今声调有无分别。[①] 温端政（1997）又将第一条标准拆分为三条标准，即一共有六条标准，具体分区和名称不变。[②]

韩沛玲（2012）在侯精一、温端政（1993）的基础上，按照有无入声和平（去）声是否分阴阳将山西方言分为五个二级方言区：北区（云中片、五台片）、中区（并州片、阳泉片）、西区（离石片、永和片）、东南区（长治片、晋城片、沁县片）、南区。

笔者认为研究语言应该以语言特征为出发点，适当结合地理因素，但不应该以地理因素为主要根据划分语言片并命名。举例说明，如上述侯精一和温端政将没有入声的广灵县独立为一个东北区，而其他各区所辖县域均在 15 个以上，严重不平衡。韩沛玲在此基础上取消了东北区，也没有明确交待广灵县的归属，从她绘制的分区图看出广灵县归属北区云中片，有失严谨。再如，侯精一和温端政将南区划分为三个小片，而韩沛玲的划分很笼统，没有严格按照她的分片标准“去声是否分阴阳”进一步划分南区。

3. 其他维度

前文笔者说不能以地理因素为主要根据划分语言片，并不是说

① 侯精一、温端政：《山西方言调查研究报告》，375～376 页，太原，山西高校联合出版社，1993。

② 温端政：《山西通志》第四十七卷，351～375 页，北京，中华书局，1997。

不可以参考地理因素。钱曾怡（1987）认为，划分方言界限的多项标准地位并不等同，在具体操作中，应在全面衡量各项特点的基础上，确定一项主要标准。①

另外，自然地理条件也是影响分区划片的重要因素。山西省境内有两条重要的河流，黄河和汾河。汾河是黄河的第二大支流，也是山西省的第一大内河，位于山西省中部，流经山西省忻州市、太原市、吕梁市、晋中市、长治市、临汾市和运城市的部分地区，总计41个县市。王临惠《汾河流域方言的语音特点及其流变》（2003）全面描述了汾河流域方言的语音现状，提出了汾河流域方言分区的新建议，调整了过去的方言区划，认为“边缘地带经常表现为两个或多个方言的交叉，而方言的分界恰恰要在这个边缘地带里划出，使用只有中心地带才具有的多项标准在这个区域里划界显然是行不通的”。② 中原官话汾河片确实有许多特点与晋语一致，如果将其归入晋语，则在北方官话中没有对外排他性。只有“有入声”在晋语里既有极强的内部一致性，又有极强的对外排他性。因此这一标准是有效度的、可取的。

黄河是秦晋两省天然的分界线，早在先秦时期，就有“秦晋之好”的佳话。据史料记载，黄河是山西和陕西友好互通的重要渠道，秦晋沿河方言分布在黄河中游东西两岸的28个县市里，两岸至今还留有几十个渡口。邢向东等的《秦晋两省沿河方言比较研究》（2012）从语音、词汇、语法方面全面描写、比较了秦晋沿黄河的方言，认为黄河流域的方言是“横向贯通，纵向阻

① 钱曾怡：《汉语方言学方法论初探》，载《中国语文》，1987（1）。

② 王临惠：《汾河流域方言的语音特点及其流变》，148页，北京，中国社会科学出版社，2003。

隔”。[①] 大概是山西西部黄河流域在吕梁山脚下，山川阻隔，纵向沟通不便，而横向有古渡口，互通便利，陕北地区受吕梁片晋语影响而有入声。[②] 而王临惠（2003）认为汾河流域的方言是一种谷地型方言，它的产生、发展必然因两岸山地和台地的阻隔与流域以外的方言少有联系，而与河流走向密切相关，属“纵向贯通，横向阻隔”。

既然可以河流分界做语言的对比研究，以揭示其内在联系及演变趋势，笔者想同样可以其他地理因素开展研究。刘勋宁（1995）提出：“拿一张带有等高线的地图，勾出晋语的边线，就会看到一个有意思的事实：山地一方面使语言保守，一方面使语言分歧。”可惜刘勋宁没有提供一幅这样的晋语分布图。项梦冰（2013）依据这一描述，称晋语为典型的“孤立区域模式”，从山脉分界角度出发或许可以考究何谓“孤立区域”。

（三）柳林话的形成与地位

1. 柳林话的形成

柳林县是 1971 年新建县，所以文献中没有直接的信息记录。但是可以依据柳林县的历史沿革加以考察。据清光绪七年（1881 年）姚启瑞等人纂修的《永宁州志》记载：永宁州州治在布政司西南，府治西少北，东西扩二百里，南北袤二百五十里。东至太原府交城县界一百里，西至黄河一百里，隔岸为陕西绥德州吴堡县界。南至金罗镇三十里宁乡县界，至宁乡县治六十里，北至赤尖岭太原府岚县界二百二十里，如图 1–3 所示。

---

① 邢向东等：《秦晋两省沿河方言比较研究》，北京，商务印书馆，2012。

② 据陕北晋语片区部分县志、村志及家谱记载，他们的先民是由山西经古渡口移民过去的。

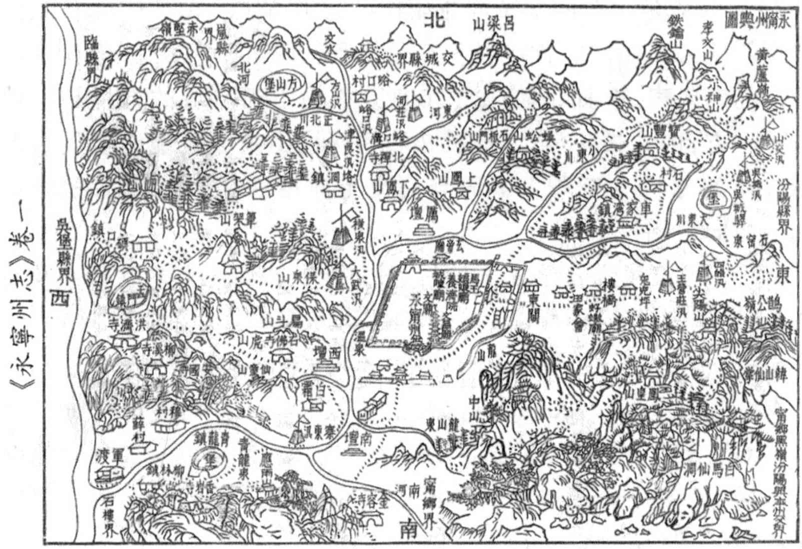

图 1-3　永宁州辖域图①

图中，我们能找到白霜、柳林镇、穆村镇、薛村、军渡等今天还在沿用的地名，说明这一路径可行。行政区划在汉语方言的形成和演变过程中发挥着非常重要的作用，柳林话的形成当与永州话乃至整个吕梁片方言的形成时代一致。

关于吕梁片晋语的来源，前辈时贤已有论及。罗常培（1961：136、143）在讨论唐五代西北方音与现代西北方音的关系时指出：“我现在所采取的六种西北方音——兰州、平凉、西安、三水、文水、兴县——虽然不能算是他们的直接后代音，然而从几个特点来

① 图片转引自（清）姚启瑞纂修，李文凡、李晨生点注，离石县地方志办公室编：《永宁州志》，8 页，太原，山西古籍出版社，1996。

看，其间实在不无渊源可寻……陕北的安塞、延川、清涧、吴堡、绥德、米脂等处也有类似的读法，这便是从唐五代沙洲附近的方音一脉相传下来的。”[①] 乔全生（2004）进一步明确提出：“唐五代汉语西北方言的嫡系支裔就是现代晋方言，主要包括今山西、陕北等地方言。”依此，我们可以初步判定柳林话的形成时代是唐五代时期。

结合地理位置和行政区划史来看，在柳林话的形成过程中，有以下几点值得关注。第一，从现有文献看，自宋元以来，以《中原音韵》为代表的关中方言在全国具有权威性，但是柳林话目前还保留着《中原音韵》之前的一些语音特点，笔者推测柳林话在元代之前就已经形成了。如柳林本地人称呼外地人为“外路人”或“外路脑子”，这一现象在绥德县也存在。黑维强（2016）考证：“冠名以‘路’的行政区划称谓，最早是宋代，最晚为元代。”可见，柳林话可能形成于元代之前。第二，柳林县（原永州的部分区域）明朝曾归属太原府，太原是山西省的政治、经济、文化中心，但是由于山川阻隔，太原地区政治文化因素对柳林话的形成影响较小。从晋语分区划片中也可以发现，行政管辖中同属吕梁地区的文水县和交城县，在方言分区划片中划入并州片，而柳林话属吕梁片汾州小片，从某种程度上来说，柳林话与陕北晋语的互懂度要高于其与平川（文水、交城）话。第三，笔者在调研时，翻阅了贾氏家谱[②]，结合文献梳理阶段了解过贾存仁的《等韵精要》，便将二者

---

① 乔全生：《现代晋方言与唐五代西北方言的亲缘关系》，载《中国语文》，2004（3），262~266页。

② 家谱记载，元朝至元年间贾氏祖先就已在穆村镇生活，而家谱中与贾存仁同时期的族人恰好也是“存”字辈。这不知道是巧合，还是有一定的关系，有待进一步考察。

联系起来，试图寻找《等韵精要》记录的语音与柳林话的之间是否有联系。陈庆延（1996）认为，在西周时期形成的古晋语，在春秋战国时期分为河东方言和并州方言；进入现代，河东方言归属中原官话，并州方言保留入声，独立为晋语。这里提到的“河东方言”，即是“关中方言的一支，向东扩展到山西的西南部，再北上到山西中部”①。综上，柳林话形成于元代之前是无疑的，从语言表现来看，可能要比《中原音韵》记录的语言更早一些，其与关中方言更深层次的关系还需要进一步考证。

地理因素是柳林话形成并代代传承的关键因素，因山川阻隔，交通不便，柳林话受权威方言影响较为有限，本书研究的文白异读现象就是很好的例证，这也可从另一侧面说明柳林话在历史演变过程中没有断层，而是一脉相承的。

2. 柳林话的地位

柳林县地处晋西边陲，与陕北隔河相望，“扼大河乃中原锁匙，架飞桥为秦晋通衢”，历来是两岸政治、经济、文化、交通等方面沟通和交流的重要基地，晚清时期商业崛起，巨贾云集，店铺林立，民国年间拥有商号800余家，赢得“小北京”之誉。可见，柳林县是秦晋之间的交通要渠，经济、文化中心，同时，又在很大程度上与周边文化兼容并蓄，所以柳林话可以视为晋语吕梁片的代表方言之一。

柳林话处于相对闭塞的山区环境下，受共同语或权威方言的影响较小，学界一致认为该片区是晋语的核心区之一。但其最大的特点即保留入声这一现象，也已开始发生变化：一些入声字韵尾-ʔ消失，韵母舒化，并入到其他声调；入声分阴阳现象在年轻人中的

① 陈庆延：《晋语特征词说略》，见李如龙：《汉语方言特征词研究》，87页，厦门，厦门大学出版社，2002。

区分也趋于模糊。沈明、秋谷裕幸（2018）认为不论音韵特征还是地域分布，吕梁片晋语都呈现出连续状态，具有过渡性特征。由此，我们不难看到柳林话在晋语研究中所处的地位和研究价值所在。

第二节　柳林话的语音系统

一、声母、韵母和声调

本研究以柳林县穆村镇为调研点，为方便描述，下文直接称穆村镇二村委居民所说的话为柳林话。本音系依据《方言调查字表》（修订本），发音合作人均为土生土长的穆村人。调查过程中，先请主要发音合作人王久平（男，76 岁，高中文化）识读《方言调查字表》中的字词，整理出柳林话音系及所有异读字。然后，结合年龄、性别等社会因素，请五位辅助发音合作人核实音系及异读字的情况。单下划线表示白读音。

（一）声母

柳林话有 20 个声母，包括零声母在内：

p 布步巴包　　ph 怕盘朋白　　m 门买眉木　　f 飞冯符福

t 到道大地　　th 太同夺犊　　n 难怒硬眼　　l 路吕连脸

ts 糟招争蒸　　tsh 仓昌粗直　　s 散扇生僧　　z 认绕然女

tɕ 精经节嘴　　tɕh 秋齐桥揩　　ɕ 修休虾旱　　k 贵跪怪窟

kh 开葵枯去　　ŋ 岸案袄挨　　x 灰红胡咸　　ø 耳闻延荣

声母说明：

1. 柳林话声母［f］和［x］在部分人口语中属自由变体，不区分意义。如部分人口语中“汾=红”。

2. 普通话的舌尖前音［ts tsh s z］和舌尖后音［tʂ tʂh ʂ ʐ］在柳林话中都读为舌尖前音［ts tsh s z］。

3. 舌尖前音［z］发音部位比普通话靠前，没有浊音色彩。

4. 舌面前音［tɕ tɕh ɕ］只能与齐齿呼和撮口呼相拼。

5. 舌根音［k kh ŋ］除可以与开口呼和合口呼相拼外，还可以与细音韵母相拼，如：甘［kiɛ^{35}］、看［khiɛ^{51}］、安［ŋiɛ^{35}］，但是舌根音［x］却不能与细音韵母相拼，如拼细音韵母，则声母腭化为［ɕ］，如：旱［ɕiɛ^{51}］。

6. 零声母［ø］与开口呼相拼实际音值为［ʔ］，与齐齿呼和撮口呼相拼实际音值为［j］，与合口呼相拼实际音值为［w］。

（二）韵母

柳林话有34个韵母①：

ɿ 资支师称			
ə 个宬②粘缠			
	i 第闭瓶明	u 布故抱谋	y 吕渠嘴水
a 马麻车惹	ia 家姐写斜	ua 话花瓜忘	ya 靴瘸横
æ 三胆含慢	uæ 关顽环卵		
ɛi 北百知开		uɛi 怪桂贵帅	
	iɛ 减衔连干		yɛ 圆泉卷旋
ou 饱保高好	iou 教表条舀		

① 笔者在调查中发现“萝卜”的白读音“卜”的韵母为ɔʔ，因目前只找到一个例字，故暂未列入音系。

② 宬：住。柳林话［sə^{33}］，今普通话音chéng，古代藏书的屋子。明清专指皇宫收藏文书档案的地方。《广韵》：宬：是征切，“宬屋容受也”。例：平房里～人着了。平房里有人住着呢。

iɛə 柳绣舅丢扭

ɤ 楼苏耳二　　uo 过短酸床

ɔ 跑河党拖　　iɔ 讲良箱娘

əŋ 根庚等腾　iəŋ 林心星灵　uəŋ 温魂红翁　yəŋ 群穷熏供

aʔ 辣色落八　iaʔ 夹协掐客　uaʔ 刮刷滑缩　yaʔ 穴確

əʔ 直日舌割　iəʔ 急脚激吉　uəʔ 骨窟忽国　yəʔ 说缺月欲

韵母说明：

1. [ə] 类韵母在白读系统里辖字均为平声字，与入声韵 [əʔ] 对立。

2. [ɤ] 类韵母自成音节时，发音部位较为紧张，且舌位稍高。

3. [ɔ] 实际音值舌位较低，接近于 [ɒ]。

4. [uo] 中的 [o] 在塞音尾前弱化为 [ə]。曲折调的动程明显，平调和降调动程较短。柳林话没有单韵母 [o]，部分双韵母 [uo] 相当于普通话的 [o]，如小学阶段的拼音教学中，[o] 就读为 [uo]。

5. [iɛə] 这个韵母比较特别，韵基部分动程很小，不同于 [iou]，柳林话的 [iɛə] 等于普通话的 [iou]，而柳林话的 [iou] 等于普通话的 [iao]，所以柳林话的 [iou] 中的"o"不能省略。邢向东、王兆富（2014）提出，iɛə 韵可能来自古蟹摄三四等或止摄三等字，很可能是这些字腭化不彻底的遗留。但是笔者穷尽式地统计后，发现柳林话 iɛə 韵辖字主要是流摄开口三等字及除帮组字之外的流摄开口四等字（见、影母字居多），如：柳绣舅丢扭揪幽黝幼纠等，而 iou 韵辖字主要是效摄（二三四等字）及流摄开口四等帮组字，如：教表条舀彪谬。

6. 没有舌尖中鼻音 [n] 收尾的韵母，普通话读为 [ən] [in] [un] [yn] 的字，柳林话记为 [əŋ] [iəŋ] [uəŋ] [yəŋ] 韵母。但

是随着普通话的推广和普及，青少年人已有意识地区分前后鼻音。

（三）声调[①]

柳林话有 6 个声调，平声和入声分阴阳，上声和去声不分阴阳。

阴平	35	诗梯衣灯方天昏
阳平	33	时题移棉房锄魂
上声	214	使矢体椅以等免
去声	51	是弟试替事侍意
阴入	$ʔ^{21}$	识滴曲急竹说尺
阳入	$ʔ^{213}$	月药白食舌发湿

声调说明：调值尽量与普通话调值保持一致，但并不表示音高与普通话相同。柳林话阴平字在北京话中一般读为短平调，而柳林话阳平字在北京话中一般读为短升调，如果从调值角度来说，柳林话的 35 调一般对应北京话的 55 调，33 调对应北京话的 35 调，正好相反；上声调的末尾往往升不到 4 那么高，除非是刻意去读单字音。

二、声韵调配合特点

（一）声母和韵母的配合

柳林话和汉语其他方言一样，声母和韵母的配合规律主要表现在声母的发音类型同韵母四呼的关系上。根据这种配合关系，笔者把柳林话声母分为十一组，它们与韵母四呼的配合关系概括来说主要有以下几点（参见表 1–5）：

① 说明：如与普通话音值接近的，尽量用普通话通用调值。调值尽量用单数配单数，双数配双数。

（1）双唇音 p、ph、m 可与开口呼和齐齿呼相拼。与合口呼相拼仅限于 u 韵母，不能与撮口呼相拼。

（2）唇齿音 f 只能与开口呼相拼，不能与其他三呼相拼。

（3）舌尖塞音 t、th、n 可与开、齐、合三呼相拼，不能与撮口呼相拼。

（4）边音 l 的拼合能力最强，可与四呼相拼。

（5）舌尖塞擦音、擦音 ʦ、ʦh、s 只与开口呼和合口呼相拼，不能与齐齿呼和撮口呼相拼。

（6）舌尖浊擦音 z 只与开口呼的少数韵母相拼，不能与其他三呼相拼。

（7）舌面塞擦音、擦音 ʨ、ʨh、ɕ 只与齐齿呼和撮口呼相拼，不能与开口呼和合口呼相拼。

（8）舌根塞音、擦音 k、kh、x 可与开口呼、合口呼相拼。k、kh 还可与齐齿呼的 iɛ 韵母相拼（x 不能拼），这三个声母均不与撮口呼相拼。

（9）舌根鼻音 ŋ 可与开口呼相拼，也可与齐齿呼相拼，但仅限于 iɛ 韵母，不能与合口呼和撮口呼相拼。

（10）零声母可与四呼相拼，但同开口呼配合的只有 a、ɛi、ou、ɔ 四个韵母。a 和 ɛi 表示语气，ou 除表示应承语外，还用在哄孩子睡觉时儿语，如：“ou，ou，瞌睡睡，睡起来了戴花花。”ɔ 表示理解对方话语后的答语。北京话零声母开口呼的字柳林话都带 ŋ 声母。

以上数条，除（6）（8）（9）（10）外，大致和北京话类似。还有一些较细但比较重要的声韵配合条例，可以通过声韵调配合表反映出来。

（二）声韵与声调的配合

声母、韵母与声调配合时最突出的特点是不送气塞音、塞擦音声母在多数韵里不能和阳平声调配合。举 u 韵母为例：

表 1–3　声韵与声调的配合

声调	声韵母			
	p	t	k	ts
阴平	○	都	姑	猪
阳平	○	○	○	○
上声	补	堵	古	主
去声	布	肚	顾	祝

出现这种情况，是因为柳林话的阳平声调来自古浊音声母，而柳林话的古全浊塞音、塞擦音声母不论平仄，口语里都变为送气音，于是不送气的塞音、塞擦音的阳平音节几乎成了空白。近些年，受普通话影响，阳平字有一些变化，尤其是拟声字，如：嘟 tu^{33}、咕 ku^{33}等。

另一个显著的特点是柳林话的平声调与普通话有较系统的差别。

表 1–4　柳林话平声调与普通话对照表

语言	声调					
	阴平			阳平		
	调型	调值	例字	调型	调值	例字
柳林话	中升调	35	青春光辉	中平调	33	人民银行
普通话	高平调	55		中升调	35	

（三）声韵调配合表

为了简单直观地反映柳林话的音节总数和音节结构特点，笔者制作了声韵调配合表。该表建立在韵母四呼的基础上，按声母、韵母、声调排列，下加单横线表示白读音，加双横线表示文读音。字音或意义特殊的随文注释，有音无字的音节用画圈字符代替，并随文注释。

表 1-5　柳林话声韵调配合表

声母	开口呼															
	ʅ				a				æ				εi			
	阴	阳	上	去	阴	阳	上	去	阴	阳	上	去	阴	阳	上	去
p					巴		把	爸	班		<u>扁</u>	办	碑		摆	拜
ph						爬		怕				盼	<u>白</u>	排		配
m					妈	麻	马	骂						埋	买	妹
f										凡	反	犯	<u><u>费</u></u>	<u><u>肥</u></u>	匪	肺
t							打		担		①	蛋	呆		逮	带
th					他		<u><u>挞</u></u>		摊	坛	瘫	探	胎	台	②	太
n						拿	<u><u>哪</u></u>	娜		男		难	③	奶④	奶	耐
l					拉		蜡	旯		蓝	懒	烂		来	⑤	赖
ʦ	支	吱	紫	字	渣		乍	炸			攒	暂	灾		载	在
ʦh	呲	词	此	刺	差	茶	衩	岔	掺	蚕	铲	⑥	痴	柴	踩	菜

---

① tæ^{214}：形容多管闲事。~己己：指爱多管闲事的人。

② thεi^{214}：底气足。例：兀家<u>女</u>的每个月给他一千块生活费，看教他~气的。他家女儿每个月给他一千元生活费，看他说话多神气。

③ nεi^{35}：那。~天：那天。

④ 奶奶 nεi^{33}：牛奶、羊奶、奶粉、母乳等的统称。(一般叠用，33 调)

⑤ lεi^{214}：分音词，例：卜~来回晃动。

⑥ ʦhæ^{51}：解。例：把线疙瘩~开把绳子疙瘩解开。

续表

声母	开口呼															
	ɿ				a				æ				ɛi			
	阴	阳	上	去	阴	阳	上	去	阴	阳	上	去	阴	阳	上	去
s	师	时	死	四	沙	蛇	洒	厦	山	删	伞	善			①	赛
z			②	③						喃						
tɕ																
tɕh																
ɕ																
k					嘎			尬					该		改	盖
kh							卡						开		楷	
ŋ									安			按	挨		癌	爱
x								吓		寒		馅	④	鞋	海	害
ø					啊⑤	啊⑥		啊⑦								唉

声母	开口呼															
	ə				ou				ɤ				ɔ			
	阴	阳	上	去	阴	阳	上	去	阴	阳	上	去	阴	阳	上	去
p					包		保	报								

---

① sɛi^{214}：轻摇。例：孩［ɕi］瞌睡了，你~的教睡个孩子瞌睡了，你抱着轻轻摇一摇，让他睡去吧。

② zɿ^{214}：黏人。例：这□［tɕhiɛʔ^{21}］孩［ɕi］么糊~□［niɛʔ^{21}］这个孩子太黏人。

③ zɿ^{51}：黏稠。例：今的饭熬得~□［niɛ^{214}］□［niɛ^{21}］的今天的稀饭熬得稠。

④ xɛi^{35}：与“地”连用，表示非常。例：你~不像话你太不像话了。

⑤ 啊：啊呀呀，表示惊讶。

⑥ 啊：用于医生检查口腔时发出的声音，或者学拼音字母时“张大嘴巴啊啊啊”。

⑦ 啊□［huɛi^{51}］：拟声词，表示疼痛。

续表

声母	开口呼															
	ə				ou				ɤ				ɔ			
	阴	阳	上	去	阴	阳	上	去	阴	阳	上	去	阴	阳	上	去
ph					①		跑	泡								
m						忙	描	帽								
f																
t					刀		捣	稻					当		党	大
th					掏	涛	讨	桃					拖		躺	烫
n						脑	恼	闹		②	努	奴			他	囔
l						捞	老	烙	芦	楼	篓	路		狼	③	浪
ts	粘				遭		枣	灶	周		展	宙			长	藏
tsh		缠			抄	潮	炒	造	粗		丑	臭		常	厂	唱
s		宬			烧		扫	捎④	苏		守	瘦	伤	常	晌	上
z							扰	绕		揉	扭	肉			嚷	
tɕ																
tɕh																
ɕ																
k				个	高		膏	告					哥		岗	跑
kh							考	靠					康		扛	渴
ŋ					⑤	熬	袄	傲						鹅	昂	饿

① $phou^{35}$：（多指因睡眠不好）眼睛浮肿。

② nɤ：可爱（多指小孩）。例：看这个孩［ɕi］～圪 $tɕhy^{214}$ $tɕhy^{214}$ 的看这个孩子真可爱。

③ $lɔ^{214}$：割。例：他［$nɔ^{214}$］和人家打架来，肚子上教～了一刀子他和人家打架了，肚子上给割了一刀。

④ 捎：动词，意为洒水、褪色、稍微向后倒退（多指骡马）等。

⑤ $ŋou^{35}$：固执地要求别人做某些事。例：他［$nɔ^{214}$］硬～住我［$ŋɔ^{214}$］给他买根冰棍他坚持让我给他买根雪糕。

续表

声母	开口呼															
	ə				ou				ɤ				ɔ			
	阴	阳	上	去	阴	阳	上	去	阴	阳	上	去	阴	阳	上	去
x						哭	好	号		①	喊	后	蒸	河	荷	贺
ø								②		儿	耳	二			③	

声母	开口呼						齐齿呼									
	əŋ				aʔ		əʔ		i				iɛ			
	阴	阳	上	去	阴	阳	阴	阳	阴	阳	上	去	阴	阳	上	去
p	绷		本	笨	八		博		屄	哔	比	被	边	笔	匾	变
ph	喷	盆	捧	碰	胖	拔			披	皮	避	屁	偏	篇	撇	骗
m	蒙	门	猛	闷					每④	猫	米	命		棉	免	面
f	分	冯	粉	凤	发	罚	福									
t	灯		等	凳	答		得			嘀		地	颠		点	电
th		疼			踏	沓			听	题	体	替	天	甜	舔	
n		能			纳		⑤			泥⑥	你	泥⑦		年	撵	念
l		棱	冷	愣	乐	辣				铃	领	丽	⑧	连	脸	练

① $xɤ^{33}$：小。例：~孩［ɕi］：小孩子。

② ou^{51}：除表示应承语外，还用在哄孩子睡觉时儿语，如："ou，ou，瞌睡睡，睡起来了戴花花。"

③ $ɔ^{214}$：表示理解对方话语后的答语。

④ 每：复数人称代词，我每：我们。

⑤ $nəʔ^{21}$：语气词，多含不耐烦的意思。

⑥ 泥：名词，稀泥。

⑦ 泥：动词，泥瓦匠。

⑧ $liɛ^{35}$：词缀，表示状貌。例：好吃得圪~~的馋得流口水的样子。

续表

声母	开口呼						齐齿呼									
	əŋ				aʔ		əʔ		i				iɛ			
	阴	阳	上	去	阴	阳	阴	阳	阴	阳	上	去	阴	阳	上	去
ts	增		整	挣	扎		脊	这								
tsh	撑	层	碜	衬	插	杂	吃	侄								
s	参	寻	省	渗	杀		设	拾								
z	吟	仁	忍	认		热		日								
tɕ									鸡	精	挤	记	尖		剪	见
tɕh									欺	奇	起	气	千	前	浅	欠
ɕ									稀	肥	洗	戏	先	嫌	显	县
k	根	①	耿	更			格	鸽								
kh	坑	吭	肯	掯②			克	去								
ŋ	恩						恶③									
x					瞎	盒	喝	④								
ø				嗯					医	移	椅	忆		沿	演	咽

① kəŋ^{33}：自己。

② 掯：靠。例：营生要~住做了事情要靠住（抓紧）做完。

③ 恶：~水：脏衣物。

④ xəʔ^{213}：~来：很。

声母	齐齿呼															
	ia				iou				iɛə				iɔ			
	阴	阳	上	去	阴	阳	上	去	阴	阳	上	去	阴	阳	上	去
p	①			迸												
ph	②	棚	③⑪													
m		乜④	猛	⑤												
f																
t	爹				丢				丢							
th						⑥										
n	⑦	牙	哑	硬		牛	扭				扭			⑧	⑨	酿
l	⑩		冷	⑪		流	柳	六			柳			凉	两	亮
ts																
tsh																
s																
z																
tɕ	加		姐	借	纠		九	旧	揪			舅	姜		奖	酱

---

① pia^{35}：（用大脚针）缝。

② $phia^{35}$：（水）满，溢出。

③ $phia^{214}$：分开，叉开；扯掉。

④ 乜：痴呆，傻。例：一下子~住了突然背过气了。

⑤ mia^{51}：~~：哨子。

⑥ $thiou^{33}$：提。~裤提裤子。

⑦ nia^{35}：第二人称代词的复数。

⑧ $niɔ^{33}$：抬（头）。

⑨ $niɔ^{214}$：靠，（短时间）躺。

⑩ lia^{35}：卜~：“蹦”的分音词。

⑪ lia^{51}：~$taʔ^{21}$：聊天，唠嗑。

续表

声母	齐齿呼															
	ia				iou				iɛə				iɔ			
	阴	阳	上	去	阴	阳	上	去	阴	阳	上	去	阴	阳	上	去
tɕh	坑	茄	卡	斜	秋	求							腔	枪	抢	呛
ɕ		霞		夏	修		朽	绣	休			袖	香	祥	想	像
k																
kh																
ŋ																
x																
ø		爷	也	夜	优	油	有	又					秧	洋	养	样

声母	齐齿呼						合口呼									
	iəŋ				iaʔ		iəʔ		u				ua			
	阴	阳	上	去	阴	阳	阴	阳	阴	阳	上	去	阴	阳	上	去
p	兵		柄	并			逼				补	布				
ph		评	品	拼			撇	鼻	铺①	葡	普	铺②				
m		民	抿	命			墨	灭		谋	母	慕				
f									麸	扶	辅	副				
t	盯		顶	定			跌		都	嘟	堵	肚				
th	厅	停	挺	③			贴	叠		涂	土	兔				
n		宁	拧	硬	鸭		镊	捏			弩	怒				

① 铺：铺盖。

② 铺：铺子；小卖部。

③ thiəŋ^{51}：等。例：~当会等一会儿。

续表

声母	齐齿呼								合口呼							
	iəŋ				iaʔ		iəʔ		u				ua			
	阴	阳	上	去	阴	阳	阴	阳	阴	阳	上	去	阴	阳	上	去
l		林	领	另			列	力								
ts									猪		主	祝	抓		爪	①
tsh									初	锄	楚	处			②	欻
s									书		数	竖			耍	
z														③		
tɕ	今		紧	晋	夹		接									
tɕh	轻	噙	请	庆	客		七	截								
ɕ	心	形	醒	信	辖	协	习	楔								
k									姑		古	顾	刮		剐	挂
kh									骷		苦	裤	夸		垮	挎
ŋ																
x									呼	狐	虎	护	花	划		化
ø	音	迎	引	印			一	叶		无	武	误	挖	哇	瓦	④

① tsua^{51}：（动作）快速，准确，当下。

② tshua^{21}：将长条形物体的表皮扯下来。

③ zua^{33}：（孩子）黏人，哭闹。

④ ua^{51}：好吃懒做。例：天每~下不做营生天天闲着，好吃懒做，不做事情。

声母	合口呼															
	uæ				uɛi				uo				uəŋ			
	阴	阳	上	去	阴	阳	上	去	阴	阳	上	去	阴	阳	上	去
p									波		簸					
ph									坡		婆	魄				
m																
f																
t					堆		怼	对			短	断	东	咚	董	冻
th					推		腿	退		团	妥	唾	通	同	捅	痛
n											暖	①		农		弄
l			卵			雷			②	啰	裸	乱		龙	拢	
ʦ					追		嘴	最	砖		转	坐	盅		总	重
ʦh					炊		③	翠	穿	床	闯	创	葱	从	宠	冲
s								帅	酸		锁	算	松		损	送
z			④				蕊	瑞			软			容		润
ʨ																
ʨh																
ɕ																
k	关				归		鬼	贵	锅	粿	裹	过	公		拱	供

① nuo^{51}：圪～：包袱。

② luo^{35}：骨～～：印迹。

③ ʦhuɛi^{214}：摸。例：你～一挂$_{下}$孩［ɕi］的脑，看一挂$_{下}$烧了不$_{你摸一摸孩子的额头，看一下发烧没有。}$

④ zuæ^{214}：嚼（多指没有牙齿或牙齿较少的幼童和老年人）。

续表

声母	合口呼															
	uæ				uɛi				uo				uəŋ			
	阴	阳	上	去	阴	阳	上	去	阴	阳	上	去	阴	阳	上	去
kh					亏		①	快	颗		②	扩	空		孔	控
ŋ																
x		环			灰	回	毁	会		和面						
ø	顽				那	③	崴	外	窝	喔	碗	卧	文	嗡	稳	问

声母	合口呼				撮口呼											
	uaʔ		uəʔ		y				ya				yɛ			
	阴	阳	阴	阳	阴	阳	上	去	阴	阳	上	去	阴	阳	上	去
p																
ph																
m																
f																
t			独													
th			脱	犊												
n							女	鱼								
l			鹿	陆			吕	驴								

① $khu\varepsilon i^{214}$：哄，骗。~孩［ɕi］：哄孩子；~人骗人。

② $khuo^{214}$：~~：颗粒。玉稻黍~~玉米粒儿。

③ $\varnothing u\varepsilon i^{33}$：挪动。例：把桌子~一挂把桌子挪动一下。

续表

声母	合口呼				撮口呼											
	uaʔ		uəʔ		y				ya				yɛ			
	阴	阳	阴	阳	阴	阳	上	去	阴	阳	上	去	阴	阳	上	去
ts	捉		做													
tsh	戳		出	轴												
s	刷		叔	勺												
z	挼		入	褥												
tɕ					居		举	句	①				捐		卷	娟
tɕh					区	渠	取	去②		瘸			圈	全	犬	劝
ɕ					虚	嘘	水	睡	靴	横		③	轩	玄	选	楦
k	刮		骨	葫芦												
kh			哭													
ŋ																
x	发	滑	忽	活												
ø	握	袜	屋	物			雨	遇					冤	原	远	愿

声母	撮口呼							
	yəŋ				yaʔ		yəʔ	
	阴	阳	上	去	阴	阳	阴	阳
p								

① tɕya^{35}：圪~圪~：小孩学步的样子。

② 去：去皮。

③ ɕya^{51}：赖着不走。

续表

声母	撮口呼							
	yəŋ				yaʔ		yəʔ	
	阴	阳	上	去	阴	阳	阴	阳
ph								
m								
f								
t								
th								
n								
l							掠①	掠②
ʦ								
ʦh								
s								
z								
ʨ	均		菌	俊	<u>角</u>		绝	
ʨh	穷			[米卷]③			曲	
ɕ	凶	熊		训			雪	俗
k								
kh								
ŋ								

① 掠：掠夺。

② 掠：轻扫。例：把兀搭~一挂$_{把那里扫一下}$。

③ [米卷]：（粥）稠貌。

续表

声母	撮口呼							
	yəŋ				yaʔ		yəʔ	
	阴	阳	上	去	阴	阳	阴	阳
x								
ø	壅	云	涌	用			悦	月

第三节　柳林话使用状况

为客观全面摸清柳林话的使用状况，笔者通过一对一访谈式问卷调查法，依据"同质性较低的社区，样本量应该越大；同质性较高的社区，样本量可以少一些"① 的原则，综合考虑了性别、年龄、文化程度等社会因素，以家庭为单位，采用分层抽样法抽取了102 位被试，其中大部分被试母语为柳林话，少数被试虽不是本地人，但是已在本地居住多年。下面采用统计分析法考察柳林话语言使用状况。

一、样本构成

本部分调查时间：2019 年 7 月 20 日—8 月 20 日。调查员是笔者本人。样本构成情况见表 1-6。

① 王远新：《语言生活调查的主要内容和方法》，载《民族教育研究》，2019（2）。

表 1-6　样本构成（N=102）

<table>
<tr><td rowspan="3">样本</td><td colspan="9">变量</td></tr>
<tr><td colspan="2">性别</td><td colspan="3">年龄</td><td colspan="4">文化程度</td></tr>
<tr><td>男</td><td>女</td><td>青</td><td>中</td><td>老</td><td>小学及以下</td><td>初中</td><td>高中</td><td>大专及以上</td></tr>
<tr><td>样本量(人)</td><td>52</td><td>50</td><td>34</td><td>37</td><td>31</td><td>20</td><td>34</td><td>22</td><td>26</td></tr>
<tr><td>占比（%）</td><td>51.0</td><td>49.0</td><td>33.3</td><td>36.3</td><td>30.4</td><td>19.6</td><td>33.3</td><td>21.6</td><td>25.5</td></tr>
</table>

从数据来看，小学及以下被试占比 19.6%，其中 2 人没上过学（均为女性，68 岁和 64 岁），18 人只有小学文化，其中青年组 1 人（女，32 岁），其余均为 40 岁以上的中老年，男性 8 人，女性 10 人。随着我国九年义务教育的普及，以及家长对孩子学习的重视，柳林县居民的家庭教育观念发生了很大的改变，居民的文化程度不断提高。

二、语言使用及态度分析

问卷内容主要包括被试基本情况、语言习得和能力、语言使用、语言态度和行为倾向及普通话专项调查五大部分。另外还附加了三个主观题，考察柳林话的可懂度、接近度和发展变化情况。比如让被试凭经验判断外地人能否听懂柳林话，柳林话与周边哪种方言最为接近，柳林话是否发生着变化，这些变化具体体现在哪些方面，等等。

（一）语言掌握情况

主要从 5 周岁前的语言习得和现在的语言能力两个维度考察被试幼时和现在的语言环境。

上学前或 5 周岁前这一阶段是语言习得关键期，从问卷统计数据来看，本地话 92 人>其他汉语方言 10 人>普通话 0 人。[1] 本地被试小时候最先学会的语言均为本地话。最先习得其他汉语方言的 10 人均为柳林县外人，但是已在柳林县定居多年。但是据笔者观察，目前有部分学龄前孩子最先学会的是地方普通话，其中有个别孩子只能听懂本地话，却不会说。如 009 号被试（女，31 岁，高中文化）小时候最先习得本地话，初中毕业后去陕西西安上学 3 年，北京打工 3 年。她的儿子今年 9 岁，上小学前一直在穆村生活，但他只能听懂本地话，却不会说。她说："孩子出生后，家里人都用不标准的普通话教孩子说话，孩子长大一点儿后笨得学不会本地话了。"

现在，被试的语言使用能力依次排序如下：本地话 92 人>普通话 81 人>其他汉语方言 9 人，本地居民与本地人交流主要使用柳林话，与外地人或操普通话的人交流主要使用普通话，绝大多数本地居民都会说简单的普通话，而外地人定居本地后，因为已经过了语言习得的黄金年龄，并没有学会柳林话，只能说个别字词或骂人的话。如 089 号被试（女，51 岁，华晋工会，石家庄人）说自己来柳林 15 年了，每年回 3 次石家庄，3 次合起来最多 20 天，现在会用柳林话骂人。但是他们的孩子却可以说地道的柳林话。如 091 号被试（男，41 岁，华晋物业队队长，大同广灵人）说 2002 年来柳林，孩子虽然是在老家出生，但是在柳林上学，现在可以跟同学说非常地道的柳林话。

柳林话掌握程度。听：完全能听懂 95 人>基本能听懂 5 人>大部分能听懂 1 人=能听懂日常用语 1 人>基本听不懂 0 人=完全听不懂 0 人。除本地 92 人外，外地定居柳林的 3 人也完全能听懂柳林

① 说明：用">"表示优先选择，下同。

话，分别是088号被试（女，44岁，忻州五寨县人，来柳林16年）、090号被试（男，33岁，方山县人，来柳林10年）和097号被试（男，31岁，交口县人，来柳林5年），方山话和交口话与柳林话接近度较高，故090号和097号被试能完全听懂本地话，088号被试说："方言体现地方特色，就像当地特产一样，多学一种语言就多一项技能。"

说：能熟练交谈，没有任何障碍92人>基本不会说4人>完全不会说4人>能熟练交谈，个别时候有障碍1人>会说日常用语1人>基本能交谈0人。本地人可以无障碍使用本地话交谈，090号被试（男，33岁，方山人）除个别时候有障碍，也可以较熟练使用本地话，091号被试（男，41岁，华晋物业队队长，大同广灵人）会说日常柳林话。

普通话掌握程度。听：完全能听懂79人>大部分能听懂17人>基本能听懂4人>能听懂日常用语1人=基本听不懂1人=完全听不懂0人。基本能听懂的4人分别是028号（女，56岁，初中文化）、062号（男，66岁，初中文化）、075号（女，57岁，小学文化）和086号（男，67岁，小学文化）被试，四人均为老年组。能听懂普通话日常用语的1人是076号被试（女，64岁，未上过学），基本听不懂普通话的1人是042号被试（女，68岁，未上过学）。

说：基本能交谈27人>能熟练交谈，没有任何障碍23人>会说日常用语17人>能熟练交谈，个别时候有障碍14人=基本不会说14人>完全不会说6人。

可见，本地话的听说能力整体高于普通话，本地话的听说能力与被试的出生地相关，普通话的听说能力与被试的年龄、文化程度、外出经历等有关。同一语言，听的能力总体高于说的能力，这符合语言习得和使用的一般规律。

（二）语言使用情况

本书主要从交际对象和交际场合两个维度分解多选项考察被试的语言使用情况。

1. 交际对象

表 1–7　被试与不同交际对象的语言使用情况表

单位：人

交际对象	使用语言			
	本地话	普通话	其他汉语方言	无此情况
父母亲	92	1	10	1
同辈（配偶、兄弟姐妹等）	92	6	10	0
爷爷	76	0	10	16
奶奶	82	0	10	10
晚辈	84	47	5	3
邻居	93	8	6	0
朋友	93	18	8	0
陌生人	87	72	3	0

从数据来看，本地话在被试与长辈和同辈（配偶、兄弟姐妹等）之间交谈时非常稳定，除去爷爷、奶奶不在世的情况，本地话的使用率为 100%。090 号被试（男，33 岁，方山人）自报自己平时与邻居和朋友说的是比较地道的柳林话，并且还可以举例比较柳林话与母语方山话的差异。而在与晚辈和陌生人交谈时，普通话的使用率有较大提高，这与被试的语言使用态度和行为倾向有密切关系。

2. 交际场合

表 1-8　被试在不同交际场合的语言使用情况表

单位：人

交际场合	使用语言			
	本地话	普通话	其他汉语方言	无此情况
在家里	92	7	9	0
工作时	51	45	3	29
去银行、邮局、医院时	65	44	2	19
去政府部门办事时	40	24	3	49
去逛街、超市或集贸市场买东西时	92	20	3	0
想问题或自言自语时	92	7	9	0

“在家里”“去逛街、超市或集贸市场买东西时”“想问题或自言自语时”这三种较随意的场合下，本地被试本地话使用率为100%。在“工作时”“去银行、邮局、医院时”“去政府部门办事时”这三种较正式的场合下，除去无此情况的被试，绝大多数人有意识地使用地方普通话交谈。其中与两方面因素有关：其一是教师、公务员等职业被试，是工作要求使用普通话；其二是被试去银行、邮局、医院及政府部门办事时，对方说普通话，且听不懂本地话时，才努力用地方普通话去交谈，以方便办事。

（三）语言态度和行为倾向

被试对本地话的评价（可多选），分解多选项：亲切 89 人>非常有用，交流方便 85 人>体现本地人的身份 64 人>很土 42 人>其他 4 人>影响交流 3 人>无法回答 1 人。无法回答的被试为 076 号（64

岁，未上过学）。

被试对普通话的评价（可多选），分解多选项：非常有用，交流方便 97 人>听着舒服 84 人>是有文化、有教养的体现 59 人>听着别扭 3 人>影响交流 2 人=其他 2 人>无法回答 1 人。

被试对本地人在本地讲普通话的看法（可多选），分解多选项：听着不舒服 54 人>无所谓，没什么感觉 33 人>有文化、素质高 16 人>其他 5 人>无法回答 0 人。

您希望本地话有何发展？选择“在一定范围内发展”的 54 人，占比 52.9%，“任其自然发展”的 25 人，占比 24.5%，“不久的将来不再使用”的 19 人，占比 18.6%，“有很大发展”的 4 人，占比 3.9%，“无法回答”0 人。

您希望普通话有何发展？选择“有很大发展”的 92 人，占比 90.2%，“任其自然发展”的 7 人，占比 6.9%，“在一定范围内发展”的 3 人，占比 2.9%，“不久的将来不再使用”和“无法回答”无人选择。

您希望自己后代学会哪几种语言或方言？（可多选）分解多选项：本地话 65 人>普通话 102 人>英语、日语等 78 人。

您平时听什么语言或方言的广播？（可多选）分解多选项：无此情况 58 人>普通话 43 人>汉语方言 3 人>英语、日语等 0 人。

您平时看什么语言或方言的电视或视频？（可多选）分解多选项：普通话 100 人>汉语方言 22 人>英语、日语等 7 人>无此情况 0 人。

（四）普通话专项调查

您是什么时候开始学习普通话的？无此情况 36 人>走上社会后 33 人>学前或小学 9 人=初中 9 人>高中（含中专、技校、职高）8

人>大学 7 人。

您学（说）或接触普通话的主要途径是什么？（可多选）分解多选项：看电视、听广播、上网 94 人>社会交往 73 人>学校学习 33 人>在外地学的 9 人>其他方式 7 人>受家人影响 1 人>无此情况 0 人。

您学（说）普通话的动机是什么？（可多选）分解多选项：为了与其他人更好地交往 82 人>工作需要 49 人>学校要求 9 人>为了找到更好的工作 12 人>其他 3 人>个人兴趣 3 人>无法回答 0 人>无此情况 15 人。

您学（说）普通话遇到的主要问题是什么？（可多选）分解多选项：受方言影响，不好改口音 57 人>周围人不说，说的机会少 50 人>说普通话怕人笑话 30 人>无此情况 15 人>其他 6 人>与家人沟通有障碍 5 人。

您希望自己普通话达到的程度为：没什么要求 38 人>能流利熟练地使用，有点口音没关系 31 人>能流利准确地使用，没有本地口音 27 人>其他 4 人>无法回答 2 人。

（五）附注部分

附注部分设置了三个题目，主要考察柳林话的可懂度、接近度及其发展变化情况。

被试对柳林话的可懂度的主观评判较低，认为“完全能听懂”的有 0 人，“基本能听懂”的有 8 人，占比 7.8%，这 8 人均为青年组，其中被试（男，29 岁，货车司机）说：“去外地拉货，自己说地地道道的柳林话，别人听不懂，刻意说得像普通话一点儿的话，就可以简单沟通。” “听不懂”的有 92 人，占比 90.2%，被试（女，22 岁，本科在读）说：“同学说柳林话听起来像是一门外语，完全听不懂。”被试（男，32 岁，华晋电力公司工程师）说：“大学毕业刚来穆村工作时，完全听不懂当地话。下楼买东西，人家说当地话，我直接掉头就走。后来，时间久了，周围的人都说当地话，现在才能听懂一点点，差不多就是日常交流、买东西的用语。”

多数被试认为柳林话与陕北吴堡、绥德、佳县，山西吕梁地区的中阳、离石、兴县、临县、方山等地方言相似度较高，起码能听懂一半及以上，但与同属吕梁地区的文水、汾阳、孝义、交城等平川区域方言差别就很大，几乎不能通话。

多数被试认为柳林话近些年发展变化速度加快了。如 019 号被试（男，62 岁，退休教师）说：“1981 年在汾阳师范念书时，要买火柴，跟店家说买‘取灯 tɕhyəʔ^{21}təŋ^{35}’，店家半天听不懂，后来说‘洋火’，人家才听懂，再后来，又叫‘火柴’，现在都用打火机了，火柴也很少见了。”069 号被试（男，45 岁，货车司机）说：“以前说‘剃头 ti^{51}nou^{33}’，人们偶尔会开玩笑说谐音‘替头’，意思你脑子出问题了，需要换一个头。后来避讳改说成‘推头’，现在年轻人改说成文一点儿的‘理发’。”

第二章　柳林话语音的音韵特点

第一节　声　母

1. 古精组洪音声母与知庄章组今声母同音，都读 ts tsh s，如：资=知，此=齿，寺=事。

2. 古精组与见晓组字今细音前的读音无区别，即不分尖团。如：精=经，秋=丘，修=休，全=权，宣=轩。

3. 古疑母影母今普通话读零声母开口字（如：饿艾熬藕岸爱袄欧安恩等），柳林话今声母读 ŋ；古日母字今普通话读零声母开口呼字（如：儿尔二贰而耳饵等），柳林话今声母也读零声母；古疑母影母微母今北京话读零声母开口字（如：午蛙武袜等），柳林话今声母也读零声母。

4. 古日母非止摄开口字柳林话今声母都读 z。

5. 古非敷奉母和晓匣母洪音字柳林话今声母都读 x（韵母为合口呼，且韵头多为 u），即：f=xu_①，如：夫=呼，妃=灰，饭=患，冯=红。

6. 古泥母字今音声母多数读为 n，如：捏 $niaʔ^{21}$、$niəʔ^{21}$/$niɛ^{33}$。

---

① “_”表示语音出现的环境。

有个别读为 z，如：糯 zuo^{214}/nuo^{51}、女 zu^{214}/ny^{214}。

7. 古并定从崇澄群等全浊塞音、塞擦音今声母多数有文白异读现象，文读系统与北京话一样，平声送气，仄声不送气。而白读系统，平声送气，仄声以入声送气为主。

第二节 韵 母

一、阴声韵

1. 果摄字

北京话中，果摄字的演变以果摄开口端系字转入合口、果摄合口见系部分字转入开口为主。而柳林话中的表现有所不同，尤其是有文白异读的字词中，表现尤其突出。

表 2–1 果摄字在柳林话中的读音状况

读音	例字								
	多	歌	那①$_{\text{多也}}$	萝	朵	隋	过	茄	瘸
音韵	果开一平歌端	果开一平歌见	果开一平歌泥	果开一平歌来	果合一上果端	果合一上果透	果合一去过见	果开三平戈群	果合三平戈群
老式②	tɔ^{35}	kɔ^{33}	uəʔ^{21}	lɔ^{33}	tuo	ɕy^{33}	kuo^{51}	tɕhia^{33}	tɕhya^{33}
新式	tuo^{33}	kə^{33}	na^{51}	luo^{35}	tuo	suɛi^{35}	kuo^{51}	tɕhiɛ^{35}	tɕhyɛ^{35}

果摄开口一等除见组、泥母外今文读为合口呼，白读为开口呼，合口一等除帮组外今文读为合口呼，白读也多读为合口呼。果

① 那$_{\text{多也}}$：白读- uəʔ^{21}那来来的$_{\text{那么多}}$，文读- na^{51}那么多。

② “老式”表示 20 世纪中期读音，即本研究老年组被试读音；“新式”表示 20 世纪后期读音，即本研究青年组被试读音，下文同。

摄合口一等帮组字今文读开口呼，白读合口呼，如：播 po^{33}/puo^{35}。

果摄开口一等有个别特殊字，如①“那$_{果开一平歌泥}$ na^{51}/ uəʔ^{21}”“他$_{果开一上歌透}$ta^{33}/nɔ^{214}、uo^{214}”“个$_{果开一去箇见}$kə^{51}/kɔ^{51}、kuəʔ^{21}”“左$_{果开一上哿精}$ tsuo^{214}/tsɔ^{51}”，这几个字今文读为开口呼，白读有合口和开口两读。联系汉语语音史，由上古至中古，歌韵主要经历了失去韵尾和后高化的音变过程：ai>a>ɑ>ɒ>ɔ，中古以后，各地方言演变比较复杂。柳林话中这几个歌$_{开一}$韵字都是高频常用字，其音变过程有待进一步考证。

果摄合口一等端组字“隋”白读为细音，表明这些字曾出现过腭化介音 i，介音 i 和 u 进一步演变为 y。根据高本汉的记录，20 世纪初期，太谷话也有此现象，如太谷话果摄一等合口端精组字“朵”音为 tyɛ。

果摄开口和合口三等字，今文白读韵母主要元音相同，文读的舌位有高化趋势。

2. 遇摄字

大多数晋语和汾河片中原官话中，遇摄的庄组字和模韵精组字一样经历了 u>ou 的变化，但是柳林话却不同。

表 2-2　遇摄字在柳林话中的读音状况

读音	例字										
	补	奴	租	苦	女	语	蛆	夫	缕	主	驱
音韵	遇合一上姥帮	遇合一平模泥	遇合一平模精	遇合一上姥溪	遇合三上语泥	遇合三上语疑	遇合三平鱼清	遇合三平虞非	遇合三上虞来	遇合三上虞章	遇合三平虞溪
老式	pu^{214}	nɤ^{33}	tsɤ^{33}	khu^{214}	zu^{214}、ny^{214}	ny^{214}、niɛ^{0}	tshu^{0}、tɕhy^{0}	fu^{35}、xu^{35}	ly^{214}	tsu^{214}	tɕhy^{35}
新式	pu^{214}	nu^{35}	tsu^{35}	khu^{214}	ny^{214}	y^{214}	tɕhy^{35}	fu^{33}	ly^{214}	tsu^{214}	tɕhy^{35}

① “/”分隔文白，前文后白，“、”分隔文白内部的不同读音，下同。

柳林话模韵帮组、端组及见系字，与虞韵帮系和知系字今文白读韵母都为 u；模韵精组、泥组字今白读韵母为ɤ，文读韵母为 u。可以说柳林话遇摄早期韵母为 u，后来模韵精组、泥组字演变为ɤ，其他字未变，后来受普通话影响，模韵精组、泥组字文读韵母又为 u。鱼虞韵除知系和帮系字外，其他字韵母主元音为 y。

3. 止摄字

古止摄开口三等字，除日母字外，今韵母文读主要元音为齐齿呼 i 和 ɿ，ʦ ʦh s 后读 ɿ，如：知资迟使等，其他声母后读 i，如：披离肌狸希等。知系字有文白异读现象，白读韵母为双元音 εi，如：知迟池痴等。日母字今韵母为开口呼ɤ，如：儿而耳二等。

刘勋宁（2005）指出支微入鱼是中原官话曾经存在的一个语音层次。柳林话今白读音中仍较完整地保留了支微入鱼现象。

表 2-3　止摄字合口支韵、脂韵字读音状况

读音	例字								
	累	随	吹	睡	醉	虽	追	锥	水
音韵	止合三上纸来	止合三平支邪	止合三平支昌	止合三去寘禅	止合三去至精	止合三平脂心	止合三平脂知	止合三平脂章	志合三上旨书
老式	ly^{51}、$lu\varepsilon i^{51}$	$ɕy^{33}$	$tɕhy^{35}$	$ɕy^{51}$	$tɕy^{51}$	$ɕy^{33}$	$tɕy^{35}$	$tɕy^{35}$	$ɕy^{214}$
新式	$l\varepsilon i^{51}$	$su\varepsilon i^{35}$	$ʦhu\varepsilon i^{33}$	$su\varepsilon i^{51}$	$ʦu\varepsilon i^{51}$	$su\varepsilon i^{33}$	$ʦu\varepsilon i^{33}$	$ʦu\varepsilon i^{33}$	$su\varepsilon i^{214}$

从表 2-3 可知，柳林话除见系字外，其他止摄合口支韵、脂韵白读音较完整地保留了支微入鱼现象，这与蟹摄三等合口祭韵的细音读法是一致的。上述例字基本都是常用字词，使用率较高，但是各自的发展速度还有一定差别。如“累”在部分人群中合口的腭化介音已经丢失，即由细音转为洪音；“追”在文白读音的竞争中，

文读音较占优势，腭化介音处于消失状态中。

4. 蟹摄字

今北京话蟹止摄字读复元音韵母，晋语多为单元音。柳林话蟹摄白读音韵母既有复元音，也有单元音，单元音韵母出现在祭韵字，如“岁”，与止摄合口支韵、脂韵字同属支微入鱼现象。而且，柳林话白读音中主要元音比文读音舌位略低，这符合各汉语方言元音高化的规律。

表 2-4　蟹摄字在柳林话中的读音状况

摄	蟹						止摄	
古开合口	开口		合口				合口	
等	一	二	二	一	三	四	三	三
例字	来	排	怪	灰①	岁②	桂	吹	水
中古音韵	蟹开一平咍来	蟹开二平皆并	蟹合二去怪见	蟹合一平灰晓	蟹合三去祭心	蟹合四去霁见	止合三平支昌	志合三上旨书
老式	ɛi	ɛi	uɛi	uo、uɛi	y、uɛi	uɛi	y	y
新式	ai	ai	uai	uɛi	uɛi	uɛi	uɛi	uɛi

蟹摄是典型的外转摄，在官话方言中，蟹摄一等合口为一类，一等开口和二等为一类。但是我们从表 2-4 可以看到，柳林话蟹摄开口一二等和合口二等为一类，主元音文读舌位比白读略高。合口一三四等为一类，多数字主元音文白读同音，祭韵合口三等字白读与止摄合口三等字白读完整保留了支微入鱼现象。

① 灰：[uo] 灰尘、[uɛi] 灰颜色的/ [uɛi] 灰色、灰尘。

② 岁：[y] 岁数、[uɛi] 百岁(婴儿)百天/ [uɛi] 岁月。

表 2-5　蟹摄祭韵字在柳林话中的读音状况

序号	例字	老式读音	老式词	新式读音	新式词	中古音韵
1	脆	tɕhy^{51}	干脆	tshuɛi^{51}	干脆	蟹合三去祭清
2	岁	ɕy^{51}	岁数	tsuɛi^{51}、suɛi^{51}	百岁新生儿百天 岁月	蟹合三去祭心
3	缀	tɕy^{51}	缀扣扣缝扣子	tsuɛi^{51}	点缀	蟹合三去祭知
4	税	ɕy^{51}	税收	suɛi^{51}	交税	蟹合三去祭审书
5	制	tsɛi51	制造	tsɿ^{51}	制造	蟹开三去祭照章
6	势	sɛi51	势力	sɿ^{51}	姿势	蟹开三去祭审书
7	世	sɛi51	世上	sɿ^{51}	世界	蟹开三去祭审书

蟹摄祭韵合口三等较完整地保留了支微入鱼现象，与其他三等合口和四等合口读音不同。蟹摄祭韵开口三等字与止摄知系字文白读音为同类，即白读 ɛi，文读 ɿ。如：智 = 制。

5. 效摄字

柳林话效摄一二等不合流。乔全生、王为民（2019）指出，就高本汉的记录，20 世纪初兴县方言效摄字已经完成了元音高化的演变。其表现是效摄一等的见系字及三四等字完成了元音高化，其元音由早期的 au 变成了 u。这一变化没有涉及二等喉牙音字，说明三四等字的元音高化发生在二等字开口喉牙音产生 i 介音之前。柳林话效摄字也存在同样的现象。

表 2-6　效摄字在柳林话中的读音状况

读音	例字					
	毛	抱	堡	跑	孝	掉
中古音韵	效开一 平豪明	效开一 上晧并	效开一 上晧帮	效开二 平肴并	效开二 去效晓	效开四 去啸定

续表

读音	例字					
	毛	抱	堡	跑	孝	掉
老式	mu^{33}	pu^{51}	phu^{214}、pu^{214}	$kɔ^{51}$	xou^{33}	$tiəʔ^{21}$
新式	mou^{33}	pou^{51}	pou^{214}	$phou^{214}$	$ɕiou^{51}$	$tiou^{51}$

从表 2-6 可以看出来，柳林话效摄豪韵部分字有文白异读现象，白读为高元音 u，文读为复元音 ou，与吕梁片兴县话相同。笔者认为这是语音自身演变规律使然，高元音 u 继续高化——裂化为 ou。推普工作开展后，受普通话影响，新派复元音 ou 读为 au。效摄肴韵个别字有文白异读现象，如“跑”，据高本汉记录，20 世纪初期，太谷话效摄肴韵字白读为高元音 ɔ，柳林话“跑”字白读是否与太谷话有关联，有待进一步考证。如果效摄一二等字在百年前的高化程度不同，那就有可能诠释柳林话效摄一二等不合流的原因。

6. 流摄字

中古流摄字是复元音，今柳林话流摄字白读为单元音，文读以复元音居多。

表 2-7　流摄字在柳林话中的读音状况

读音	例字								
	母	斗	购	就	扭	仇	浮	谋	帚
中古音韵	流开一上厚明	流开一上厚端	流开一去侯见	流开三去宥从	流开三上有泥	流开三平尤禅	流开三平尤奉	流开三平尤明	流开三上有章
老式	mu^{214}	$tɤ^{51}$	$ŋɤ^{51}$	$tsɛi^{51}$	$zɤ^{214}$	$sɤ^{33}$	xu^{35} fu^{35}	mu^{33}	$tshu^{51}$

续表

读音	例字								
	母	斗	购	就	扭	仇	浮	谋	帚
新式	mu214	tou51	kou51	tɕiɛe214	niɛə214	tshɣ33 tshou33	fu35	mou33	tsou214

柳林话流摄字除帮系字外，大致经历了ɣ>ou 这一音变，与遇摄模韵精组、泥组字的演变（ɣ>u）不同，前者ɣ没有继续高化，而是直接裂化为 ou，后者继续高化为 u。这也从侧面说明，语音的演变没有既定的路径。另外，尤韵从母字“就”韵母的演变可能是受声母的影响，声母腭化后，韵尾 i 低化为 e，这只是一种猜测，有待进一步考证。

7. 柳林话阴声韵韵母演变的特点及原因

柳林话阴声韵韵母在演变上有以下几方面特点：

效摄一等豪韵字的 u 和遇摄的 u 不同。效摄的 u 发生了 u>ou 裂化，而遇摄没有发生变化。这可以说是以柳林话为代表的吕梁片的一项区域性特征。晋语其他方言多数是遇摄元音继续高化，发生裂化，如文水话①。

流摄开口一等厚韵明母、三等尤韵明母字，与遇摄合口三等庄组字今韵母相同，都读合口呼 u；遇摄合口一等精组字今韵母读开口呼ɣ，与流摄开口一等端系见系、三等知系字今韵母相同，如：母=谋=初≠（粗=抽）。

知庄章组合口字已经与精组洪音、泥组合流，但知庄章组字却没有发生 u>ɣ的音变，这说明在知庄章组合口与精组洪音、泥组合流之前，模韵的精组、泥组字已经发生了 u>ɣ的演变，等知庄章组

① 乔全生、王为民：《晋方言语音百年来的演变》，61 页，北京，中华书局，2019。

符合这一条件时，已经错过了演变的时间，故没有发生演变。

果摄开口端系字在晋语并州片与普通话一致，开口变成合口，或与合口演变一致，但是在柳林、兴县等地仍保持开口特征，可以算一项区域性特征。

支微入鱼现象曾是中原官话存在的一个层次，后渗透到晋语，随着普通话影响，柳林话支微入鱼现象从文读层开始已逐渐被蚕食。

二、阳声韵

1. 山咸摄字

山摄是典型的外转摄，四等四呼俱全。咸摄不是典型的外转摄，舒声韵只有三等有合口呼字，如：凡帆范泛等字，其余一二四等没有合口呼。

表 2-8　山咸摄字在柳林话中的读音状况

<table>
<tr><td>古开合口</td><td colspan="6">开口</td><td colspan="4">合口</td></tr>
<tr><td>等</td><td colspan="2">一二</td><td colspan="2">三</td><td colspan="2">四</td><td>一</td><td>二</td><td>三</td><td>四</td></tr>
<tr><td>条件</td><td>非见系</td><td>见系</td><td>非知系</td><td>知系</td><td>——①</td><td>山摄</td><td>山摄</td><td>非见系</td><td>见系</td><td>山摄</td></tr>
<tr><td>例字</td><td>残贪</td><td>干甘</td><td>仙尖</td><td>善沾</td><td>年念</td><td>盘官</td><td>关还</td><td>软凡</td><td>劝元</td><td>玄渊</td></tr>
<tr><td>老式</td><td>æ</td><td>iɛ</td><td>iɛ</td><td>æ</td><td>iɛ、yɛ</td><td>uo</td><td>uæ</td><td>uo、æ</td><td>yɛ</td><td>yɛ</td></tr>
<tr><td>新式</td><td colspan="2">æ</td><td>iæ</td><td>æ</td><td>iæ</td><td>æ、uæ</td><td>uæ</td><td>uæ、æ</td><td>yæ</td><td>yæ</td></tr>
</table>

从表 2-8 可以看到，山咸摄开口一二等不分，韵母的差异以是否是见系字为条件，三等韵母的差异以是否是知系字为条件，四等

① 表示无条件，下同。

字的差异主要是介音不同。山咸合口三等字韵母的差异也是以是否是见系字为条件，而山摄合口一二等有别。

2. 深臻摄字

中古深摄只有开口三等字，臻摄有一三等，且分开合。与普通话相比，柳林话深臻摄字白读最大的特点是与后鼻音合流。

表 2-9 深臻摄字在柳林话中的读音状况

古开合口	开口				合口			
等	一		三		一		三	
条件	非透母	透母	知系	非知系	帮组	非帮组	非见系	见系
例字	跟痕	吞	甚珍	今银	本笨	温尊	春俊	均训
老式	əŋ	uəŋ	əŋ	iəŋ	əŋ	uəŋ	uəŋ	yəŋ
新式①	ən	uo	ən	in	ən	uən	uən	

中古深臻摄舒声字收前鼻音尾，可在柳林话白读音中统一收后鼻音尾，这也是柳林人学普通话最苦恼的问题，前后鼻音不分的原因所在。柳林话深臻摄字开口一等“吞”有介音 u，而合口一等“本笨”反而没有介音 u，所以，笔者推测深臻摄的开合韵本来是同韵的，后来的语音演变中不够彻底出现混杂现象，具体情况待进一步考证。

3. 宕江摄字

古宕江摄在晋语中最大的特点就是有文白异读现象，且类型多样。中古江摄舒声韵只有开口二等字，宕摄舒声韵只有一三等，分开合口。

① 柳林县青少年人在普通话影响下，已有意识地区别前后鼻音。由于其目前不稳定，故笔者记录的老式音系里没有前鼻韵尾，但新式音系已出现前鼻韵尾。

表 2-10　宕江摄字在柳林话中的读音状况

古开合口	开口								合口	
等	一		二			三			一	三
条件	非见系	见系	帮组	庄组	见系	知系①	庄组	端系	——	
例字	当	光	棒	窗	江	张	庄	娘	光方	
老式	ɔ	uo	ɔ	uo	iɔ	ɔ	uo	iɔ	uo	
新式	ɔŋ	uɔŋ	ɔŋ	uɔŋ	iɔŋ	ɔŋ	uɔŋ	iɔŋ	uɔŋ	

柳林话江摄开口二等见系匣母字比较特殊，如“项巷 $xɔ^{51}$/$ɕiɔ^{51}$”，而兴县、太谷、太原等地读为 $ɕiɔ^{51}$，文水读为 xu^{51}。柳林话宕江$_{白}$=果，将在下文详细描述。

4. 梗曾通摄字

柳林话梗曾通摄字与深臻摄字文读音合流，都收后鼻音 ŋ 尾。这几个摄今声母文白异读情况较系统，白读音的分合情况比较复杂。具体有以下几个特点，会在后文详细描述。

（1）古曾梗两摄开口二三等舒声字今白读音韵母与止摄开口三等字（如：知池智等）相同，如：蒸=正=知。

（2）古梗摄开口二等舒声字今白读音韵母与假摄开口二等字（如：家加假架等）今韵母、三等字（如：姐借爷爹等）相同，如：冷=架=借。

（3）古梗摄合口三等个别舒声字今白读音韵母与遇摄合口三等字（如：须徐居去等）相同，如：兄=须。

5. 柳林话阳声韵韵母演变的特点及原因

古山咸摄合口一三等与宕江摄庄组韵母相同，即：官软=窗

① 除庄组外。

庄＝uo。宕江摄部分舒声字今白读音韵母与果摄开合口一等字相同，如：汤＝拖，光＝锅。

从高本汉的记录来看，20 世纪初期，兴县话、太谷话、文水话、晋城话深臻曾梗通摄字都有鼻音化现象，20 世纪中期前后，鼻音化色彩逐渐褪去，变为收后鼻音韵尾。而太原话、大同话、呼和浩特话在 20 世纪初期就已经有后鼻音韵尾了。柳林话这几个摄鼻化色彩不浓，但是发音合作人自感发音时有点微弱的鼻音色彩，笔者推测早期柳林话可能也有鼻音化的阶段。

三、入声韵

中古咸深山臻宕江曾梗通九摄都是带辅音韵尾的摄，既有舒声也有入声。柳林话基本保留了中古的这一音韵格局，这九摄形成了两类入声韵，aʔ 类和 əʔ 类，且各类分阴阳。这九摄入声韵与阳声韵的演变基本同步，但是如果从文白异读角度分析的话，还是可以看出有较细微的变化，如①入声舒化："刮$_{\text{宕开一入铎晓}}$" kuaʔ^{21} 刮风/kua^{35} 刮胡子；②声母去腭化："足$_{\text{通合三入烛精}}$" tɕyəʔ^{213} 足意$_{\text{满意}}$，tsuəʔ^{21} 足球/tsu^{35} 足球等。将在后文详细论述。

第三节　声　调

柳林话平声和入声分阴阳，上声和去声不分阴阳。

一、单字调与古四声

柳林话入声分阴阳，阴入较阳平调稍低，属低降调，阳入基本同上声，这也是晋语入声音值的一个特点。全浊上声归去声。详见表 2-11。

表 2-11　柳林话单字调与古四声的关系

		阴平 35	阳平 33	上声 214	去声 51	阴入 21	阳入 213
古平声	清	方家先汤			嵌探叹蚕		
	浊	葵柑危华	时回房旗	赶沈撣瞒	钱绳桃牛		
古上声	清			浅碗比九			
	次浊			李米有老			
	全浊					布数弟事	
古去声	清				倩歉放觉		
	浊				浪大害共		
古入声	清					急竹炸八	
	次浊						月药麦墨
	全浊					特读局及	拔白穴学

总体来看，柳林话古上声和去声演变规律性较强，而古平声和古入声较为复杂，古清平字今柳林话读阴平和去声，古浊平字分派四声，古清上、次浊上今读上声，古全浊上今读去声，古去声今读去声，古清入今读阴入，古次浊入今读阳入，古全浊入多数字读阳入，少数字读阴入。古入声字与文白异读现象关系密切，笔者将在后文深入探讨。沈明（1999）认为柳林话古清平字属离石长治型，古清平自成一类，与古清上、次浊上调型一致，有的调值相当接近，但听觉上能区分出来。笔者认为值得商榷。笔者研究表明柳林话古清上和次浊上今柳林话读上声，而古清平今柳林话读阴平和去声，并不一致。韩沛玲（2012）认为，柳林话次浊入和全浊入合并为阳入，清入独立为阴入。但是从笔者的调研材料来看，古入声的分派目前处于混杂状态，次浊入字基本读阳入，但是全浊入部分字有向阴入演变的趋势，如：特读局及，也就是说柳林话全浊入部分

字走的是阳入并入阴入的演变路径。

二、中古入声字的归调

中古入声字在今北京话里的演变规律是：全浊变为阳平，次浊变为去声。而柳林话却有所不同。《方言调查字表》中入声共 607 个字，其中清入 339 个（包括字表前三页中的“国”），全浊入 145 个，次浊入 123 个。笔者穷尽式地统计了这些入声字在今柳林话中的声调状况（见附录 2），总结如表 2-12。

表 2-12　中古入声字在今柳林话中的声调分派情况表

今声调		中古声调					
		清入（个）	占比（%）	全浊入（个）	占比（%）	次浊入（个）	占比（%）
阴入		272	80.25	20	13.8	12	9.8
阳入		0	0	88	60.7	71	57.7
舒声	阴平	3	0.9	9	6.2	0	0
	阳平	0	0	1（划）	0.85	1（膜）	0.8
	上声	3	0.9	1（蜀）	0.85	1（鹿）	0.8
	去声	18	5.3	10	6.9	25	20.3
不使用		43	12.7	16	11	13	10.6
总计		339	100	145	100	123	100

从表 2-12 看到，柳林话中古大多数全浊入、次浊入均归阳入，清入归阴入，只有少部分字舒化后派入其他调，其中多数归入去声，其次是阴平，其他调只有个别例字。由于历史和社会因素，中古 72 个入声字今已不再出现在柳林话中。另外需要注意的是，今柳林话阳入有向阴入演变的字例，全浊入演变速度较次浊入快一点

儿，占比分别为13.8%和9.8%，可以说，阳入字向阴入字的转变是逐步的、零散的，是一种词汇扩散式的音变过程。

三、舒声字的入声化

在汉语声调的古今演变中，通常的演变路径是"入声→舒声"，但是柳林话中却有一些古舒声字今读为入声的。这些字大致可以分为三类：

1. 多音节词中的舒声入化现象

多音节词指由两个或两个以上的字组成的词语，其中有舒声入化现象的单个字有本音和入声化两个读音，这两个读音都会出现在日常用语中。

表 2-13　柳林话多音节词中的舒声入化现象

序号	例字	舒声	例词	入声	例词	中古音韵
1	指	$tsɿ^{214}$	指路	$tsəʔ^{21}$	指头	止开三上旨章
2	稼	$tɕia^{0}$	庄稼	$tɕiaʔ^{21}$	庄稼	假开二去祃见
3	锢	ku^{51}	禁锢	$kuəʔ^{21}$	锢露锅$_{修补锅}$	遇合一去暮见
4	葫	xu^{33}	葫芦娃	$kuəʔ^{21}$	葫芦 $ly^{35}_{西葫芦}$	遇合一平模匣
5	喉	$xɤ^{33}$	咽喉	$kuəʔ^{21}$	喉咙	流开一平喉匣
6	蝙	$piɛ^{214}$	蝙蝠	$phiəʔ^{21}$	夜蝙蝠	山开四平先帮

以上除"蝙"之外，"指稼锢葫喉"中古都是阴声韵字，入化后韵母以 əʔ 类为主，且都是阴入调。从音类角度看，"稼"本音是轻声，它的入化可能与轻声有关；"蝙"入声化后，伴随着声母送气化。"葫喉"入声化后，声母由清擦音变成清不送气塞音。

2. 构词成分中的舒声入化现象

这里构词成分一般指指示代词、副词、助词、后缀等。

表 2-14 柳林话语法单位或构词成分中的舒声入化现象

序号	例字	舒声	入声	例词	中古音韵
1	这	tsεi³⁵	tsəʔ²¹	这搭这里	山开三去线疑①
2	怎	tsəŋ²¹⁴	tsəʔ²¹	怎么 ma³⁵ 了	上声②
3	可	khɔ²¹⁴	khəʔ²¹	可想非常想做某事	果开一上哿见
4	了	lə³³	ləʔ²¹ liaʔ²¹	吃了 ləʔ²¹ 不?要不要吃? 吃了 liaʔ²¹吃完了	效开四上篠来
5	子	tsɿ²¹⁴	tsəʔ²¹	房子	止开三上止精
6	家	tɕia³⁵	tɕiaʔ²¹	娘家	假开二平麻见
7	个	kɔ⁵¹、kə⁵¹	kuəʔ²¹	这个	果开一去箇见

这类语法单位或构词成分入化后以 əʔ 类为主，只有萧韵字“了”在表示完成式时用 iaʔ 韵，麻韵字“家”腭化后，用 iaʔ 韵。柳林话日常用语多用入声化后的读音，较少用本音，如“怎了”的本音几乎不用。可以说，这类舒声入化现象可能与例字在词句中的位置和功能有关。

3. 文白异读中的舒声入化现象

表 2-15 柳林话文白异读中的舒声入化现象

序号	例字	舒声	舒声词	入声	入声词	中古音韵
1	唆	suo³³	唆使、教唆	suɔʔ²¹	啰哩啰嗦	果合一平戈心
2	挲	suo³³	摩挲	saʔ²¹	卜挲	果开一平歌心

① 这里“这”的中古音韵摘自《唐韵》（索引：409.31）。丁声树、李荣《古今字音对照手册》14 页“這”未标注中古音韵，脚注：唐宋人多写作“遮”或“者”。

② 丁声树、李荣《古今字音对照手册》158 页只标注“怎”是上声。

续表

序号	例字	舒声	舒声词	入声	入声词	中古音韵
3	甥	$səŋ^{35}$	外甥	$saʔ^{21}$	外甥	梗开二平庚审生
4	生	$səŋ^{35}$ sa^{35}	生日 过生(单用)过生日	$saʔ^{21}$	辈生好朋友 生巴巴的生疏	梗开二平庚审生
5	郝	xou^{214}	姓	$xəʔ^{21}$	姓	梗合三平庚晓

这类舒声入化现象与该字使用的语言环境有关。从表面看，上述三类舒声入化现象共同的特点是，中古韵书记录都是舒声韵，但在柳林话口语中某些词用本音，某些词发生入化现象，其分裂没有严格的规则。

第四节　历史演变特点

一般而言，语音是遵循某种规律发生变化，即同样的语音条件引发同样的语音变化，不管这种条件所涉及的语音数量是多少。如上文提到的“支微入鱼”现象，柳林话除见系字外，其他止摄合口支韵、脂韵白读音均较完整地保留了该现象。这里，笔者试图着眼于整个吕梁片方言来探讨柳林话语音演变的特点。语音的演变并不是一朝一夕就可以完成的，而是需要经历数百年甚至数千年的发展。面对纷繁复杂的语音演变现象，我们可以从演变的原因、方式、过程等方面来分析其特点。

一、变化的原因

1. 语音的经济性原则

语音变化的主要原因是发音人出于生理上的省力、方便的要求，使得音节内部某些成分在发音部位和发音方法上发生变化，法国语言学家马丁内将这种现象称为“语言经济原则”。

从柳林话声母来看，古精组洪音声母与知庄章组今声母都读ts，古日母非止摄开口字柳林话今声母都读z，都没有卷舌动作，本该读舌尖后音的字，发音部位向前移动变成了舌尖前音。从韵母来看，同样没有卷舌色彩的儿化韵。

又如复元音的单元音化。如果摄合口一等端组字“隋”白读为细音，表明这些字曾出现过腭化介音i，介音i和u进一步演变为单元音y。柳林话阳声韵字“残贪当张”等字今白读为单元音，也是经历了丢失韵尾、逐步单化的过程。

2. 语音系统要求保持某些音类的区别

柳林话效摄一等豪韵字的u和遇摄的u不同。效摄的u发生了u>ou裂化，而遇摄没有发生变化。流摄字除帮系字外，大致经历了ɤ>ou这一裂变过程，与遇摄模韵精组、泥组字的演变（ɤ>u）不同，前者ɤ没有继续高化，而是直接裂化为ou，后者继续高化为u。这类音变与生理方面的发音机制没有直接关系，而是语音系统内部为保持某些音类的区别而发生的变化。

3. 语音条件的时间限制

柳林话遇摄早期韵母为u，后来模韵精组、泥组字演变为ɤ。后来知庄章组合口字与精组洪音、泥组合流，但知庄章组字却没有发生u>ɤ的音变，这说明在知庄章组合口与精组洪音、泥组合流之前，模韵的精组、泥组字已经发生了u>ɤ的演变，等知庄章组符合这一条件时，已经错过了演变的时间，故没有发生演变。

二、变化的方式

语言具有渐变性特点，所以语音的演变也多是渐变的。一般情况下，语音变化不大，音变不容易被人们察觉，不至于影响沟通。但是我们也会有这样的感受，老中青三代人的语音习惯或多或少会存在差异，这些差异会随着时间的推移不断积累，促使语音不断演变发展。如柳林话来母字文读有两类：

	老式文读	老式白读	新式文读	新式白读
类	luεi⁵¹	luεi⁵¹	lεi⁵¹	lεi⁵¹
雷	luεi³³	luεi³³	lεi³⁵	lεi³³
泪	luεi⁵¹	luεi⁵¹	lεi⁵¹	lεi³³
累	luεi²¹⁴	luεi⁵¹	lεi⁵¹	lεi⁵¹

老式“雷”文白读同形，新式“雷累”文白读同形。有介音 u 的 uεi 类处于弱势，只限于部分年长被试使用，εi 类与普通话相同，处于优势，这是因为介音 u 受发音部位靠前的声母和韵母的共同影响，舌位偏后的介音 u 变得不稳定，逐渐脱落。

有时，语音的演变也会发生突变，不过在语音突变的同时，会有其他因素（如词汇条件）来体现语言的渐变性。如柳林话微母字“蚊”，在白读系统中声母两读，“蚊帐”“蚊香”“驱蚊贴”等词中读作“uəŋ³³”，“蚊子”“蝇蚊虼蚤”等词中读作“məŋ³³”。我们再从其中古同音韵地位的“文纹雯闻阌”等字来看，柳林话都读作“uəŋ³³”。这种音变方式属于王士元提出的“词汇扩散”，从语音上看，发生了突变，但是从词汇上看，有的还处于两读状态，仍然体现出了语言的渐变性。

三、变化的过程

1. 语音变化的一般过程

语音变化是因清化、腭化、送气化、弱化、同化等因素作用，从某一起点到终点所形成的的过程。这一过程中会出现不同的变异，变异不断积累发生质变，完成变化过程。我们可以通过考察变异来观察其音变过程。如柳林话精组字“匠”，音变过程为 dz>ʦ>ʨ，浊音声母 dz 清化为 ʦ，目前老年人白读音“木匠、泥匠、瓦匠”等为舌尖前音 ʦ，只有“匠人”一词为区别“丈人”读为舌面前音 ʨ，年轻人口中基本已全部变为 ʨ，而且已基本不用“匠人”一词了。这一音变过程中声母先后发生了清化和腭化。

2. 音变过程中的往复现象

从语音演变史角度看，柳林话中有一些反向变化。如见系字：

	老式	词语环境	新式	词语环境
供	ʨyəŋ^{35}	供不起、供管	kuəŋ^{35}	口供、供销社
隔	ʨiaʔ^{21}	隔开、隔宿$_{\text{过夜}}$	kəʔ^{21}	隔壁、隔三差五
港	ʨiɔ^{214}	杨家港$_{\text{地名}}$	kɔ^{214}	香港、港口
客	ʨhiaʔ^{21}	看客$_{\text{招呼客人}}$	khəʔ^{21}	客车、客气
揩	ʨhiɛ^{35}	揩桌子$_{\text{擦桌子}}$、揩嘴	khɛi^{214}	揩油

见母和溪母字中古属牙音，构拟为 k 和 kh，柳林话老派音受介音 i 和 y 的影响，发生腭化。而新派音受普通话影响，又读为古根音 k 和 kh，表面上看，新派读音似乎是保留了中古音，但实际中间经历过腭化过程，可以说保留古音只是一种假象。

总之，由于各地汉语方言变化纷繁复杂，即使是方言小片内部也各有特点，柳林话作为晋语吕梁片的一个点，与周边各方言同中有异，如目前研究显示，吕梁片临县话、兴县话、中阳话、绥德话、吴堡话等都有儿化现象，可是柳林话却没有，这个问题有待进一步深入研究。

第三章　柳林话的文白异读

本章探讨柳林话文白异读的分类、历史分布、来源等特点，进一步分析其系统性，结合文白异读的使用情况考察其词汇搭配、语体风格等方面的语言环境，结合前人研究的文白异读字的特点及现状，并与丹阳话、宁波话、北京话等方言点的比较，从源、流、用、变等方面全面分析柳林话文白异读的特点。

第一节　文白异读的语音体现

本节从共时分布角度，静态描写柳林话文白异读现象。

笔者首先查阅了以往的文献资料，结合自省，尽可能穷尽式地整理出柳林话可能有的文白异读字。然后以《方言调查字表》收录的3800多个汉字为纲，调查出主要发音合作人（老年，男性）的发音，整理出柳林话有异读的字。经辅助发音合作人核实，再次请主要发音合作人印证。最后确定出319个文白异读字。

为便于分析，笔者将这些文白异读字分为声母异读、韵母异读和声调异读三类，这势必会出现一些交叉，也就是说有些字可能会从不同角度加以分析，这样便于探究音类变异的系统性。

一、声母异读

传统的中古三十六个字母中，全清声母有 11 个，分别是：帮非端知精心照审见晓影；次清声母有 7 个，分别是：滂敷透徹清穿溪；全浊声母有 10 个，分别是：并定从邪澄船崇禅群匣；次浊声母有 8 个，分别是：明微泥娘疑喻来日。

（一）送气与不送气[①]

中古声母的清浊和今声母送气与否有很大关系，送气与不送气主要体现在今声母 p ph t th ʦ ʦh tʂ tʂh tɕ tɕh k kh 中。徐通锵（1990）将山西方言中古浊塞音、浊塞擦音的语音表现的地理分布分为三区：平仄分音区、送气音区和不送气音区[②]。柳林话属于送气音区，且现有的白读音可以显示它与晋南方言有密切的联系。韩沛玲（2012）在徐通锵的基础上，将山西方言全浊声母的清化类型首先分为不分文白和文白有别两类，文白有别的大类中又分为四种类型，柳林话属文白有别大类中的第三种，特点是平声送气，仄声以入声送气为主。

1. 全浊仄声声母清化送气

从笔者目前搜集到的 36 个全浊声母异读字来看，平声字白读读送气音的仅有 1 个（奇），占比 2. 8%，可见白读读送气音的字以

---

① 王福堂（2005：49）认为，临武土话古全浊声母的塞音塞擦音清化后，送气不送气的分化以声母的不同发音部位为条件，也是汉语的历史演变所不能接释的。这一现象是壮侗语底层的表现。

② 平仄分音区特点是平声送气，仄声不送气，与以北京话为代表的北方话的语音发展相同，代表点如兴县、大同、太原等；送气音区的特点是有文白异读，文读系统与平仄分音区一致，而白读系统，不管平仄一律都送气，代表点主要在晋南；不送气音区的特点是有文白异读，文读系统与平仄分音区一致，而白读系统，不管平仄一律不送气。

仄声为主，尤以入声占多数（25 个），占比 69.4%。我们先来看看全浊仄声声母清化的类型。

表 3–1　古全浊声母清化在柳林话中读送气音的情况①

序号	例字	文读音	文读词②	白读音	白读词	中古音韵
1	鼻	piɛ	鼻青脸肿	phiɛʔ^{213}	鼻子	止开三去至并
2	避	pi^{51}	躲避	phi^{214}	避伏$_{\text{避暑}}$	止开三去实并
3	耙	pa^{51}	耙地	pha^{33}	耙子	假开二去麻并
4	别	piɛʔ^{21}	区别	phiəʔ^{213}	别个的$_{\text{其他的}}$ 写别字$_{\text{写错字}}$	山开三入薛并
5	拔	paʔ^{21}	选拔	phaʔ^{213}	拔尖	山开二入黠并
6	饽	puo^{35}	香饽饽	phəʔ^{21}	面饽	臻合一入没并
7	白	pɛi^{35}	白菜	phiəʔ^{21}	白生生$_{\text{白色}}$	梗开二入陌并
8	稗$_{\text{稗草}}$	pai^{51}	稗草	phiɛ^{51}	（单用）	蟹开二去挂并
9	便	piɛ^{51}	方便	phiɛ^{33}、phi^{33}	方便面	山开三去线并
10	稻	tou^{51}	水稻	thou^{51}	稻黍	效开一上皓定
11	笛	tiəʔ^{21}	竖笛	thiəʔ^{213}	媒笛$_{\text{笛子}}$	梗开四入锡定
12	独	tuəʔ^{21}	独立	thuəʔ^{21}	独户户蒜$_{\text{没有分瓣的蒜}}$	通合一入屋定

① 说明：例字按照《汉语音韵讲义》（丁声树、李荣，上海教育出版社，2016）中《广韵》声母表“四系十二组”顺序排列，即：帮系声母（帮组：帮滂并明；非组：非敷奉微）；端系声母（端组：端透定；泥组：泥娘来；精组：精清从心邪）；知系声母（知组：知徹澄；庄组：庄初崇生；章组：章昌书船；日组：日）；见系声母（见组：见溪群疑；晓组：晓匣；影组：影喻以喻云）。每个字的中古音韵地位均参照《古今字音对照手册》（丁声树、李荣，中华书局，1981）。下文同。

② 李如龙：《厦门话的文白异读》，载《厦门大学学报》（哲学社会科学版），1963（2），90 页。“把以字的文读音构成的词叫文读词，以字的白读音构成的词叫白读词。”本书从之。

续表

序号	例字	文读音	文读词	白读音	白读词	中古音韵
13	犊	tu^{35}	初生牛犊不怕虎	thuəʔ^{213}	牛犊子 小牛	通合一入屋定
14	毒	tuəʔ^{213}	毒气 有毒的气体	thuə^{213}	毒气 不好的气体或情绪	通合一入沃定
15	夺	tuəʔ	夺命 断送性命	thuəʔ	夺下	山合一入末定
16	碟	tiəʔ^{21}	碟子	thiəʔ^{21}	碟碟 碟子	咸开四入帖定
17	沓	thaʔ^{21}	拉沓 不爱干净	thaʔ^{21}	一沓沓钱	咸开一入合定
18	叠	tiɛʔ^{213}	重叠	thiɛʔ^{213}	叠被子	咸开四入帖定
19	渡	tu^{51}	军渡 地名	phu^{51}	军渡 地名	遇合一去暮定
20	集	tɕiəʔ^{21}	集合	tɕhiəʔ^{21}	赶集上会	深开三入缉从
21	截	tɕiɛʔ^{21}	截屏	tɕhiɛʔ^{21}	截住 拦住	山开四入屑从
22	造	tsou^{51}	作造 做作	tshou^{51}	制造	效开一上皓从
23	杂	tsaʔ^{21}	复杂	tshaʔ^{21}	杂割	咸开一入合从
24	着	tsɔʔ^{21}	做着	tshəʔ^{21}	睡着	宕开三入药澄
25	妯	tsou^{35}	妯娌	tshuəʔ^{21}	妯娌	通合三入屋澄
26	轴	tsou^{214}	轴承	tshuəʔ^{21}	轴轴	通合三入屋澄
27	撞	tsuo^{51}	顶撞	tshuaʔ^{21}	撞了一下	江开三去绛澄
28	直	tsɔʔ^{21}	直线	tshəʔ^{21}	直□tuo^{35} 照直	曾开三入职澄
29	侄	tsəʔ^{21}	侄儿子	tshəʔ^{21}	侄儿	臻开三入质澄
30	宅	tsai^{35}	宅院	tshaʔ^{21}	宅基地	梗开二入陌澄
31	值	tsəʔ^{21}	价值	tshəʔ^{21}	值钱	曾开三入职澄
32	炸	tsa^{21}	爆炸	tshaʔ^{21}	炸油糕	咸开二入洽崇
33	镯	tsuo^{35}	手镯	tshuaʔ^{21}	手镯	江开二入觉崇

续表

序号	例字	文读音	文读词	白读音	白读词	中古音韵
34	铡	tsaʔ^{21}	铡刀	tshaʔ^{21}	铡刀	山开二入辖崇
35	跪	kuɛi^{51}	跪下	khuɛi^{51}	跪搂失地	止合三上纸群
36	强	tɕhiɔŋ^{35}	比你强比你好	tɕhiɔ^{33}、tɕiɔ^{51}	强家塔地名	宕开三平阳群

整体来看，柳林话全浊仄声声母清化对应规律较为严整，白读送气，文读不送气，系统性较强，基本涵盖了有送气与不送气对立的所有声母 p ph t th ts tsh tʂ tʂh tɕ tɕh k kh。基本上都是文读不送气，白读送气。但是“强”例外，文读送气，白读用于地名、姓氏时不送气，其他情况送气。

据刘勋宁（1980）调查，离石一带浊塞音、塞擦音仄声字白读读送气音的有 36 个字：避婢拔薄曝瀑叛勃饽埻钹 ph、稻沓毒犊特笛 th、杂炸铡着择泽宅族轴昨柞撞造镯 tsh、噍集掘局截 tɕh；后徐通锵（1990）又补充了柳林的 14 个例字：步捕佩鼻弼白 ph、夺铎 th、凿直值姪术 tsh、倔 tɕh。笔者简单统计了这 50 个字①的中古声母分布情况。

表 3–2 前人研究成果中的文白异读字的分布情况

中古声母	例字	数量（个）	占比（%）
并	避婢拔薄曝瀑叛勃饽埻钹步捕佩鼻弼白	17	34
定	稻沓特毒犊笛夺铎	8	16
从	噍杂集截昨柞造族凿	9	18

① 徐通锵（1990）一共列出 52 个字，因“仆（滂母）”“突（透母）”二字是次清声母，故这里未列出。

续表

中古声母	例字	数量（个）	占比（%）
澄	着择泽宅轴撞直值姪术	10	20
崇	炸铡镯	3	6
群	掘局倔	3	6

由于送气音气流很强，有利于保留送气成分，是一种较为强势的语音现象，故这 40 年间，柳林话的这一语音现象在白读系统中较为稳定。邢向东（2002：100）认为“在这一片方言中，入声（阳入）是全浊仄声保留送气音的最后阵地。全浊上去声字转读不送气声母当是发生在后期的演变，是典型的词汇扩散的结果”。至于其在文读系统里的情况以及文白读音的相持状态，笔者将在最后一章进一步加以讨论。

张崇（1993）考察古全浊仄声字从关中渭南东部的大荔沿黄河向北，一直到陕北的延川、清涧都读为送气音。陈庆延（1996）认为古全浊仄声字送气是河东方言和晋语西区吕梁地区及晋南地区的共同特征。李如龙、辛世彪（1999）考证，全浊声母仄声字今读送气音的晋南、晋西地区在秦汉时代的行政区域上曾同属河东郡，即河东地区。邢向东（2002：80—81）考察，陕北神木、万镇、贺家川古浊仄声字今读送气音的共有 56 个字，且多为阳入，他认为神木南乡方言全浊入保留送气音的情况和山西离石乃至晋西、晋南、陕北相同，早期都属于全浊塞音、塞擦音不论平仄都送气的方言。

结合以上学者们的研究成果，对照柳林话文白异读现状，笔者认为柳林话充分验证了晋南与晋西在历史上曾有过密切的联系。

2. 全浊平声声母清化

全浊平声声母今音一律送气，例如：穷陈床唐平。只有两个字是例外。

表 3–3　古全浊平声声母在柳林话中读送气音的情况

序号	例字	文读音	文读词	白读音	白读词	中古音韵
1	爬	pha^{33}	爬山	pa^{35}	爬明不早	假开二平麻并
2	刨	$phou^{35}$	狗刨	pou^{33}	刨山药挖土豆	效开二平肴并

“爬”白读为 pa^{35}，一般出现在以下词中，爬山（墙）溜瓦上山(墙)下沟、爬明不早天不亮就起床、爬起失坐坐卧不安、爬崖上树等，文读为 pha^{33}；“刨”是个多音字，表示“刨子、刨床”时读为 bào，表示“去除”时读为 páo，表达这两种意思的时候，柳林话没有异读，当表示“挖掘”时，柳林话有异读现象，白读为 pou^{33}，出现在下列词中：刨山药挖土豆、刨土、刨坑、刨洞等，文读为 $phou^{35}$。从词汇环境来看，“爬”和“刨”使用率较高，尤其是“爬”字，已经组成较为固定的四字格词语，说明这个白读音出现比较早，且具有一定的能产性，似乎也不是借入的，应该是早期白读，原因待考。

另外，需要提到的是，有些研究者认为古全浊平声字“奇”是文白异读字。“奇”只有在“奇数”这个数学概念中读 $tɕi^{33}$，而这一用词属于文读词。从年龄角度来看，老年组和中年组 40 岁以上的被试读作送气声母“$tɕhi^{35}$”。中年组 40 岁以下和青年组被试读不送气声母“$tɕi^{33}$”，青年组被试（女，22 岁）说：“上小学时，数学老师再三强调这个字读 $tɕi^{33}$，读错的同学老师会严厉惩罚。”中年组被试（男，45 岁）说：“这不是奇怪的奇吗？上学那会儿大家都这么读。”显然，这是被普通话教学强行加入的，不属于文白异读字。

3. 全清、次清声母送气

韩沛玲（2012：37）指出：山西方言古清声母送气情况基本与古音和今官话送气情况一致，即全清声母不送气，次清声母送气。但个别方言点白读存在不合主流的送气类型，即全清声母今读送气音，次清声母今读不送气音。参照韩沛玲列举的运城、汾西、太谷、静乐、离石、五台、原平和偏关 8 点 11 个例字（波楂鄙蝙榜菊掰挂胞痹触），柳林话还有“卜堡鞠窟帚焯”等字，详见表 3-4。

表 3-4　古全清、次清声母在柳林话中读送气音的情况

序号	例字	文读音	文读词	白读音	白读词	中古音韵
1	榜	$pɔ^{214}$	榜单	pou^{214}	榜样	宕开一上荡帮
2	楂	$ʦa^{33}$	山楂	$ʦha^{33}$	山楂	假开二平麻庄
3	波	po	波纹	pho	波浪	果合一平戈帮
4	胞	pou^{33}	双胞胎	$phou^{35}$	同胞	效开二平肴帮
5	痹	pi^{214}	麻痹	phi^{33}	麻痹	止开三去至帮
6	蝙	$piɛ^{214}$	蝙蝠	$phiɛ^{35}$	蝙蝠	山开四平先帮
7	掰	$phia^{214}$	掰烂	$pɪɛʔ^{21}$	掰下	梗开二入麦帮
8	卜	po^{33}	萝卜	$phɔʔ^{21}$	萝卜	果合一入屋帮
9	堡	pu^{214}	堡上地名	phu^{214}	吴堡地名	效开一上晧帮
10	鞠	$ʨyɛʔ^{213}$	鞠躬	$ʨhyɛʔ^{213}$	鞠躬	通合三入屋见
11	菊	$ʨyɛʔ^{213}$	菊花	$ʨhyɛʔ^{213}$	菊花	通合三入屋见
12	挂	kua^{51}	挂起	$khua^{51}$	挂挡	蟹合二去卦见
13	窟	khu^{33}	狡兔三窟	$kuəʔ^{21}$	窟窿	臻合一入没溪
14	帚	$ʦou^{214}$	扫帚	$ʦhu^{51}$	扫帚	流开三上有章
15	触	$ʦhu^{51}$	接触/触电	$ʦuəʔ^{21}$	接触	通合三入烛昌
16	焯	$ʦou^{51}$	焯一下	$ʦou^{51}$	焯一下	宕合三入药昌

从地理分布来看，以离石话为代表的吕梁片白读音中此现象较为繁复，离石话全清声母几乎都读送气音，而柳林话全清声母的情况更为复杂。柳林话全清声母“楂帚卜”只读送气音，“榜”只读不送气音，其他“波胞痹蝙掰鞠菊挂”有送气与不送气两读。次清入声字“窟触焯”白读只读不送气。

张光宇（2006）曾就汉语方言许多地方将普通话送气字“触”读为不送气音，普通话不送气字“帚”读为送气音的现象称为“共同脱轨”。邢向东（2002：174）指出，触，《广韵》“尺玉切”，在很多方言读不送气音，范围如此之广，应当另有来源。

我们调查到的白读不送气的次清声母中古均为入声字，柳林话今“窟”和“触”仍为阴入，“焯”已经演变为去声。

（二）鼻音声母与零声母

北京话零声母齐齿、撮口两呼的部分字，柳林话文读零声母，白读鼻音声母 n 或 ŋ，这些字主要是中古见系疑母字，也有少量影母字。换句话说，北京话今零声母字在柳林话白读中，基本都前加鼻音声母。

表 3–5　中古见系疑影母字在柳林话中的异读情况

序号	例字	文读音	文读词	白读音	白读词	中古音韵
1	颜	$iɛ^{33}$	颜色	$niɛ^{33}$	颜色	山开二平删疑
2	言	$iɛ^{33}$	语言	$niɛ^{33}$	言语	山开三平元疑
3	眼	$iɛ^{214}$	另眼相看	$niɛ^{214}$	眼水眼光	山开二上产疑
4	砚	$iɛ^{51}$	笔墨纸砚	$ŋiɛ^{51}$	砚瓦	山开四去霰疑
5	语	y^{214}	语文	ny^{33}、$niɛ^{33}$	言语	遇合三上语疑
6	鱼	y^{33}	鲶鱼	ny^{51}	捉鱼	遇合三平鱼疑

续表

序号	例字	文读音	文读词	白读音	白读词	中古音韵
7	碍	ai^{214}	碍事	ŋai^{51}	妨碍	蟹开一去代疑
8	捱	ai^{35}	捱打	nɛi^{33}、ni^{33}	捱打	蟹开二平佳疑
9	崖	ia^{33}	悬崖	ni^{51}	跌的崖$_{\text{掉下悬崖}}$	蟹开二平佳疑
10	银	iəŋ^{33}	银行	niəŋ^{33}	银钱	臻开三平真疑
11	硬	iəŋ^{51}	软硬	niəŋ^{51}、nia^{51}	硬米$_{\text{糙米}}$	梗开二去映疑
12	仰	iɔ^{214}	人仰马翻	niɔ^{214}	仰一下	宕开三上养疑
13	严	iɛ^{51}	严肃	ŋiɛ^{214}	盖严	咸开三平严疑
14	牙	ia^{33}	蛀牙	nia^{35}	乳牙	假开二平麻疑
15	芽	ia^{35}	发芽	nia^{33}	出芽	假开二平麻疑
16	爱	ai^{51}	可爱	ŋai^{51}	爱护	蟹开一去代影
17	哑	ia^{214}	哑巴	nia^{214}	子$_{\text{哑巴}}$	假开二上马影
18	淹	iɛ^{35}	淹没	ŋiɛ^{35}	淹死	咸开三平监影
19	掩	iɛ^{51}	掩护	ŋiɛ^{214}、niɛ^{214}	掩盖	咸开三上琰影
20	鸭	ia^{33}	鸭绿江	niaʔ^{21}	鸭子	咸开二入狎影
21	押	ia^{33}	关押	niaʔ^{21}	押住	咸开二入狎影
22	安	æ^{33}	安全	ŋiɛ^{35}、ŋæ^{35}	平安	山开一平寒影

从音类分布看，舌根音 ŋ 声母出现频次较低，一般只与 ai 和 iɛ 拼读，所拼韵母多为咸山摄三四等，且目前已出现向舌尖前音 n 靠拢迹象，如“掩”白读音有两读。舌尖前音 n 分布较广，拼合能力较强，可与多个韵母相拼。值得注意的是，可以拼读成柳林话中特有的一些音节，如 nia、niaʔ，该类音节所辖字均为二等字，分布在假咸梗三摄，中古均为阳声韵，中古四个调类皆有此现象。我们可

以这样推断，ŋ 母最古老的形式，在变成零声母之前，曾经过 n 母的阶段，即：ŋ→n→ø。开口一等字“碍疑母”“爱影母”读 ŋ，二等字几乎都读 n，说明二等字演变速度较快，且疑影母一二等字早期可能合流了，所以才有相同的变化轨迹。

比较周边方言，这种现象主要见于中区 9 个点①和南区 7 个点②。据侯精一、杨平（1993），中区除平遥和介休外，其他点鼻音声母和零声母并不是整齐对应的，多数点鼻音声母已零声母化。南区演变速度相对较慢，鼻音声母与零声母对应较为整齐，且有些点还未出现零声母，另外，南区影母字“衣、阴”仍存在舌面前鼻音声母 ȵ，但是柳林话该类字已零声母化。由此，笔者认为柳林话该类文白异读现象应处于南区向北区推链式演变的过渡阶段。

（三）x 声母与 ç 声母

这对文白异读音类在山西方言中很普遍，舌面后清擦音 x 声母与开口呼相拼，舌面前清擦音 ç 声母与齐齿呼相拼。侯精一、杨平（1993）认为：ç 声母为文读音，x 声母为白读音，这些都是晓匣母开口二等字。经调查，柳林话的情况较为复杂，x 与 ç 的文白对应关系并不是唯一的，而且所辖字除了晓匣母开口二等外，还有一三等，以及合口字。

1. x 白读与 ç 文读

这类声母异读字主要见于见系晓组字，以匣母字为主，晓母字目前只找到 3 个。

① 平遥、清徐、孝义、榆次、太谷、寿阳、介休、灵石和太原等 9 个点。据侯精一、杨平（1993）考察，太原当时只有“牙眼硬咬”四个疑母字有这种文白读对立。

② 洪桐、吉县、永济、临汾、新绛、临猗、运城等 7 个点。

表 3-6　中古晓匣母字在柳林话中的异读情况（一）

序号	例字	文读音	文读词	白读音	白读词	中古音韵
1	夏	ɕia^{51}	春夏秋冬	xa^{51}	夏晌天	假开二去禡匣
2	下	ɕia^{51}	下棋	xa^{51}	下车/下庄$_{\text{地名}}$	假开二上马匣
3	吓	ɕia^{51}	惊吓	xa^{51}	吓了一跳	假开二去祃晓
4	鞋	ɕiɛ^{33}	鞋帽社/鞋城	xɛi^{33}	穿鞋	蟹开二平佳匣
5	咸	ɕiɛ^{33}	咸鱼	xæ^{33}	咸菜	咸开二平咸匣
6	馅	ɕiɛ^{51}	馅饼	xæ^{51}	馅子$_{\text{饺子馅儿}}$	咸开二去陷匣
7	陷	ɕiɛ^{51}	陷阱	zæ^{51}、xæ^{51}	陷进去	咸开二去陷匣
8	匣	ɕia^{35}	匣子	xaʔ^{213}	风匣	咸开二入狎匣
9	瞎	ɕia^{33}	瞎子	xaʔ^{213}	瞎子	山开二入辖晓
10	孝	ɕiou^{51}	孝子	xou^{33}	孝帽	效开二去效晓
11	巷	ɕiɔ^{51}	大街小巷、柳巷$_{\text{地名}}$	xɔ^{51}	圪巷巷$_{\text{小巷子}}$	江开三去绛匣
12	项	ɕiɔ^{51}	项目	xɔ^{33}	几项项$_{\text{几样}}$	江开三上讲匣
13	解$_{\text{晓也}}$	tɕiɛ^{214}	理解	xɛi^{51}	解下啦$_{\text{明白了}}$	蟹开二上蟹见 蟹开二上蟹匣

这组字白读音声母为 x，文读音声母多为 ɕ。“解”文读音声母为 tɕ，其实读的是见母。《广韵》中“解”见于匣母和见母，“解$_{\text{蟹开二上蟹匣}}$，晓也，胡买切。《魏志·贾诩传》太祖与韩遂、马超战渭南，问计于诩。对曰：离之而已。太祖曰：解。《注》谓晓悟也。解$_{\text{蟹开二上蟹见}}$，讲也，佳买切。一曰释诂也。《礼经解疏》：解者，分析之名”。文白异读一般是音韵地位相同的字，而传统认为“解”的文读与白读却对应中古的不同声类，故笔者认为“解”的

两个音不是文白异读，而是因字形相同念错音所致①。

张光宇（2006）“孝子”一词在苏州有两个含义：读作 hæ⁵¹² tsɿ⁵¹，表示“有父母之丧者”，读作 ɕiou⁵¹ tsɿ⁵¹，表示“孝顺父母者”。叶祥苓（1988）认为这两读“不是文白异读，而是用来区别词义的”。结合柳林话晓匣母字文白异读，我们很容易判断这两读属于文白异读，区别词义可以说是文白异读分工的结果。由此，可以得出：柳林话凡二三等见系晓组字有两读的，“舌面+细音”应为文读，“舌根+洪音”应为白读。

2. x 文读与 ɕ 白读

表 3-7 中古晓匣母字在柳林话中的异读情况（二）

序号	例字	文读音	文读词	白读音	白读词	中古音韵
1	孩②	xɛi³³	孩子	ɕi⁵¹	孩每③孩子	蟹开一平咍匣
2	械	ɕiɛ⁵¹	机械	tɕiɛ⁵¹	机械	蟹开二去怪匣
3	旱	xæ⁵¹	干旱	ɕiɛ⁵¹	天旱	山开一上旱匣
4	汗	xæ⁵¹	汗马功劳	ɕiɛ⁵¹	汗水	山开一去翰匣

① “解”的两个音之间的关系，笔者曾求教于刘勋宁先生，这里的观点得刘勋宁先生点拨。在此致谢。

② 刘勋宁：《文白异读与语音层次》，载《语言教学与研究》，2003（7）。认为，山西话是“ei”，清涧话是“i”，属同一层次，同时举了三个例子，孩（～儿）hai/xi，来（～来）lai/li，每（复数）mai/mi。柳林话也有此现象，之前，柳林人记录土话“孩子”“我们”时多用“戏”“昂米”来代替，俗不知，这两个音的本字是“孩”和“每”。夜：羊谢切，假开三去禡以。笔者推测山西话 ie，白读也是 i，如柳林话：白夜：yi⁵¹ 白天、青明白夜大白天。

③ 刘勋宁：《陕北清涧话人称代词和指人名词语尾［-mi］探源》，见刘勋宁：《现代汉语研究》，200～209 页，北京，北京语言文化大学出版社，1998。他认为清涧话的人称复数词尾“-mi”就是曾在近代白话文献中盛极一时，后又销声匿迹的复数词尾“每”字。

续表

序号	例字	文读音	文读词	白读音	白读词	中古音韵
5	汉	$xæ^{51}$	汉族	$çiɛ^{51}$	老汉汉$_{老头}$	山开一去翰晓
6	横$_{蛮横}$	$xəŋ^{51}$	横行霸道	$çya^{33}$	霸横$_{霸道}$	梗合二去映匣

从数量上来看，这组字辖字有限，其中有一个例外字“械”白读音为 tɕ，文读音为 ɕ。通过对比，笔者发现柳林话晓匣母开口二等和个别江摄匣母三等字，文读为细音，白读为洪音。而晓匣母开口一等、合口二等字，文读为洪音，白读为细音。表 3-7“械”字，传统认为有文白异读，但笔者认为所谓的白读音是受声符“戒”类化影响而念错音。

另外，笔者还发现柳林话匣母有些零散的文白异读现象，如：“核$_{梗开二入麦匣}$”文读 $xəʔ^{21}$（核心），白读 $kuəʔ^{21}$（枣核核$_{枣核儿}$）；“喉$_{流开一平侯匣}$”文读 xou^{33}（咽喉），白读 $kuəʔ^{21}$（喉咙）；“蛤$_{假开二平麻匣}$”文读 xa^{35}（蛤蟆），白读 $kəʔ^{21}$（蛤蟆）；“合$_{咸开一入合匣}$”文读 $xəʔ^{21}$（集合），白读 $kəʔ^{21}$（合则市$_{地名}$）。这几个匣母字，白读舌根塞音，文读舌根擦音，白读音尚未颚化，且都为入声。侯精一（1989）指出这种语音对立在华北比较罕见，平遥话中有此现象，笔者发现柳林话也有此现象。

（四）精见组声母

1. 精组舌尖声母与颚化声母

官话精组一二等一般读舌尖前声母 ts tsh s，精组三四等除蟹摄、止摄、通（合三）读同一二等外，其他韵摄一般读腭化声母 tɕ tɕh ɕ。柳林话大部分精组今读与官话一致，但也存在一些差异，如表 3-8：

表 3-8　古精组字在柳林话中的异读情况

序号	例字	文读音	文读词	白读音	白读词	中古音韵
1	粽	tsuəŋ^{51}	——①	tɕyəŋ^{51}	粽子	通合一去送精
2	足	tsu^{35}	足球	tɕyəʔ^{21}、tsuəʔ^{21}	足意$_{\text{满意}}$/足球	通合三入烛精
3	脊	tɕiəʔ^{21}	脊梁骨$_{\text{腰椎}}$	tsəʔ	脊背$_{\text{后背}}$	梗开三入昔精
4	蛆	tɕhy^{0}	茅蛆$_{\text{厕所的蛆}}$	tshu^{0}	茅蛆$_{\text{厕所的蛆}}$	遇合三平鱼清
5	就	tɕiɛə^{214}	成就	tsɛi^{51}	就不$_{\text{偏不要}}$	流开三去宥从
6	匠	tɕiɔ^{51}	匠人	tsɔ^{51}	木匠	宕开三去漾从
7	寻	ɕyəŋ^{33}	寻人	səŋ^{33}	寻东西	深开三平侵邪

表 3-8 反映出以下特点：(1) 一等字只有“粽”，其余均为三等字；(2) 白读音声母多为舌面音 ts 和 s，文读音声母多为舌尖前音 tɕ 和 ɕ；(3) 文读音韵母多有介音 i 或 y。通摄一三等读为颚化声母的，其韵母都有前、高元音 y，中古精组一等韵母主元音为低元音，柳林话读颚化声母有可能与主元音舌位高化、前化有关，同时合口 u 受主元音影响，前化为 y，读同三等。

北京话精组止、蟹、通摄合口三等字读舌尖声母，假遇蟹流效咸山深臻宕曾梗十二个韵摄的三四等精组字已经颚化。柳林话白读音系统中还有少量残余。从语音形式看，上述文白异读词在语音上有对应关系，其中通摄较有特点。从词汇分布看，残留白读音表达的多是日常生活口语中高频词或较通俗的义项。从功能看，文读音与白读音并不区别词性或词义。从演变速度看，老年组被试多数能较明确区别文白读音，如被试（男，64 岁）说：“在‘木匠、铁

① 没有文读音及文读词。

匠、石匠'等称呼各行业手艺人时，都说 tsɔ⁵¹，只有在总的概念'匠人'时，读为 tɕiɔ⁵¹。"而中青年组被试的口语中文白读音的界限就比较模糊，尤其青年组有些例词的白读音只是知晓，并不使用，如被试（女，22 岁）不知道"蛆"还可以念作 tshu⁰。

侯精一、杨平（1993）指出部分见组字文读 tɕ tɕh，白读 tʂ tʂh 的点仅南区万荣和河津 2 点，见表 3-9。

表 3-9　山西南区万荣和河津部分见组字文白异读情况

地区	鸡蟹开四平齐见		间山开二平山见		敲效开二平肴溪	
	文读	白读	文读	白读	文读	白读
万荣	tɕi	tʂʅ	tɕiæ̃	tʂæ̃	tɕhiɑu	tʂhɑu
河津	tɕi	tʂʅ	tɕiæ	tʂæ	tɕhiɑu	tʂhɑu

柳林话"鸡间敲"没有文白异读现象，但是柳林话精组字却有一些类似现象，即精组字有一些零散的舌面音对舌尖音的文白异读现象，而见组的舌面音却与舌根音有较整齐的文白对应现象。

2. 见组舌根声母与舌面声母

表 3-10　古见组字在柳林话中的异读情况

序号	例字	文读音	文读词	白读音	白读词	中古音韵
1	供	kuəŋ³⁵	口供	tɕyəŋ³⁵	供不起	通合三平锺见
2	隔	kəʔ²¹	隔壁	tɕiaʔ²¹	隔开	梗开二入麦见
3	港	kɔ²¹⁴	香港	tɕiɔ²¹⁴	杨家港地名	江开三上讲见
4	客	khəʔ²¹	客车	tɕhiaʔ²¹	看客招呼客人	梗开二入陌溪
5	揩	khɛi²¹⁴	揩油	tɕhiɛ³⁵	揩桌子擦桌子	蟹开二平皆溪
6	虹	xuəŋ³³	彩虹	tɕiɔ⁵¹	虹	通合一平东匣 江开三去绛见

这组字白读音声母多为 tɕ 和 tɕh，文读音声母多为 k 和 kh，且 tɕ 与 k、tɕh 与 kh 分别对应，即送气音对送气音，不送气音对不送气音，不管是几等字，其白读音都有 i 或 y 介音。

见系见母字“虹”白读音声母为 tɕ，文读音声母为 x，从语音演变规律来看，k 应该演变为 tɕ，为什么“虹”字却出现声母 x？笔者查阅了《古今字音对照手册》，该字有三个读音，两个反切，分别是：虹$_1$，古巷切，江开二去绛见，今音 jiàng；虹$_2$，古巷切，江开二去绛见，今音 gàng；虹$_{虹霓}$，户公切，通合一平东匣，今音 hóng。据《康熙字典》记录，“户公切”列《说文》释义：虹，螮蝀也，状似虫（笔者按：螮蝀是虹的别名）。而“古巷切”后列元稹《送客游岭南诗》：山头虹似巾；又《后汉郡国志》记载：虹，县名，在泗州沛国，音贡（接近今音 gàng）。一般而言，地名是文白异读的最后阵地，结合颚化规律，k 是较早时期的白读音，与颚化音 tɕ 文白相配，后 tɕ 转为新的白读，与匣母 x 文白相配，这可能有点儿不合音理，但语言本就是约定俗成的，大家都接受了，就可以沿用。

值得注意的是，柳林话中还有两个较特殊的见系文白异读字。

表 3-11 柳林话较特殊的见系文白异读字

例字	文读音	文读词	白读音	白读词	中古音韵
购	kou^{51}	购物	ŋ ɤ^{51}	采购	流开一去侯见
给	kɛi^{214}	送给	jiəʔ	给了	深开三入缉见

白读音声母为后鼻音 ŋ 和零声母，文读音声母为 k。从主元音来看，二者都有高化现象，其内部规律有待考证。

综上，精见组字今声母不同，但古声母却可以视为同类，分化条件主要是韵母的等第洪细，保持细音，声母就是尖音，转为洪音，声母就是团音。

（五）擦音声母与塞擦音声母

文读为塞擦音，白读为擦音。侯精一、杨平（1993）认为这种类型主要见于中区，主要是庄章组的全浊或次清声母的平声字，文读送气，白读对应擦音 s 或 ʂ。但是据笔者观察，柳林话中也有这种类型。

表 3–12　古庄章组字在柳林话中的异读情况

序号	例字	文读音	文读词	白读音	白读词	中古音韵
1	成	ʦhəŋ³³	成绩	sɛi³³	成家庄地名 大成垣地名	梗开三平清禅
2	仇	ʦh ɤ³³、ʦhou³³	报仇	s ɤ³³	仇人	流开三平尤禅
3	上	xɔ⁵¹、sɔ⁵¹	荷上拿上	sɔ⁵¹	上坡	宕开三上养禅
4	蝉	ʦhæ³⁵	蝉鸣	sɛi³³	秋蝉蝉蝉	山开三平仙禅
5	馋	ʦhæ³³	嘴馋	sæ³³	嘴馋	咸开二平咸崇
6	盛	ʦhəŋ³⁵	盛饭	sɛi³³	盛饭	梗开三平清禅
7	宬	——	——	sə³³	宬下住下，待着	宕开三平阳禅
8	常	ʦhɔŋ³⁵	经常	sɔ³³	地名、姓氏	宕开三平阳禅
9	碜	ʦhɔŋ²¹⁴	寒碜	səŋ²¹⁴	食物中杂有沙子	深开三上寝初
10	专	ʦuæ³⁵	专门	tæ³⁵	专门	山合三平仙章
11	在	tsɛi⁵¹	现在	tɛi⁵¹	就在	蟹开一上海从
12	饷	ɕiɔ²¹⁴	军饷	sɔ²¹⁴	领饷	宕开三去漾书

有人认为知系澄母字“术”有两个白读音，声母分别是 ʦ 和 s，属文白异读现象。但是据笔者考察，事实并非如此。这里涉及繁体字简化的问题，“术臻合三入術澄”的繁体字是“術臻合三入術船”，二者中古声母不同。据《康熙字典》解释：术，①食律切，音術；②直律切，读若秩。(笔者按：指草药山蓟，分白术和赤术两类。) 可见，“白术 ʦ”是古音遗留，相对应的“白”声母读为送气音 phεi^{35}，由此推断，这一古音与全浊声母清化送气可能处于同一个历史时期。今“术”的文白异读只体现在声调上。这样又涉及另一个问题，文白读音该如何认定？刘勋宁（2003）提到清涧话口语保留入声，可是“六”“肉”二字日常都是说去声，只有在“六畜兴旺”和中草药“肉桂”中读入声，一般方言学著作会把保留入声的“白读”处理为白读。据此，刘勋宁提出“文白两读只是就语源而言的，大部分文白两音总是固定在各自特定的词语里，并不随意互读”。所以，笔者认为特定词语里的文白异读字需要结合语境判断，像“白术”“肉桂”“六畜兴旺”这类词属于古音遗留。

知系章母字“专”白读声母为 t，而文读声母为 ʦ，这个字保留了上古声母，因为部分章系字上古读舌头音 t th。与之类似的还有“在”，“在”是精组从母字，上古时期精庄两组字同源，应该读为 ʦ，白读声母为 t，也是古无舌上音的遗迹。“就”白读声母 ts 是上古声母的遗迹，后腭化为 ʨ。

知系禅母字“上”白读音有两个，分别是 x 和 s。《古今字音对照手册》该字有两条释义：“上山：时掌切，宕开三上养禅。上面：时亮切，宕开三去漾禅。”从反切上字看，中古时期，两组反切同声不同调，但是柳林话却有两个声母。

与“盛宬”同音韵地位的“城诚郕筬”没有相应的白读音，其中“城诚”也是常用字，可能是由于词汇扩散的不平衡性所致。

（六）泥母字

学界对《切韵》时期泥娘母是否存在对立这一问题看法不一，而柳林话泥娘母又与日母有一定的关联。

表 3-13　古泥母字在柳林话中的异读情况

序号	例字	文读音	文读词	白读音	白读词	中古音韵
1	碾	niɛ²¹⁴、niæ²¹⁴	碾压	zɤ²¹⁴、zɛi²¹⁴	碾子磨粉的石质工具	山开三上狝泥
2	黏	niæ³³	黏糊糊	zɤ³³	（魔术贴）不黏粘不住	咸开三平监泥
3	腻	ni⁵¹	油腻腻	zʅ²¹⁴	油腻	止开三去至泥
4	喃	næ³⁵	呢喃	zæ⁵¹	喃喃的说没用的话	咸开二平咸泥
5	扭	niɛə²¹⁴	扭秧歌	zɤ²¹⁴	（胃）扭住疼	流开三上有泥
6	糯	nuo⁵¹	糯米	zuo²¹⁴	糯米子	果合一去过泥
7	女	ny²¹⁴	女生	zu²¹⁴	女子	遇合三上语泥

从表 3-13 可见，柳林话个别泥母字读如日母字①。我们知道，上古声母有“娘日归泥”说，而柳林话却有不少字属于“泥（娘）归日”现象，其中“糯”属泥母，“碾女黏娘喃扭”早期属娘母，后并入泥母。高本汉认为切韵时代泥、娘、日母有区别，拟音为泥 n 娘 ȵ 日 nʑ。

刘勋宁（1998）对比了北京话、清涧话、平遥话和永和话，指

① 参考刘勋宁：《秦晋方言娘日互转例》，见耿振生：《语苑撷英》，179～180 页，北京，北京语言文化大学出版社，1998。另柳林话口语中还有类似的音，如“饭 zʅ⁵¹ 捏捏的饭稠”“这个孩［ɕi］zæ⁵¹ 妥妥的孩子长得肉乎乎的”等，因笔者能力有限，未能考证其本字。

出“泥（娘）归日”现象总是以平遥话为中介形式，但没有揭示其原因。邢向东（2002：181）认为神木话的前身那里，娘母曾经是独立的，后来，大多数字归并到泥母，而少数字则混入日母。“黏”读 ʐ 母范围不大，同类还有“碾”。平遥话“碾鲇碾”读 ɳ，正好是过渡音，显示娘母字在某些方言可能有过独立时期，是中古汉语娘母字不规则变化的残迹。

柳林话泥$_{娘}$母字读 z 的字分布在咸山止遇流摄，等次为二三等，除遇摄“女”和果摄“糯”是合口呼外，其他均为开口呼，调类平上去均有分布。与绥德话相比，柳林话泥（娘）归日现象涉字范围较广。东汉刘熙的《释名》采用先秦两汉时代非常流行的声训为汉字注解，书中“女，如也”，其中“女”是娘母，“如”是日母。可见，“女”在上古时期就读若日母，柳林话今口语“女 zu^{214}”可能是上古音的残留。“糯”柳林话用于指称“糜子（糯小米）”，口语中称“zuo^{214}米子”，从语音来看，该字上古时期也可能读若日母。“碾”的语音形式较为复杂，用作名词时，声母为 z，用作动词时声母为 n，除表 3-13 中的语音形式外，柳林县有个村叫“碾则山$_{地名}$” $iɛ^{51}$。从洪细第等来看，泥$_{娘}$母可能是以开口三等（个别为二等）为条件，混入日母，然后日母有两条演变路径，多数变为 ʐ，而止摄开口三等的“儿而尔耳二”变为零声母，这里地名“碾则山”是否是混入其中变为零声母呢？需进一步考证。

（七）非组字

1. 非敷奉母字

非敷奉母是从上古重唇音帮滂并母分化而来的，现代普通话声母 f 就是从非敷奉母字演变来的，因奉母是全浊平声字，清化后或转入非母，或转入敷母，持续一段时间后，非敷奉母合流。

表 3-14　古非敷奉母字在柳林话中的异读情况

序号	例字	文读音	文读词	白读音	白读词	中古音韵
1	肥	fɛi³³	肥料	ɕi³³、xuɛi³³	肥猪	止合三平微奉
2	费	fɛi⁵¹	浪费	ɕi⁵¹、xuɛi⁵¹	费水	止合三去未敷
3	废	fɛi⁵¹	残废	xuɛi⁵¹	残废	蟹合三去废非
4	肺	fɛi⁵¹	肺结核	xuɛi⁵¹	肺子肺	蟹合三去废敷

柳林话非、敷、奉母所有字 f=x，不区别意义，f 与开口呼韵母相拼，x 与合口呼韵母相拼。从地理分布看，这一现象呈片状分布，如穆村镇二村委与三村委的交界处，被试均读为 f，二村委范围内被试读为 x。后期，笔者将扩大范围，增加调查点，专题探讨该问题。

乔全生（2008）提出晋方言非敷奉读 x 主要集中在并州片的祁县、平遥、文水、孝义和吕梁片的离石、隰县、石楼等地。根据高本汉《中国音韵学研究》的记录，并州片的文水话在 20 世纪初非敷奉就读 x。张清常（1963）认为天城梵书与汉字对音反映的宋西北方音就已经出现了轻唇音读如舌根轻擦音的现象。他曾将这一现象与文水方言做比较，认为它们是一脉相承的。

根据柳林话语音现状，笔者认为止蟹合三非组字早期可能是 xuei→fei→fi→ɕi，因为合口韵母 uɛi 与舌根音 x 相拼更为省力。这一现象还见于周边万荣话和临猗话，除了“肥”“费”，还有“飞”。

邢向东（2002：86）“肥”“尾”的读音与山西方言中非组混入晓组的方言有关，其变化过程为：肥 * biwəi→fi→xi→ɕi，尾 ɱiwəi→vi→ɣi→i。

张光宇（2006）说这类文白异读代表万荣、临猗方言独自发展出的特色，文读是北京一类音推广的结果。韩沛玲（2012：103）

认为："止蟹合三入遇是山西方言内部音系自身演变规律，而 uɛi 韵是与权威官话接触中新借入的层次。"

2. 微母字

表 3-15 古微母字在柳林话中的异读情况

序号	例字	文读音	文读词	白读音	白读词	中古音韵
1	尾	$\mathrm{u\varepsilon i}^{214}$	尾气	i^{214}	尾巴	止合三上尾微
2	蚊	$\mathrm{u\partial\eta}^{33}$	蚊帐	$\mathrm{m\partial\eta}^{214}$	蚊子	臻合三平文微
3	挽	$\mathrm{u\ae}^{214}$	挽起	$\mathrm{pi\varepsilon}^{214}$	挽起	山合三上阮微

这组字文读音声母为零声母，白读音不同类。"尾"白读韵母为"i"，是因为"唇音的合口性质在汉语官话史上早就消失了"①，我们可以联系柳林话"肥$_{\text{止合三平微奉}}$""费$_{\text{止合三去未敷}}$"的白读音来考察。中古齐微韵的主要元音是 i，f 或 v 与 i 相拼，在秦晋很多方言里都读成 ɕi。"蚊"本是微母字，但是白读为明母字，说明柳林话白读系统中明微母相混。《古今字音对照手册》中与其同音韵地位的还有"文纹雯闻阕"等字，但是未发现它们可读为明母。徐娟娟（2012）指出丹阳方言中，"闻"白读 $\mathrm{m\partial\eta}^{33}$，文读 $\mathrm{u\partial\eta}^{33}$，与柳林话"蚊"同类。

秦晔（2006）认为现代汉语方言没有明母混入微母的情形，只有两处例外，分别是：第一，中原官话、西南官话个别点"芒"字读微母，但可以从《广韵》异读中得到解释。第二，闽南话部分明母字读微母，但实际上是经过 m>b>v 的音变结果，且不受韵母条件制约。恰好，柳林话"挽"属于第二种情况。

① 刘旭宁：《"支微入鱼"的地理分布及其成因——兼说古中原官话 ü［y］语音层的变异》，载《陕西师范大学学报》（哲学社会科学版），2012（1），85~91 页。

从词语分布角度看，“尾气”“蚊帐”是新词语，只有在这些特定的词汇里才读文读，与白读音互不干扰，不存在竞争。

（八）喻母字

表 3-16 古喻母字在柳林话中的异读情况

序号	例字	文读音	文读词	白读音	白读词	中古音韵
1	容	zuəŋ33	容纳	yəŋ33	容易	通合三平锺喻以
2	荣	zuəŋ33	光荣	yəŋ33	荣誉	梗合三平庚喻云
3	匀	yəŋ33	均匀	iəŋ33	匀开	臻合三平谆喻以
4	允	yəŋ214	允许	iəŋ51	允承答应	臻合三上準喻以

通梗摄喻母字白读为零声母，介音为 y，文读介音后化为 u，同时受介音影响，滋生出声母 z。臻摄喻母字，文白读声母均为零声母，但是韵母不同类，在下文韵母异读部分再分析。

（九）小　结

综上，柳林话声母异读主要有以下特点：①全浊仄声声母文读不送气，白读送气；全浊平声声母文读送气，白读不送气；全清、次清声母较为复杂。②晓匣母开口二等和个别江摄匣母三等字，文读为细音 ɕ，白读为洪音 x。而晓匣母开口一等、合口二等字，文读为洪音 x，白读为细音 ɕ。③精见组字今声母不同，但古声母却可以视为同类，分化条件主要是韵母的等第洪细，保持细音，声母就是尖音，转为洪音，声母就是团音。④庄章组的全浊或次清声母的平声字，文读送气，白读对应擦音 s。⑤柳林话有不少字属“泥（娘）归日”现象，白读为 z，文读为 n。⑥非、敷、奉母字 f=x，不区别意义，f 与开口呼韵母相拼，x 与合口呼韵母相拼。⑦微母字文读为零声母，白读不同类。⑧通梗摄喻母字白读为零声母，文读受介音 u 的影响，滋生出声母 z。

二、韵母异读

本书按照《广韵》韵母十六摄排列①，但是在并称时按照学界惯例来读，如《广韵》十六摄里“蟹摄”排在“止摄”之前，但是习惯称“止蟹摄”。按照现有研究成果及笔者收集到的文白异读语料的分析，笔者将韵母分成：止蟹遇摄、效流摄、咸山假摄、宕江果摄、深臻曾梗通摄五组加以讨论。

（一）止蟹遇摄

前文提到柳林话较完整地保留了中原官话曾存在过的支微入鱼这一语音层次，经观察，柳林话这一现象具体存在于止摄合口支脂韵和蟹摄合口祭韵，白读系统中止摄微韵部分字已由 y 继续前化为 i，如“肥尾费”等。

韩沛玲（2012）认为止蟹合三入遇是山西方言内部音系自身演变规律，而 y 韵是止蟹合三入遇的最早音值形式。止蟹合三读 u 可能在唐五代时期就出现；读 y 至少在明清之际已经出现。止蟹合三读 u、y 跟音韵学上鱼部演变出 u、y 韵正好相合。笔者赞同这一观点，下面主要讨论文白读系统性较强的合口三等字和开口三等字的情况。

① 说明：参照《汉语音韵讲义》（丁声树、李荣，2016：10）。因研究需要，笔者添加了上声和去声两种调类。

1. 合口三等字

表 3–17　止蟹摄合口三等字在柳林话中的异读情况

序号	例字	文读音	文读词	白读音	白读词	中古音韵
1	嘴	$tsu\varepsilon i^{214}$	围嘴	$t\c{c}y^{214}$	嘴巴骨嘴巴	止合三上纸精
2	脆	$tshu\varepsilon i^{51}$	干脆	$t\c{c}hy^{51}$	干脆	蟹合三去祭清
3	岁	$su\varepsilon i^{51}$	岁数	$\c{c}y^{51}$ $tsu\varepsilon i^{51}$	岁数百岁新生儿百天	蟹合三去祭心
4	绥	$su\varepsilon i^{35}$	绥德	sy^{35}	绥德	止合三平脂心
5	虽	$su\varepsilon i^{35}$	虽然	sy^{35}	虽然	止合三平脂心
6	缀	$tsu\varepsilon i^{51}$	点缀	$t\c{c}y^{51}$	缀扣扣缝扣子	蟹合三去祭知
7	税	$su\varepsilon i^{51}$	交税、收税	$\c{c}y^{51}$	税收	蟹合三去祭审书
8	吹	$tshu\varepsilon i^{35}$	风吹日晒	$t\c{c}hy^{35}$	吹风机	止合三平支穿昌
9	炊	$tshu\varepsilon i^{35}$	炊事员	$t\c{c}hy^{35}$	炊事班	止合三平支穿昌
10	锥	$tsu\varepsilon i^{51}$	圆锥	$t\c{c}y^{51}$	锥子	止合三平脂照章
11	坠	$tsu\varepsilon i^{51}$	脸坠下吃胖了、坠毁	$t\c{c}y^{51}$	耳坠	止合三去至澄
12	水	$su\varepsilon i^{214}$	白开水	$\c{c}y^{214}$	滚水开水	止合三上旨书
13	垒	$lu\varepsilon i^{214}$	垒起、堡垒	ly^{214}	垒火炉子用煤块垒的塔状旺火	止合三上旨来
14	类	$lu\varepsilon i^{51}$	类型	ly^{51}	一类	止合三去至来
15	泪	$lu\varepsilon i^{51}$	眼泪	ly^{51}	眼泪	止合三去至来
16	累	$lu\varepsilon i^{214}$	连累、累积	ly^{51}	连累	止合三上纸来
17	喂	$u\varepsilon i^{51}$	喂饭	y^{51}	喂饭	止合三去寘影
18	围	$u\varepsilon i^{33}$	周围	y^{33}	围住	止合三平微云

表 3-17 反映出以下特点：①精组字文白读音在词汇分布上差异不大，处于共存状态。有一个特殊例字“岁”，白读 ʦuεi^{51}，只有一个例词“百岁$_{新生儿百天}$”，笔者进一步追问，发音合作人又说人死后百天，称为“piε^{51}”，其本字未考。②知系字文读有对应的平舌音和翘舌音两组，老派文读为平舌音，新派文读平翘舌音两读。③来母字文读两类，有介音 u 的 uεi 类处于弱势，只限于部分老派被试使用，εi 类与普通话相同，处于优势，这是因为介音 u 受发音部位靠前的声母和韵母的共同影响，舌位偏后的介音 u 变得不稳定，逐渐脱落。④影云母字文白读同类，笔者只找到“围$_{止合三平微云}$”这一个微韵字白读 y。

笔者认为“支微入鱼”与“止蟹合三入遇”是对同类现象的不同称说，柳林话止蟹合三读 uei 韵已属强势，y 韵使用范围已经缩小，只保留在部分日常词汇白读层中。

2. 开口三等字

韩沛玲（2012）指出止蟹摄开三、开四字的一般演变过程可表示为：ei→i（→ɿ/ʅ），但是笔者发现柳林话有所不同。如“被”白读 pi^{51}，文读 pεi^{51}，二者词汇环境相同，由于白读韵 i 继续高化，裂化为 εi。另外，止蟹摄开口三等字较系统的文白异读主要体现在精组和知系字中。详见表 3-18。

表 3-18 止蟹摄开口三等字在柳林话中的文白异读情况

序号	例字	文读音	文读词	白读音	白读词	中古音韵
1	咨	ʦɿ^{35}	咨询	ʦεi^{35}	咨询	止开三平脂精
2	智	ʦɿ^{51}	智慧	ʦεi^{51}	智力	止开三去寘知
3	知	ʦɿ^{35}	知识	ʦεi^{35}	知识	止开三平支知
4	痴	ʦhɿ^{33}	痴呆	ʦhεi^{35}	痴痴瞪瞪	止开三平之彻

续表

序号	例字	文读音	文读词	白读音	白读词	中古音韵
5	持	tshɿ^{33}	支持	tshɛi^{33}	支持	止开三平之澄
6	迟	tshɿ^{33}	迟到	tshɛi^{33}	迟到	止开三平脂澄
7	池	tshɿ^{33}	池塘	tshɛi^{33}	池池	止开三平支澄
8	制	tsɿ^{51}	制造	tsɛi^{51}	制造	蟹开三去祭照$_{章}$
9	势	sɿ^{51}	姿势	sɛi^{51}	势力	蟹开三去祭审$_{书}$
10	世	sɿ^{51}	世界	sɛi^{51}	世上	蟹开三去祭审$_{书}$

从表3-18可以看出，止蟹摄开口三等精组和知系字文白异读较系统，白读韵 ɛi 单音化为 i，因其与舌尖音相拼，故读为舌尖元音 ɿ。

另外，止蟹摄还有一些较零散的文白异读字，如表3-19：

表3-19　少数止蟹遇摄字在柳林话中的文白异读情况

序号	例字	文读音	文读词	白读音	白读词	中古音韵
1	灰	xuɛi^{35}	灰的	xuo^{33}	灰尘	蟹合一平灰晓
2	雷	lɛi^{33}	雷电	luɛi^{33}	打雷	蟹合一平灰来
3	儡	lɛi^{214}	傀儡	luɛi^{214}	傀儡	蟹合一上贿来
4	揩	khɛi^{214}	揩油	tɕhiɛ^{35}	揩桌子$_{擦桌子}$	蟹开二平皆溪
5	秸	tɕiɛ^{33}	秸秆	tɕi^{35}	麦秸	蟹开二平皆见
6	蛆	tɕhy^{0}	茅蛆$_{厕所的蛆}$	tshu^{0}、tɕhy^{0}	茅蛆$_{厕所的蛆}$	遇合三平鱼清
7	芦	lu^{33}	西葫芦	lɤ^{35}、ly^{35}	kuəʔ^{21}芦$_{西葫芦}$	遇合一平模来
8	阻	tsu^{214}	阻碍	tsuəʔ^{21}	阻住	遇合三上语庄

从表3-19发现以下三点：①蟹摄合口一等来母字与蟹摄合口

三等来母字的文白异读属同类，而晓母的“灰”，白读韵为uo，文读韵与来母字合流；②蟹摄开口二等见母字有三个语音层次，从土人感来说，时间从早到晚依次是：i-iɛ-ɛi；③上古鱼部演变出u、y两韵，一般而言，普通话鱼韵知系字读u韵，非知系字读y韵。而柳林话白读目前找到3个例外字：“女$_{遇合三平鱼泥}$”-u/y韵、“蛆$_{遇合三平鱼清}$”-u/y韵、“庐$_{遇合三平鱼来}$”-ɤ/u韵，可见，史上u、y两韵有一段混合期，个别模韵字（如：芦）曾混入鱼韵。遇摄三等庄组字“阻”白读uo，是由于中古*tʂ组声母无法与*iu韵相拼，迫使介音后化为u，主要元音低化①，这一现象在吕梁片较为普遍，但是柳林话还进一步影响了声调，发生舒声入化现象。

（二）效流摄

前文我们已经发现柳林话效摄一二等不合流，且效流摄文白读音有一定的相关性。

表3-20 效流摄字在柳林话中的文白异读情况

序号	例字	文读音	文读词	白读音	白读词	中古音韵
1	堡	pou²¹⁴	碉堡	phu²¹⁴、pu²¹⁴	吴堡/堡上$_{地名}$	效开一上晧帮
2	抱	pou⁵¹	拥抱	pu⁵¹	圪抱抱的$_{舍不得}$	效开一上晧并
3	跑	phou²¹⁴	跑步	kɔ⁵¹	跑得快	效开二平肴并
4	毛	mou³³	毛绒玩具	mu³³	狗毛	效开一平豪明
5	孝	ɕiou⁵¹	孝子	xou³³	孝帽	效开二去效晓

① 据邢向东（2002：201），遇摄三等庄组字神木读uo，汉口读ou，长沙读əu，广州读o或ou，厦门读ɔ，都是由于中古*tʂ组声母无法与*iu韵相拼而形成的，在神木话中，它迫使介音后化为u，主要元音低化为o。

续表

序号	例字	文读音	文读词	白读音	白读词	中古音韵
6	购	kou^{51}	购物	ŋɤ^{51}	采购	流开一去侯见
7	谋	mou^{33}	谋划	mu^{33}	思谋打算	流开三平尤明
8	帚	ʦou^{214}	扫帚	ʦhu^{51}	扫帚	流开三上有章
9	仇	ʦhɤ^{33}、ʦhou^{33}	仇人	sɤ^{33}	仇人	流开三平尤禅
10	扭	niɛə^{214}	扭秧歌	zɤ^{214}	扭住疼痉挛	流开三上有泥
11	就	ʨiɛe^{214}	成就	ʦɛi^{51}	就不	流开三去宥从

比较效摄和流摄在柳林话中的读音状况，笔者发现两个特点：一是帮系字转入遇摄，二是非帮系字白读由早期的复元音变成单元音 u（帚）或ɤ(仇扭)。效摄开口一等字与流摄开口三等部分字文白读音相同，多见于帮系字，知系章组只找到一个“帚”字。因二者在普通话中韵母不同，新派柳林话受普通话影响，二者文读音不同，分别是 au 和 ou，但白读音仍然与老派相同。另外，流摄开口三等浊声母字较有特色，泥母“扭”白读转入日母，文读韵母动程变化较丰富，从母“就”的文读韵母与“扭”同类，可能与介音 i 和曲折调相关，有待进一步考证。

（三）咸山假摄

宕江摄和咸山摄鼻音韵尾弱化脱落，变成阴声韵。这些韵摄一旦失去韵尾与相应的阴声韵产生关系，要么与相应的阴声韵合并，要么为了避免形成大量同音字而独立成韵。

1. 非知系变项

表 3-21 咸山摄非知系字在柳林话中的文白异读情况

序号	例字	文读音	文读词	白读音	白读词	中古音韵
1	干	$kæ^{33}$	干旱	$kiɛ^{33}$	干巴巴干，没感情	山开一平寒见
2	竿	$kæ^{33}$	鱼竿	$kiɛ^{33}$	电线竿子	山开一平寒见
3	感	$kæ^{214}$	感动	$kiɛ^{214}$	感想	咸开一上感见
4	安	$æ^{33}$	平安	$ŋiɛ^{35}$、$ŋæ^{35}$	安全	山开一平寒影
5	挽	$piɛ^{214}$	挽起	$uæ^{214}$	挽起	山合三上阮微
6	扁	$piɛ^{214}$、$piæ^{214}$	看扁小瞧人	$pæ^{214}$	压扁	山开四上铣帮
7	匾	$piɛ^{214}$、$piæ^{214}$	牌匾	$pæ^{214}$	牌匾	山开四上铣帮
8	咸	$ɕiɛ^{33}$、$ɕiæ^{33}$	咸鱼	$xæ^{33}$	咸菜	咸开二平咸匣
9	联	$liɛ^{33}$、$liæ^{51}$	联系	$luæ^{33}$、luo^{33}	联校、妇联主任	山开三平仙来
10	恋	$liɛ^{33}$、$liæ^{51}$	恋爱	luo^{33}	恋爱	山合三去线来
11	冠	$kuæ^{51}$	冠军	kuo^{35}	鸡冠冠鸡冠	山合一去换见
12	判	$p^hæ^{33}$	判断	p^hou^{51}	判卷子判卷儿	山合一去换滂

表 3-21 反映出以下特点：①山咸摄开口一等字语音形式按时间顺序排列为：iɛ>æ，而山摄开口四等、咸摄开口二等字语音形式按时间顺序排列正好相反，即：æ>iɛ；②山摄三等韵来母字，开合口合流，土人感拟测各语音形式按时间顺序排列为：uæ>uo>iɛ>iæ，其中，iæ 是受普通话影响的语音层；③山摄合口一等换韵字，白读

有 ou 和 uo 两种语音形式，其对应的文读音为 æ 和 uæ，前者韵尾 u 脱落，主元音 o 前化为 æ，后者介音 u 保留，主要元音 o 前化为 æ。

李如龙（1984：417）用闽方言证明山摄四等韵无 i 介音，认为从语音层面看，凡是有文白对立的四等韵，无 i 介音的读法总是属于白读音，带 i 介音的读法是文读音……而白读系统则包括着比较复杂的因素，其中有上古音的遗迹，也有中古音的变异。从词汇层面看，无 i 介音的读法往往保存于一些古老的、常用的、地道的方言口语词里，而带 i 介音的读法则表示后起的、书面的、从普通话转借的新词……柳林话山摄四等字无介音是地道的本地音，有介音则是受"篇骗"等字类化产生的文读。

2. 知系开口三等

咸山摄知系开口三等字有两个白读音，其中白读音$_2$ 与开口一等字文白异读部分同类。具体情况见表 3-22。

表 3-22　咸山摄知系开口三等字在柳林话中的文白异读情况

序号	例字	文读音	文读词	白读音$_1$	白读词$_1$	白读音$_2$	白读词$_2$	中古音韵
1	然	$zæ^{33}$	然后	$zɤ^{33}$	安然	$zɛi^{33}$	然后	山开三平仙日
2	展	$tʂæ^{214}$	展览	$tʂɤ^{214}$	展展的$_{平整}$	$tʂɛi^{214}$	展开	山开三上弥知
3	扇	$sæ^{33}$	扇子	$sɤ^{51}$	扇子	$sɛi^{51}$	扇子	山开三去线审$_{书}$
4	陕	$sæ^{214}$	陕北	$sɤ^{214}$	陕西	$sɛi^{214}$	陕西	咸开三上琰审$_{书}$
5	闪	$sæ^{214}$	闪亮	$sɤ^{214}$	打闪$_{打雷}$	$sɛi^{214}$	闪一下	咸开三上琰审$_{书}$

续表

序号	例字	文读音	文读词	白读音$_1$	白读词$_1$	白读音$_2$	白读词$_2$	中古音韵
6	缠	tshæ^{33}	纠缠	tsh ɤ^{33}	缠足	tshɛi^{33}	缠线	山开三平仙澄
7	粘	tsæ^{33}	粘上	tsɔ^{214}	粘住	tsɛi^{35}	粘上	咸开三平监知

前文提到流摄开口一三等个别字白读韵母为“ɤ”，如：购$_{明}$、仇$_{禅}$、扭$_{泥}$，表 3-22 咸山摄开口三等知系字白读$_1$ 韵母也为“ɤ”，但是演变路径不一样。ɤ没有进一步高化，直接裂化为复韵母 ɛi，受普通话影响，文读韵母为 æ。

3. 入声韵

表 3-23　咸山摄入声韵在柳林话中的文白异读情况

序号	例字	文读音	文读词	白读音$_1$	白读词$_1$	白读音$_2$	白读词$_2$	中古音韵
1	渴	khə^{214}	口渴	khəʔ^{21}	渴望	khɔ^{51}	渴死了	山开一入曷溪
2	末	muo^{51}	末尾	məʔ^{21}	期末	ma^{33}	末 tuəʔ^{21} 子$_{末尾}$	山合一入末明
4	这	tsə^{51}、tʂə^{51}	这里	tsəʔ^{21}	这骨$_{这个}$	tsɛi^{35}	这搭$_{这里}$	山开三入薛章
5	薛	ɕyɛ^{33}	姓	ɕiəʔ^{21}	姓	ɕyəʔ^{21}	姓	山开三入薛心
6	舌	sə^{35}	舌头	saʔ^{21}	舌头	səʔ^{21}	舌头	山开三入薛床$_{船}$
7	捏	niɛ^{33}	捏住	niaʔ^{21}	捏住	niəʔ^{21}	拿捏	山开四入屑泥$_{娘}$
8	协	ɕiɛ^{33}	协会	ɕiaʔ^{21}	协会	ɕiəʔ^{21}	协调	咸开四入帖匣

从表 3-23 反映出山咸摄入声韵演变不同步，一三四等字白读中现有两套入声韵，根据土人感，aʔ 类白读要早于 əʔ 类白读；一等字白读只有 əʔ 类入声，有些字在白读中已归入去声。入声舒化后，多数派入阴平、阳平和去声，个别字受普通话影响，文读为上声，如“渴”。

4. 假开三等主要元音高化或央化

假摄文白读异读较系统的是开口三等麻韵字，白读韵母为 a 类，其文读与咸山摄一等非知系字白读同韵。

表 3-24 假摄开口三等麻韵字在柳林话中的文白异读情况

序号	例字	文读音	文读词	白读音	白读词	中古音韵
1	茄	tɕhiɛ³³	茄子	tɕhia³³	茄子	果开三平戈群
2	爹	tiɛ³³	爹娘	tia²¹⁴	爹妈	假开三平麻知
3	借	tɕiɛ⁵¹	借贷	tɕia⁵¹	借东西	假开三去祃精
4	姐	tɕiɛ²¹⁴	姐姐	tɕia²¹⁴	姐姐	假开三上马精
5	写	ɕiɛ²¹⁴	书写	ɕia²¹⁴	写字	假开三上马心
6	泻	ɕiɛ⁵¹	腹泻	ɕia⁵¹	泻火	假开三去禡心
7	斜	ɕiɛ³³	斜视	ɕya³³、ɕia³³	斜转斜着放	假开三平麻邪
8	爷	iɛ³³	爷爷	ia³³	爷爷	假开三平麻以
9	夜	iɛ⁵¹	夜来昨天	ia⁵¹	更深夜半深更半夜	假开三去禡以
10	野	iɛ²¹⁴	田野	ia²¹⁴	野地	假开三上马以
11	社	sə³³	社会	sa⁵¹	公社	假开三上马禅
12	蛇	sə³³	打草惊蛇	sa³³	蛇蛋	假开三平麻船
13	舍	sə²¹⁴	舍弃	sa²¹⁴	舍不得	假开三上马书
14	遮	tsə³³	遮挡	tsa³³	遮住	假开三平麻章
15	惹	zə²¹⁴	招惹	za²¹⁴	惹事	假开三上马日

表 3-24 反映出以下特点：①果摄开口三等戈韵字“茄”与假摄开口三等非章日母麻韵字文白异读同类；②假摄开口三等非章日母麻韵字白读 ia，文读 iɛ，且文白读声调一致（知母“爹”除外）；③假摄开口三等章日母字白读音没有 i 介音，是单元音 a，文读韵母为央元音 ə。整体看来，假摄开口三等麻韵字主要元音正在高化或央化。

（四）宕江果摄

一般认为，晋语吕梁片宕江白读系统多为元音韵，多与某类或某几类阴声韵合流。沈明（2006）认为吕梁片柳林话属“宕江$_{白}$ = 果”类，即宕江$_{白}$为 *o 类。① 我们先来看看果摄歌韵字的文白异读情况。

表 3-25 果摄歌韵字在柳林话中的文白异读情况

序号	例字	文读音	文读词	白读音	白读词	中古音韵
1	锣	luo^{33}	锣鼓	$lɔ^{33}$	敲锣打鼓	果开一平歌来
2	箩	luo^{33}	箩筐	$lɔ^{33}$	筐箩	果开一平歌来
3	阿	a^{33}	阿姨	$ɔ^{35}$	阿诗玛$_{香烟牌子}$	果开一平歌影
4	他②	tha^{35}	代词	$nɔ^{214}$、uo^{214}	代词	果开一上歌透
5	左	$ʦuo^{214}$	左手	$ʦɔ^{51}$	左刮则$_{左撇子}$	果开一上哿精
6	哪	na^{214}	哪里	ia^{51}	哪家了$_{哪里的}$	果开一上哿泥
7	挲	suo^{33}	摩挲	$saʔ^{21}$	卜挲$_{抚摸}$	果开一平歌心

① 包括［ə ɤ ɔ］。

② ——小明好说话了不$_{遇事好沟通}$？//——他［$nɔ^{214}$］不好说话。/他［uo^{214}］可厉害了。

续表

序号	例字	文读音	文读词	白读音	白读词	中古音韵
8	那	na^{51}	那里	$uəʔ^{21}$、$uɛi^{35}$	那搭~那里~、那个	果开一去箇泥
9	个	$kə^{51}$	一个	$kuəʔ^{21}$、$kɔ^{51}$	一个	果开一去箇见
10	唆	suo^{33}	教唆	$suəʔ^{21}$	教唆	果合一平戈心
11	隋	$suɛi^{35}$	隋朝	$ɕy^{33}$	隋朝	果合一上果透
12	茄	$tɕhiɛ^{33}$	茄子	$tɕhia^{33}$	茄子	果开三平戈群
13	瘸	$tɕhyɛ^{35}$	瘸子	$tɕhya^{33}$	瘸子	果合三平戈群
14	靴	$ɕyɛ^{35}$	靴子	$ɕya^{35}$	靴子	果合三平戈晓
15	卜	puo^{33}	萝卜	$phɔʔ^{21}$	萝卜	果合一入屋帮

表 3-25 反映出以下特点：①歌~开一~韵字今韵母白读多为 ɔ，文读多为 uo。但是表中有以下几种文白对应：$aʔ^{21}/uo^{33}$（挲），$ɔ^{214}$、uo^{214}/a^{35}（他），ia^{51}/a^{214}（哪），$uəʔ^{21}$、$uɛi^{35}/a^{51}$（那），uəʔ、ɔ/ə（个），这些语音形式中白读音有 5 种：ɔ、ia、aʔ、uəʔ、uɛi，文读音有 3 种：uo、a、ə。这些字都是日常生活常用字。②歌~开合一~韵个别字有舒声入化现象。白读入声多为 uəʔ 类，只有"挲"为 aʔ 类。③三等开口文白读有介音 i，与假开三麻韵字同类，合口有介音 y，主元音舌位文读高于白读。④入声字"卜"声母白读送气，文读不送气，受声母强气流影响，白读声调较短促，音值接近阴入。

总体看来，果摄三等较好地保持着开合口的对立，而一等部分字开合口已合流为合口韵 uo 或 uəʔ，多数字韵母由单元音裂化为复元音，这可能与音韵结构的调整有关。此外，笔者也发现果摄字白读个别字混入假摄，即为 *a 类。

宕江摄情况较为复杂，主要从以下两个变项加以分析。

1. 入声韵“铎药觉”

表 3-26 入声韵“铎药觉”在柳林话中的文白异读情况

序号	例字	文读音	文读词	白读音	白读词	中古音韵
1	索	suo^{0}	利索	saʔ^{21}、suəʔ^{21}	利索	宕开一入铎心
2	落	luo^{51}	降落伞	laʔ^{21}、luəʔ^{21}	落花生	宕开一入铎来
3	洛	luo^{51}	洛阳	laʔ^{21}、luəʔ^{21}	洛阳	宕开一入铎来
4	脚	tɕiou^{214}	手脚	tɕiəʔ^{21}、tɕiɛ^{214}	赤脚打片$_{\text{光脚丫}}$	宕开三入药见
5	勺	sou^{35}	勺子	suəʔ^{21}	勺子	宕开三入药禅
6	约	yɛ^{33}	约会	iaʔ^{21}、iou^{35}	约会、约莫	宕开三入药影
7	跃	yɛ^{51}	大跃进	yəʔ^{21}、iou^{51}	大跃进	宕开三入药喻$_{\text{以}}$
8	觉	tɕyɛ^{35}	感觉	tɕiaʔ^{21}、tɕyəʔ^{21}	觉意$_{\text{觉得}}$	江开二入觉见
9	角	tɕiou^{214}	角度	tɕiaʔ^{21}、tɕyəʔ^{21}	角色	江开二入觉见
10	学	ɕyɛ^{35}	学习	ɕyəʔ^{21}、ɕiou^{33}、ɕiɛ^{214}	学霸	江开三入觉匣
11	朔	suo^{51}	朔州	suaʔ^{21}	朔州	江开三入觉审$_{\text{生}}$
12	缩	suo^{33}	萎缩	suaʔ^{21}	缩脖子	通合三入屋审$_{\text{生}}$

叶宝奎、郑碧娇（2008）认为，中古宕江两摄的入声韵“铎药觉”在北京话中白读为 u 尾韵，文读为无尾韵，如：薄 po/pɑu，络 luo/lɑu，学 ɕyɛ/ɕiou 等。音韵地位相同的“觉”和“角”，在白读音系中，二者完全同音，但是在文读音系中，二者的韵母不同音。

2. 江阳韵

表 3–27　江阳韵字在柳林话中的文白异读情况

序号	例字	文读音	文读词	白读音	白读词	中古音韵
1	饷	ɕiɔ^{214}	军饷	sɔ^{214}	领饷	宕开三去漾审$_{书}$
2	匠	tɕiɔ^{51}	匠人	tsɔ^{51}	木匠	宕开三去漾从
3	港	kɔ^{214}	香港	tɕiɔ^{214}	杨家港$_{地名}$	江开三上讲见
4	虹	xuəŋ^{33}	彩虹	tɕiɔ^{51}	虹	江开三去绛见

据《中原音韵》记载，江阳韵读为 ts tsh s 和 k kh x 两组，北京话合二为一，变为 tɕ tɕ hɕ，如此说来，柳林话宕摄开口三等阳韵字“饷匠”符合这一演变规律，鼻尾消失，变为纯元音韵，然后声母腭化，增加 i 介音。据威妥玛《语言自迩集》记载 19 世纪中叶的北京话中，“港”声母已经腭化，读为 tɕiɔ^{214}，鸦片战争后清政府被迫割让香港（粤语中读为 kɔ^{214}），因“香港”这一地名不断出现在国人的话语系统中，名从主人，“港”字的原文读音 tɕiɔ^{214}就变为白读音，而借自粤语的 kɔ^{214}成为新文读音。“虹”白读音 tɕiɔ^{51}限于口语，只能单用，如“出虹了”。《中原音韵》中“虹”有两处：一为晓母东钟韵，拟音 xuŋ；一为见母江阳韵，拟音为 kiaŋ，正处于腭化的过程中。前文推测过 k 是较早时期的白读音，与颚化音 tɕ 文白相配，后 tɕ 转为新的白读，与匣母 x 文白相配。

（五）深臻曾梗通摄

中古曾梗通摄舒声字在现代汉语北方方言中大多合流为一套开齐合撮四呼俱全的韵母，如北京话的 əŋ iŋ uəŋ yəŋ，而在部分前后鼻音不分的方言中，深臻摄舒声字又与曾梗通摄合流。柳林话文读层的分合及主元音音值基本与北方方言保持一致，但是白读层却有一些较系统的区域性特征。

1. 深臻摄

表 3-28 深臻摄字在柳林话中的文白异读情况

序号	例字	文读音	文读词	白读音	白读词	中古音韵
1	寻	ɕyəŋ^{33}	寻人	səŋ^{33}	寻东西	深开三平侵邪
2	碜	tshəŋ^{214}	寒碜	səŋ^{214}	食物中杂有沙子	深开三上寝初
3	嫩	nəŋ^{51}	嫩绿	nuəŋ^{51}	嫩苗	臻合一去慁泥$_{娘}$
4	匀	yəŋ^{33}	均匀	iəŋ^{33}	匀公$_{平均分配}$	臻合三平谆喻$_{以}$
5	允	yəŋ^{214}	允许	iəŋ^{51}	允承$_{答应}$	臻合三上準喻$_{以}$
6	给	kɛi^{214}	送给	iəʔ^{213}	给了	深开三入缉见
7	集	tɕi^{35}	集合	tɕhiəʔ^{21}、tɕiəʔ^{213}	赶集上会	深开三入缉从
8	没	mou^{51}	没地$_{浇地}$	məʔ	没啦$_{没有}$	臻合一入没明

整体来看，深臻摄字文白异读字比较零散，舒声字文白读音的差异多数与介音有关系，舒声字文白读都带后鼻音尾，入声字文白读均为元音韵。“嫩”白读音中的介音 u 在舌位偏前的声母 n 的影响下趋于失落。“匀允”文读音中的撮口介音是受权威方言影响借入的。

2. 梗开二等字

表 3–29　梗开二等字在柳林话中的文白异读情况

序号	例字	文读音	文读词	白读音	白读词	中古音韵
1	迸	$pəŋ^{51}$	迸发	pia^{51}	迸火星$_{迸火花}$	梗开二去诤帮
2	掰	$pæ^{35}$	掰玉米	$pi\varepsilon ʔ^{21}$、$phia^{214}$	掰下/掰烂	梗开二入麦帮
3	棚	$phəŋ^{35}$	车棚	$phia^{33}$	棚棚$_{小棚子}$	梗开二平耕并
4	蒙	$məŋ^{33}$	蒙面	mia^{33}	蒙眉捂骨$_{不爱说话}$	通合一平东明
5	猛	$məŋ^{214}$	凶猛	mia^{214}	猛不防$_{突然}$	梗开二上梗明
6	更	$kəŋ^{35}$、$kəŋ^{214}$	更换	$tɕia^{35}$	更深半夜	梗开二平庚见
7	隔	$kə^{35}$	隔壁	$tɕiaʔ^{21}$、$kəʔ^{21}$	隔开	梗开二入麦见
8	耕	$kəŋ^{35}$	耕地	$tɕia^{35}$	耕地	梗开二平耕见
9	坑	$khəŋ^{33}$	坑人	$tɕhia^{35}$	大坑	梗开二平庚溪
10	客	$khə^{51}$	客车	$tɕhiaʔ^{21}$、$khəʔ$	看客$_{招呼客人}$	梗开二入陌溪
11	冷	$ləŋ^{214}$	寒冷	lia^{214}	冷一下	梗开二上梗来
12	杏	$ɕiəŋ^{51}$	杏仁	$ɕia^{51}$	杏$_{杏儿}$	梗开二上梗匣

前文提到柳林话假、果摄三等今细音韵母分文白读，白读为 ia，文读 iɛ。这里，梗开二等字白读与果假三等细音韵母白读同类，其中入声字白读有两种读音，即 iaʔ 和 əʔ 类，笔者认为 əʔ 类是 iaʔ 类的演化形式，然后再进一步舒化。像"耕蒙客坑"等字在当地部分人看来，其白读音已失去了与字形之间的联系，王福堂（2005：45）认为这类字"实际上已经退出了文白读音的竞争，有

可能被看成特殊的方言词语保存下来”。

3. 曾梗开三四等字

沈明（2011）指出：晋语曾梗三四等白读的韵类分合关系有三类，晋西属于第一类，即：曾$_{白}$梗$_{白}$开口＝蟹止$_{三等}$ʅ、ʅ/i，合口＝蟹止$_{三等白读}$遇 u/y。但是从笔者搜集到的资料来看，柳林话曾梗开三四等字白读有一些特色。

表 3–30　梗开三四等字在柳林话中的文白异读情况

序号	例字	文读音	文读词	白读音	白读词	中古音韵
1	饼①	$piŋ^{214}$	月饼	pi^{214}	饼子	梗开三上静帮
2	坪	$phiəŋ^{33}$	草坪	phi^{51}	杨家坪$_{地名}$	梗开三平庚并
3	平	$piəŋ^{33}$	平安	phi^{33}	平平的$_{平坦}$	梗开三平庚并
4	病	$piəŋ^{51}$	病房	pi^{51}	害上病$_{得病}$	梗开三去映并
5	瓶	$phiəŋ^{33}$	瓶子	phi^{33}	瓶瓶$_{瓶子}$	梗开四平青并
6	明	$miəŋ^{33}$	明显、明明	mi^{51}	明$_{明天}$	梗开三平庚明
7	鸣	$miəŋ^{33}$	打鸣	mi^{51}	叫鸣$_{打鸣}$	梗开三平庚明
8	名	$miəŋ^{33}$	姓名	mi^{33}	名字	梗开三平清明
9	命	$miəŋ^{51}$	命运	mi^{51}	要命	梗开三去映明
10	钉	$tiəŋ^{35}$	钉子	ti^{35}	钉钉$_{钉子}$	梗开四平青端
11	靪	$tiəŋ^{35}$	靪鞋	ti^{35}	补靪	梗开四平青端

① 参见李小平：《临县方言志》，10 页，太原，山西高校联合出版社，1991。据他调研，“饼”文读为 $piəŋ^{214}$，指集市上买的饼子，一般呈半圆形。白读为 pi^{214}，指自己家里做的饼子，一般是圆形的。笔者调查发现柳林人是以做饼子的火源及制作方法来区分的，文读词（$piəŋ^{214}$）是指在焦炭上烤制而成的饼子，一般是可以售卖的；白读词（pi^{214}）是指自己家里蒸或烧（铁饼上烤饼谓之“烧饼$_{白读}$子”）的饼子。

续表

序号	例字	文读音	文读词	白读音	白读词	中古音韵
12	顶	tiəŋ^{214}	房顶	ti^{214}	顶针	梗开四上迥端
13	听	thiəŋ^{35}	听力	thi^{35}	听说$_{\text{听话}}$	梗开四平青透
14	停	tiəŋ^{33}	停车	thi^{35}	停停的$_{\text{不要乱动}}$	梗开四平青定
15	定	tiəŋ^{51}	决定	ti^{51}	定息$_{\text{缓一下}}$	梗开四去径定
16	零	liəŋ^{33}	零里八碎$_{\text{零碎}}$	li^{33}	零头	梗开四平青来
17	灵	liəŋ^{33}	灵活	li^{33}	灵堂	梗开四平青来
18	铃	liəŋ^{33}	风铃	li^{33}	铃铃$_{\text{铃铛}}$	梗开四平青来
19	领	liəŋ^{214}	领导	li^{214}	领口	梗开三上静来
20	睛	jiəŋ^{35}	（和某人）没眼睛$_{\text{不喜欢}}$	ji^{35}	眼睛	梗开三平清精
21	井	tɕiəŋ^{214}	矿井	tɕi^{214}	打井	梗开三上静精
22	清	tɕiəŋ^{35}	清洁工	tɕhi^{35}	清水	梗开三平清清
23	青	tɕiəŋ^{35}	青少年	tɕhi^{35}	青蛋子$_{\text{未成熟的瓜果}}$	梗开四平青清
24	净	tɕiəŋ^{51}	洗洁净	tɕi^{51}	干净	梗开三去劲从
25	星	ɕiəŋ^{33}	星期	ɕi^{35}	星宿$_{\text{星星}}$	梗开四平青心
26	经	tɕiəŋ^{35}	经过	tɕi^{35}	经线子$_{\text{织布机的经线}}$	梗开四去径见
27	镜	tɕiəŋ^{51}	墨镜	tɕi^{51}	镜子	梗开三去映见
28	轻	tɕiəŋ^{35}	年轻	tɕhi^{35}	轻松	梗开三平清溪
29	影	jiəŋ^{214}	电影	ji^{51}	影虎子$_{\text{影子}}$	梗开三上梗影
30	赢	jiəŋ^{35}	双赢	ji^{35}	输赢	梗开三平清喻$_{\text{以}}$
31	营	jiəŋ^{33}	军营	ji^{33}	营生	梗合三平清喻$_{\text{以}}$
32	蝇	jiəŋ^{33}	蝇头小利	ji^{33}	蝇子$_{\text{苍蝇}}$	曾开三平蒸喻$_{\text{以}}$

续表

序号	例字	文读音	文读词	白读音	白读词	中古音韵
33	整	$tsəŋ^{214}$	整齐	$tsɛi^{214}$	整掇$_{整理}$	梗开三上静照$_{章}$
34	正	$tsəŋ^{51}$	正能量	$tsɛi^{51}$	正面	梗开三去劲照$_{章}$
35	声	$səŋ^{35}$	声音	$sɛi^{35}$	声气$_{声音特色}$	梗开三平清审$_{书}$
36	成	$tshəŋ^{33}$	成绩	$sɛi^{33}$	成家庄$_{地名}$，大成垣$_{地名}$	梗开三平清禅
37	盛	$tshəŋ^{33}$	盛饭	$sɛi^{33}$	盛饭	梗开三平清禅
38	蒸	$tsəŋ^{35}$	水蒸气	$tsɛi^{35}$	蒸馍馍	曾开三平蒸照$_{章}$
39	绳	$səŋ^{33}$	跳绳绳	$sɛi^{33}$	大绳$_{粗绳子}$	曾开三平蒸床$_{船}$
40	称	$tshəŋ^{35}$、$tshəŋ^{51}$	称重	$tshɛi^{35}$	称鸡蛋	曾开三平蒸穿$_{昌}$
41	秤	$tshəŋ^{51}$	公斤秤	$tshɛi^{51}$	秤盘盘$_{秤盘}$	曾开三去证穿$_{昌}$
42	剩	$səŋ^{51}$	剩女	$sɛi^{51}$	剩饭	曾开三去证床$_{船}$
43	症	$tsəŋ^{51}$	症状	$tsɛi^{51}$	症状	曾开三去证照$_{章}$

从辖字数量来看，曾梗开三四等字有很系统的文白异读现象，大体上可以将表 3-30 例字分为两类：①变项 i-iəŋ。这类字集中在梗摄开口三四等，梗摄合口只有“营”字。另外，曾摄也有一例“蝇”，“营”和“蝇”都是喻$_{以}$母字，这类即沈明所说的“曾$_{白}$梗$_{白}$开口＝蟹止$_{三等}$ʅʅ/i”，但是其范围应缩小为梗摄开口三等（非章组）字及个别曾摄开口三等字。②变项 ɛi-əŋ。主要是曾梗摄开口三等章组字，这类字文读有平舌音和翘舌音两组。另外，还有一个例外字“营”，按照沈明所说“合口＝蟹止$_{三等白读}$遇 u/y”，可能是受喻$_{以}$母影响的一个特例。

王洪君（1992）指出晋中、吕梁和忻州南部梗摄白读的特点是梗开三四$_{白}$ = 蟹开三四，如：病名听领井星声正镜影 = 闭迷梯礼挤西世制计艺。梗开二$_{白}$ ≠ 梗开三$_{白}$。但是柳林话知系有所不同，如梗摄“声正”和蟹摄“世制”。

4. 曾梗入声韵字

这里的入声韵包括两类：一是舒声入化字，主要涉及梗摄字；二是中古入声字。

表 3-31 曾梗入声韵字在柳林话中的文白异读状况

序号	例字	文读音	文读词	白读音	白读词	中古音韵
1	甥	$səŋ^{35}$	外甥	$saʔ^{21}$	外甥	梗开二平庚审$_{生}$
2	生	$səŋ^{35}$、$ʂəŋ^{33}$	生日	$saʔ^{21}$、sa^{35}	辈生$_{好朋友}$ 生火	梗开二平庚审$_{生}$
3	色	sai^{214}、$sə^{51}$	色子、颜色	$saʔ^{21}$	色气	曾开三入职审$_{生}$
4	则	$ʦə^{35}$	规则	$ʦaʔ^{21}$、$ʦəʔ^{21}$	规则	曾开一入德精
5	郝	xou^{214}	姓氏	$xəʔ^{21}$	姓氏	梗合三平庚晓
6	域	y^{51}	西域	yəʔ	西域	曾合三入职喻$_{云}$
7	墨	muo^{51}	墨迹	$miəʔ^{21}$	墨汁	曾开一入德明
8	脊	$ʨi^{214}$、$ʨi^{35}$	屋脊	$ʨiəʔ^{21}$、$ʦəʔ^{21}$	脊梁骨$_{腰椎}$ 脊背$_{后背}$	梗开三入昔精

笔者发现，梗开二等平声生母字“生甥”文读为鼻音韵尾，白读为阴入，与曾开入声字白读合流为 aʔ 类，与曾摄开口三等入声生母字“色”白读合流。生母的这一现象较为特殊，是典型的舒声入化现象，具体情况将另行讨论。梗合三等平声字“郝”只有用于姓氏时，口语中读为入声，也属于舒声入化现象。

5. 臻梗通合口字

这类字多为中古见系字，尤以喻母字居多，另外还有个别精母（粽）和来母（笼）字。

表 3-32 臻梗通合口字在柳林话中的文白异读状况

序号	例字	文读音	文读词	白读音	白读词	中古音韵
1	匀	$yəŋ^{33}$	均匀	$iəŋ^{33}$	匀开	臻合三平谆喻$_{以}$
2	允	$yəŋ^{214}$	允许	$iəŋ^{51}$	允承$_{答应}$	臻合三上準喻$_{以}$
3	容	$zuəŋ^{33}$	容易	$yəŋ^{33}$	容易	通合三平锺喻$_{以}$
4	荣	$zuəŋ^{33}$	光荣	$yəŋ^{33}$	荣誉	梗合三平庚喻$_{云}$
5	供	$kuəŋ^{35}$	供销社	$tɕyəŋ^{35}$	供不起	通合三平锺见
6	粽	$tsuəŋ^{51}$	粽子	$tɕyəŋ^{51}$	粽子	通合一去送精
7	壅	——①	——	$tɕy^{35}$	壅肥料	通合三去用影
8	兄	$ɕyəŋ^{35}$	师兄	$ɕy^{35}$	兄弟	梗合三平庚晓
9	笼	$luəŋ^{214}$	笼络	$lɤ^{51}$	灯笼	通合一平东来

前文声母异读部分，我们已经讨论过通梗摄喻母字白读为零声母，介音为 y，文读介音后化为 u，同时受介音影响，滋生出声母 z。臻摄喻母字文读为撮口呼，白读为齐齿呼。通摄“供粽”白读韵母介音为 y，文读韵母介音为 u，受介音影响，其拼读的声母不同，舌面前音与 y 拼合，舌根音 k 或舌尖音 ʦ 与 u 拼合，“壅兄”二字白读韵母为单元音 y，文读增加了后鼻韵尾。

6. 通摄入声字

通合三入精组字读撮口呼，即：足≠族（不计声母）是晋语入

① 没有文读音。

声字对内一致、对外排他的一大特点。侯精一（1998）比较了山西、陕北、河北、河南、内蒙古晋语的十三点，结果无一例外。

表 3-33　通摄入声字在柳林话中的文白异读状况

序号	例字	文读音	文读词	白读音	白读词	中古音韵
1	足	ʦu^{35}	足球	ʨyəʔ^{21}、ʦuəʔ^{21}	足意满意、足球	通合三入烛精
2	宿$_1$①	su^{51}	住宿	ɕyəʔ^{21}	宿舍	通合三入屋心
3	续	ɕy^{51}	续集	ɕyəʔ^{21}	连续	通合三入烛邪
4	绿	ly^{51}	绿色	luəʔ^{21}	绿灯	通合三入烛来
5	六	liu^{51}	六个	luəʔ^{21}	六畜兴旺	通合三入屋来
6	肉	zɣ^{51}	猪肉	zuəʔ^{21}	肉桂中药名	通合三入屋日
7	鹿	lu^{51}	长颈鹿	luəʔ^{214}	梅花鹿	通合一入屋来

柳林话“足”有两个白读音，中老年被试多读 ʨyəʔ^{21}，而青年被试读 ʦuəʔ^{21}，且多数青年被试觉得读 ʨyəʔ^{21}很奇怪；“宿”是个多音字，在中古音韵中分属通摄和流摄，二者的演变路径不同。“续绿鹿”多数被试认为文读使用率要高于白读音；“六肉”读入声韵仅限于特定词语，且只有中老年被试知晓，日常生活用词已基本舒化。

（六）小　结

综上，柳林话韵母异读有如下特点：

柳林话中古咸山摄舒声字部分独立，部分与阴声韵合流。

中古宕江摄舒声字部分独立，部分与果合一、山合一合流，读

① 宿$_2$：白 ɕiɛ^{51}/文 ɕiu^{51}星宿，中古音韵：流开三去宥心。

ɔ、iɔ、uo 韵，即：帮=波=搬，光=锅=官，装=砖。

阳声韵白读鼻音尾脱落的次序从早到晚依次是：咸山摄舒声宕江摄舒声深臻曾梗通五摄，这是山西、陕北晋语文读系统中分布最广的一种类型，王洪君（1991）认为这与吴语阳声韵的表现一致。这也符合张琨提出的汉语阳声韵演变规律①。

止蟹合三入遇是晋语内部音系自身演变规律之一，也就是说晋语“岁税$_{\text{蟹摄合三}}$=泪嘴锤吹睡水$_{\text{止摄合三}}$=句遇$_{\text{遇摄}}$”，后来受权威方言影响，借入 uɛi 韵，并以词汇扩散的方式扩散开来，目前多数止蟹字白读韵母为 y，文读韵母为 uɛi，也有少数字白读已经消失，只有一读 uɛi，如“衰柜苇”。止蟹合一、合三入遇现象只见于闽语和晋语……说明山西方言相对比较古老②。

部分入声字老派读 aʔ 类，新派读 əʔ 类，这些字主要集中在咸山江三摄，也有个别曾梗摄字：掐甲｜抹聒滑刷刮｜桌戳捉镯觉角握｜塞｜窄。这说明柳林话的 aʔ 类入声韵有向 əʔ 类归并的趋向。

刘勋宁（1998）描写了当时清涧话的语音特点，其中有两条：第一，i 冰平明病名命精睛晴赢轻清饼井净性听要钉听青铃翎星腥另（曾梗开三四非知）/变面天年离尖前肝看安（咸山开一三非知）。第二，ei 声整正（曾梗开三四知系）/非尾美（蟹止三四帮系）/沾占缠然染（咸山三知系）。这两个语言现象在今柳林话中保存较完整，只有咸山开一三非知系字正处于变异中，除“离”字外，“变面天年尖前肝看安”白读都已读为 iɛ，笔者在调查时偶然听到 073 号被试（男，63 岁）对家人说孙子想吃方便面，而“便”的读音为 phi^{33}，这可以说是该语音特点在柳林话中的一个残留现象。

---

① 汉语阳声韵演变规律：低元音后的鼻尾较高元音后的鼻尾易消变；前鼻音的-n较后鼻音的-ŋ 易消变。

② 韩沛玲：《山西方言音韵研究》，110 页，北京，商务印书馆，2012。

三、声调异读

柳林话文白声调异读主要体现在平声调异读、入声舒化和舒声促化三个方面。

（一）平声异读

今北京话中，古清平字读作阴平，调值为55，如：诗梯方天初昏，古浊平字读作阳平，调值为35，如：时题房田锄魂。柳林话有所不同，古清平字白读调为短升调，调值为35，古浊平字白读调为中平调，调值为33，文读调值与北京话接近。

这一声调异读现象在柳林话中对应整齐，规律性很强，如：“寻”文读音为ɕun^{35}，白读音为səŋ^{33}、ɕyəŋ^{33}。有些字词文白读声调与音节数量有关，如：“河”文读音为xə^{35}，河水、江河湖海等。白读有两个音：单用时，读音为xɔ^{51}，如：河的水都成了黄糊子咧$_{\text{河里的水成了黄色的了}}$；用于双音节词时，读音为xɔ^{33}，如：山水退了，河滩成了灰杂坡$_{\text{洪水退了,河滩成了垃圾堆了}}$。还有一些字词文白读音甚至还有区别意义的作用，如：“婆”文读音为phuo^{35}，老婆、婆家、婆婆妈妈等。白读有三个音：单用时，读音1为phou^{51}，意为“外婆”，读音2为phou^{33}，用来指称“丈夫的母亲”，这里声调有区别意义的作用。叠用时，读音为phou^{214}，意为“外婆”，这一用法是近些年兴起的，之前一直用单音节phou^{51}来称呼外婆，可能是当地人觉得去声语气较重，叠用又可表亲切意，所以柳林县少年儿童多使用“婆婆phou^{214} phou^{214}”。

（二）入声舒化

邢向东（2002：166）列出神木话入声舒化字表（82字），现

转引如下①：揖逸溢益利～亿忆翼僻译易疫役 | 幕牧 | 剧郁育玉 | 杂拉闸炸匣又铡挖栅 | 峡三门～匣又压轧辖～住了 | 划 | 舌～头射扫～ | 嗑渴～了钵～子抹～泥阔～气薄膜摸～揣骆错昨 | 眨 | 腌碟茶泄～火白～吃液腋 | 唠撇曰 | 贼陌 | 率蟀 | 落～窝鸡烙～饼酪凿焯雹 | 屑雀嚼约～给下跃饺学～会了 | 给～东西墨磨～ | 轴粥肉 | 削～铅笔六～个 | 缩～回去 | 饽面～掷。对比柳林话白读音，仍有 18 个字读入声，分别是：益译疫育杂匣铡峡辖舌摸碟雀给墨削缩饽；舒入两读的有 5 个字，分别是：白落约跃学。从入声舒化字数来看，柳林话比神木话少，即柳林话较好地保留了古入声，但这也是一个动态的过程，因为舒入两读的字随着时间的推移，舒声必将取代入声，向北京话靠拢，这也正是一种词汇扩散现象。

下面将重点分析柳林话舒入两读的异读字。

表 3–34 柳林话舒入两读的异读字

调类		调值		例字	中古音韵
今调类	中古调类	文读	白读		
阴平	阳入	tu^{35}	thuəʔ^{21}	犊	通合一入屋定
去声	阳入	ɕy^{51}	ɕyəʔ^{21}	续	通合三入烛邪
去声	阳入	su^{51}	suʔ^{21}	術	臻合三入術船
上声	阳入	ʦou^{214}	ʦhuəʔ^{21}	轴	通合三入屋澄
阴平	阳入	sau^{35}	suəʔ^{21}	勺	宕开三入药禅
阳平	阳入	ɕiɛ^{33}	ɕiaʔ^{213}	协	咸开四入帖匣
阴声	阳入	ɕiɛ^{35}	ɕyəʔ^{21}、 ɕyə^{35}、ɕiou^{33}	学	江开三入觉匣

① 其中有 22 个字舒入两读，后边注明例词的是今读舒声的例词。

续表

调类		调值		例字	中古音韵
今调类	中古调类	文读	白读		
去声	阳入	mo⁵¹	miɛʔ²¹	墨	曾开一入德明
阳平	阳入	ma³³	məʔ²¹	末	山合一入末明
阴平	阳入	mɛi³⁵	məʔ²¹、mou⁵¹	没	臻合一入没明
上声	阳入	lu⁵¹	luəʔ²¹	鹿	通合一入屋来
去声	阳入	ly⁵¹	luəʔ²¹³	绿	通合三入烛来
去声	阳入	iou⁵¹	yəʔ²¹³	跃	宕开三入药喻以
去声	阳入	y⁵¹	yɛʔ²¹³	域	曾合三入职喻云
阳平	阴入	ʦə³³	ʦaʔ²¹、ʦəʔ²¹	则	曾开一入德精
阴平	阴入	ʦu³⁵	ʨyəʔ²¹、ʦuəʔ²¹	足	通合三入烛精
阴平	阴入	kə³⁵	ʨiaʔ²¹、kəʔ²¹	隔	梗开二入麦见
上声	阴入	kɛi²¹⁴	iəʔ²¹	给	深开三入缉见
去声	阴入	khə⁵¹	ʨʰiaʔ²¹、kʰəʔ²¹	客	梗开二入陌溪
去声	阴入	khə²¹⁴	khɔ⁵¹	渴	山开一入曷溪
阳平	阴入	piɛ³³	piɛʔ²¹	笔	臻开三入质帮
去声	阴入	ɕiɛ⁵¹	ɕyəʔ²¹	宿	通合三入屋心
去声	阴入	suo⁵¹	suaʔ²¹	朔	江开三入觉审生
去声	阴入	ʦə⁵¹、tʂə⁵¹	ʦəʔ²¹	这	山开三入薛章

续表

调类		调值		例字	中古音韵
今调类	中古调类	文读	白读		
上声	阴入	tɕiɛ^{214}	tɕiəʔ^{21}	脚	宕开三入药见
阳平	阴入	yɛ^{33}	iou^{35}、iaʔ^{21}	约	宕开三入药影
去声	阴入	sə^{51}	sai^{214}、saʔ^{21}	色	曾开三入职审$_{生}$
阴平	阴入	kua^{35}	kuaʔ^{21}	刮	宕开一入铎晓

表3-34显示，柳林话舒入两读的28个字，白读时读入声的23字，占比82.1%，舒入两读的4字，占比14.3%，读作去声的1字，占比3.6%；文读时，几乎都已舒化，分派到平上去三个声调中，阴平7字，占比25%，阳平5字，占比17.6%（“学约”二字阴阳平两读），上声4字，占比14.3%，去声12字，占比42.9%。

汉语方言古入声在官话区演变速度最快，除江淮官话、晋语还保留入声外，其他官话区入声已经基本舒化了，根据舒化后并入的调类，大致可分为七大类，侯精一（2002：17）官话方言古入声舒化归并情况如下：

表3-35　汉语方言古入声在官话区的舒化方向

<table>
<tr><td rowspan="2">古入声调归并条件</td><td colspan="7">今方言中舒化方向</td></tr>
<tr><td>北京官话</td><td>东北官话</td><td>胶辽官话</td><td>冀鲁官话</td><td>中原官话</td><td>兰银官话</td><td>西南官话</td></tr>
<tr><td>清入</td><td>阴阳
上去</td><td>阴阳
上$_{多}$去</td><td>上声</td><td>阴平</td><td rowspan="2">阴平</td><td rowspan="2">去声</td><td rowspan="3">阳平</td></tr>
<tr><td>次浊入</td><td colspan="4">去声</td></tr>
<tr><td>全浊入</td><td colspan="6">阳平</td></tr>
</table>

由此看来，柳林话入声的舒化方向接近北京官话，分派阴阳上去四调，其中去声占比较大。

（三）舒声促化

邢向东（2002：166–176）认为，舒声促化其中一部分可能是中古的舒声字，上古的促声字。换句话说，它们是上古汉语促声字的遗留，而不是真正的舒声促化，如：裕咳臂秘鼻厕譬蔗。“咳秘鼻厕蔗”五字在柳林话白读中也读入声，说明柳林话部分舒声促化字是上古汉语促声字的遗留，不是真正的舒声促化。另外，还有部分舒声促化字情况不一样，见表 3–36。

表 3–36 柳林话舒声促化的异读字①

调类		调值		例字	中古音韵
今调类	中古调类	文读	白读		
阴入	平声	suo^{33}	suəʔ^{21}	唆	果合一平戈心
阴入	平声	suo^{33}	saʔ^{21}	挲	果开一平歌心
阴入	平声	səŋ^{35}	saʔ^{21}	甥	梗开二平庚审$_{\text{生}}$
阴入	平声	səŋ^{35}	saʔ^{21}	生	梗开二平庚审$_{\text{生}}$
阴入	去声	kə^{51}	kuɔʔ^{21}、kɔ^{51}	个	果开一去箇见
阳入	去声	ʦuo^{51}	ʦhuaʔ^{21}	撞	江开三去绛澄
阴入	平声	ɕiou^{33}	ɕiəʔ^{21}	销	效开三平宵心

表 3–36 中 7 个舒声促化字为何会促化这一问题，还有待进一步探究。

① 表中例字的“中古音韵”来源于丁声树、李荣：《古今字音对照手册》，北京，中华书局，1981。

（四）其他情况

1. 文读入声的例外

按照前文分析，柳林话文读系统入声调已基本消失了，但是仍有极个别字仍存在读为入声调的旧文读。柳林话“六”在“六畜兴旺”一词中，个别中老年人读为旧文读音 luəʔ²¹；“肉”在“肉桂中药名”一词中，个别中老年中医读为旧文读音 zuəʔ²¹。037 号被试（男，54 岁，药剂师）说道：“‘六畜兴旺’这个词一般是过年贴喜帖时写在猪、羊、牛圈墙上，现在家户基本不养猪、羊、牛了，贴的也少了。‘肉桂’是小时候听父亲开药方时这么说，现在自己偶尔也还是会用。”

刘勋宁（2003）认为：“这两个字的入声读法出现在书面语或文化语中，应该是文读，可是它们的语音形式恰恰是保留入声的‘白读’，一般的方言学著作也会把它处理为白读。”笔者认为，这是文白异读的普遍现象，luəʔ²¹ 和 zuəʔ²¹ 是旧文读音，在新文读 liɛə⁵¹ 和 zɤ⁵¹ 出现后，旧文读音就逐步退入白读系统，这两个音目前有随所依附词的消失而消失的趋势。

2. 浊上归去的例外

按照现代汉语方言声调演变规律，浊上应归去，柳林话也基本符合这一规律，如：“下假开二上马匣”，文读 ɕia⁵¹，白读 xa⁵¹。但是柳林话“项”却是个例外，文读 ɕiɔ⁵¹（项目），白读 xɔ³³（几项项几样）。

第二节　文读音和白读音的语音系统

一、文读系统与白读系统

侯精一（1999）指出：“晋语的文读系统与北方官话的韵类分

合大致相同，白读音的韵类系统则有自身的系统，与北方官话的韵类系统差别比较明显。”这里从上文搜集到的文白异读字出发，整理出柳林话文读音系和白读音系的对应情况。

（一）文白声母对应情况

对比柳林话文白读声母系统，二者从数量和类别上差别不大，文读系统声母有 19 个，白读系统声母有 20 个，比文读系统多一个声母 ŋ。但是从内部的对应性来看，二者并不对等，而是互相交叉对应的。下面，以文读系统为纲，列出其与白读系统的交叉对应关系。每个文读声母都有与其同音的白读声母，即文白异读同音同形，笔者也将其列入，按理除去有对应条件的白读音之外的其他字的声母都与其同音同形，故略去对应条件、中古音韵及例字等内容，如文读声母 ph 对应的白读有两个：p 和 ph。

表 3-37　柳林话文白读音系声母对应表①

文读	白读	对应条件	中古音韵	例字
p	ø	微母	微母	挽
	ph	全浊仄声声母清化	并母	鼻避粑别拔饽白稗便
		清声母送气	帮母	波胞痹蝙卜堡
	p	——		

① 说明：1. 只要文白字音具有可论证的对应性，只有一个例子也立一个条目。2. 由于方言词汇的调查还不够深入全面，方言词考本字工作还不够深入，遗漏的字有待补充，本字表只是根据笔者搜集到的材料整理而来。3. 笔者认为每个文读声母都有预期同音同形的白读声母，即“一身二用”，因不涉及分化条件，表中只列条目，未注明例字，用“——”表示略去同音同形白读声母的对应条件及例字。

续表

文读	白读	对应条件	中古音韵	例字
ph	p	全浊平声声母清化	并母	爬刨
	ph	——		
m	m	——		
f	ç	非组混入晓组	微母	肥费
	x	非组字		废肺方
	f	——		
t	th	全浊仄声声母清化	定母	稻笛独犊毒夺碟沓叠
	ph	全浊去声清化	定母	渡（地名）
	t	——		
th	th	——		
n	z	泥母	泥母	女喃扭碾腻糯
	n	——		
l	l	——		
ts	t	清平声、浊上声	章母仙韵、从母咍韵	专在
	tɕ	通摄合口仄声	精母	粽足
	tsh	全浊仄声声母清化	从澄崇母	造杂着妯轴撞直侄宅炸镯铡
		清声母送气	庄母	楂帚
	ts	——		
tsh	s	开口浊声母	庄章组仙阳尤清咸韵	成仇蝉馋盛宬常碜
	ts	清声母送气	昌母	触焯
	tsh	——		

续表

文读	白读	对应条件	中古音韵	例字
s	s	——		
z	ø	合口三等平声字	喻母	容荣
	z	——		
tɕ	ts	三等字	精组	脊蛆就匠
	tɕh	全浊仄声声母清化	从母	集截
		清声母送气	见母	鞠菊
	tɕ	——		
tɕh	tɕh	——		
ɕ	s	谐声	书母阳韵	饷
		深摄三等字	邪母	寻
	x	开口二三等字	晓匣母	夏下吓鞋馅瞎孝巷项匣陷
	z	咸摄开口二等	匣母	陷
	ɕ	——		
k	ŋ	侯韵	见母	购
	ø	侵韵	见母	给
	tɕ	锺耕江韵	见母	供隔港
	kh	全浊仄声声母清化	群母	跪
		清声母送气	溪母	挂
	k	——		
kh	tɕh	开口二等	溪母庚皆韵	客揩
	k	入声清化不送气	见母	窟
	kh	——		

续表

文读	白读	对应条件	中古音韵	例字
x	tɕ	江摄开口三等	见系	虹
	ɕ	山蟹开口一等	匣晓母	孩旱汗汉
	x	——		
ø	ŋ	咸山摄开口三四等部分字	疑影母	爱碍砚仰严淹掩
	n	由 ŋ 前化而来		颜眼言鱼崖硬牙哑鸭
	m	文韵	微母	蚊
	ø	微韵		尾
		脂韵	日母	二

文白对应最复杂的是文读声母 k，对应 5 个白读声母，但是各白读声母领字很少。文白读一对一的有 5 个，分别是：m、th、l、s、tɕh。

（二）文白韵母对应情况

韵母文白读音的交叉对应情况更加复杂，且二者不完全重叠。经整理，柳林话文读韵母有 i、ʅ、ɛi、uɛi、ou、iou、iɛə、æ、uæ、iɛ、ə、u、y、uo、yɛ、a、ɔ、iɔ、əŋ、iəŋ、uəŋ、yəŋ、ua、ia，共计 24 个，白读韵母有 i、a、ɤ、ɔ、ə、u、ou、y、æ、iɛ、iɔ、ɛi、yɛ、uo、ua、uæ、uɛi、ia、ya、iou、əŋ、iəŋ、uəŋ、yəŋ、aʔ、iaʔ、uaʔ、yaʔ、əʔ、iəʔ、uəʔ、yəʔ、ɔʔ①，共计 33 个，其中，仅见于白读系统的韵母有 ya、ɤ、aʔ、iaʔ、uaʔ、yaʔ、əʔ、iəʔ、uəʔ、

① ɔʔ 这个韵母在前文音系里没有出现，目前只见于“萝卜”的“卜”白读音。

yəʔ、ɔʔ 等 11 个，仅见于文读系统的韵母有 ʅ 和 iɛə。文白读音系的对应情况见表 3-38，文白读韵母同形的 ia 和 ua 略去对应条件及中古韵摄，只列例字。

表 3-38 柳林话文白读音系韵母对应表

<table>
<tr><th>文读</th><th>白读</th><th>对应条件</th><th>中古韵摄</th><th>例字</th></tr>
<tr><td rowspan="2">i</td><td>iəʔ</td><td>开口三等入声从母字</td><td>深摄</td><td>集</td></tr>
<tr><td>iəʔ/əʔ</td><td>开口三等入声精母字</td><td>梗摄</td><td>脊</td></tr>
<tr><td>ʅ</td><td>ɛi</td><td>开口三等字</td><td>止蟹摄</td><td>咨知痴迟世制</td></tr>
<tr><td rowspan="2">u</td><td>yəʔ/uəʔ</td><td>合口三等入声精组字</td><td>通摄</td><td>足宿</td></tr>
<tr><td>uəʔ</td><td>合口一等入声来母字</td><td>通摄</td><td>鹿</td></tr>
<tr><td rowspan="3">a</td><td>ɔ/uo</td><td>开口一等歌韵字</td><td>果摄</td><td>阿他</td></tr>
<tr><td>ia</td><td>开口一等歌韵字</td><td>果摄</td><td>哪</td></tr>
<tr><td>uəʔ/uɛi</td><td>开口一等去声歌韵字</td><td>果摄</td><td>那</td></tr>
<tr><td rowspan="6">ə</td><td>a</td><td>开口三等麻韵
字章日母字</td><td>假摄</td><td>社蛇舍遮惹</td></tr>
<tr><td>iaʔ/əʔ</td><td>开口二等入声字</td><td>梗摄</td><td>隔客</td></tr>
<tr><td>əʔ/ɔ</td><td>开口一等入声</td><td>山摄</td><td>渴</td></tr>
<tr><td>əʔ/ɛi</td><td>开口三等入声章母</td><td>山摄</td><td>这</td></tr>
<tr><td>aʔ/əʔ</td><td>山开口三等入声船母、
曾摄开口一等入声字</td><td>山摄、曾摄</td><td>舌则</td></tr>
<tr><td>uəʔ/kɔ</td><td>开口一等歌韵字</td><td>果摄</td><td>个</td></tr>
<tr><td rowspan="2">y</td><td>yəʔ</td><td>合口三等入声字</td><td>曾通摄</td><td>域续</td></tr>
<tr><td>uəʔ</td><td>合口三等入声来母字</td><td>通摄</td><td>绿</td></tr>
</table>

续表

文读	白读	对应条件	中古韵摄	例字
ɔ	iɔ	开口三等字	江摄	港
	uo	开口一等心母字	宕摄	桑
	ou	开口一等帮组字	宕摄	榜忙
æ	iɛ	开口一等见系、影母字	山咸摄	干竿感安
	ou	合口一等滂母	山摄	判
	ɤ/ɛi/ɔ	开口三等知系字	山咸摄	然展扇陕闪缠粘
ia	ia	——	——	家鸭牙亚
iɛ	æ	山摄开合口三四等字、咸摄开口二等匣母字	山咸摄	挽扁匾咸
	uæ/uo	三等来母字	山摄	联恋
	ia	开口三等麻韵字（非章日母）	假摄（果摄：茄）	爹借姐写斜夜野
	iaʔ/iəʔ	开口四等入声	咸山摄	捏协
iɔ	ɔ	开口三等字	宕摄	饷匠
ɛi	iəʔ	开口三等入声见母字	深摄	给
uo	u	开口一等字帮组（个别章组）字	效摄	堡抱毛帚
	ɔ	开口二等字	效摄	跑
	ɤ	开口一三等字	流摄	购仇
	əʔ	臻摄合口一等明母字、梗摄合口三等晓母字	臻摄、梗摄	没郝
	iəʔ	开口一等入声明母字	曾摄	墨

续表

文读	白读	对应条件	中古韵摄	例字
	uəʔ	宕摄开口三等入声药韵字、通摄合口三等入声日母字	宕摄、通摄	勺肉
ua	ua	——	——	挖瓦袜娃
uo	əʔ/a	合口一等入声明母	山摄	末
	ɔ	开口一等来母字	果摄	锣箩左
	aʔ	开口一等平声心母	果摄	挲
	uəʔ	开口一等歌韵字	果摄	唆
	aʔ/uəʔ	开口一等入声铎韵	宕摄	索洛落
	ɔʔ	合口一等入声字	果摄	卜
	uaʔ	三等入声生母字	江摄、通摄	朔缩
yɛ	iəʔ/yɛ	开口三等入声心母	山摄	薛
	yaʔ	合口三等平声戈韵字	果摄	靴瘸
	yəʔ/iou/iɛ	开口入声觉韵匣母字	江摄	学
	iaʔ/iou	开口三等入声药韵影母	宕摄	约
	yəʔ/iou	开口三等入声药韵以母	宕摄	跃
iou	iəʔ	开口四等定母	效摄	掉
	ou	开口二等晓母未腭化	效摄	孝
	iəʔ/iɛ	开口三等入声药韵字	宕摄	脚
	iaʔ/yəʔ	开口二等入声觉韵字	江摄	角
iɛə	ɤ	开口三等泥母	流摄	扭
	ɛi	开口三等从母	流摄	就
	uəʔ	合口三等入声来母字	通摄	六

续表

文读	白读	对应条件	中古韵摄	例字
uæ	uo	合口一等见母	山摄	冠
uεi	y	止蟹摄合口三等字、果摄合口一等字	止蟹摄、果摄	嘴脆岁锥吹水类喂围隋
əŋ	əŋ	开口三等上声初母字	深摄	碜
	uəŋ	合口一等泥母字	臻摄	嫩
	ia	开口二等字	梗摄、通摄（蒙）	迸棚猛更耕坑冷
	εi	开口三等章组字	曾梗摄	整正声成蒸绳剩症
	aʔ	开口生母字	曾梗摄	甥生色
	ə	开口三平声禅母字	宕摄	宬
iəŋ	ia	开口二等匣母字	梗摄	杏
	i	开口三四等非章组字	梗摄	饼坪病瓶明命听定灵
uəŋ	yəŋ	合口一三等精见喻母字	通摄	供粽容荣
	ɤ	合口一等平声来母字	通摄	笼
	iɔ	开口三等字	江摄	虹
yəŋ	əŋ	开口三等平声邪母字	深摄	寻
	iəŋ	合口三等以母字	臻摄	匀允
	y	合口三等影晓母字	通梗摄	壅兄

曾梗摄开口生母字“甥生”二字中古属平声字，但柳林话白读音韵母为 aʔ。

（三）文白声调对应情况

随着社会的发展及普通话推广工作的不断深入，柳林话声调异读主要有以下两个特点：第一，入声舒化。入声韵基本只出现在白读音系中，且阴阳入有合并的趋势。文读音系中入声韵的使用率老年人最高，中年人次之，青年人最低。第二，平声调异读方面，柳林话白读阴平（短升调）35 对应文读高平调 55，白读阳平（中平调 33）对应文读短升调 35。另外，还有少量的舒声促化字。

（四）文白读音系的特点

通过比较柳林话文白读音系，笔者认为主要有以下特点：

第一，柳林话的声韵调文白读系统均呈现交叉对应的情况，且都不完全重叠。声母方面，文白读一对一的只有 m、th、l、s、tɕh 这五个，即文白读同形，最多的有一对五，如文读声母 k 对应 ŋ、ø、tɕ、kh、k 五个白读声母。韵母方面情况更为复杂，文白读对应最多的有一对七，且白读音内部还有两三个读音。如文读韵母 uo 对应 əʔ/a、ɔ、aʔ、uəʔ、aʔ/uəʔ、ɔʔ、uaʔ 等七组白读韵母，其中白读韵母 aʔ/uəʔ 组内部还有两个白读音，aʔ 类时间较早，əʔ 类时间较晚。

第二，柳林话文读音系并未受白读音系的制约，韵母有自己独有的 ɿ 和 iɛə 韵，ɿ 与舌尖前音 ts、tsh、s、z 相拼，iɛə 基本与普通话韵母 iu 对应。

第三，柳林话入声调基本只出现在白读音系中，且阴阳入有合并的趋势。

二、文白读音的来源和层次

（一）文白异读的来源推测

关于文白异读的来源，李荣先生（1982：115）说："方言内部的文白异读，大概是方言互借的结果。概括地说，北京的文白异读，文言音往往是本地的，白话音往往是从外地借来的。其他方言区的文白异读，白读是本地的，文言音往往是外来的，并且比较接近北京音。"刘勋宁（1991）曾指出，汉语方言中普遍存在着所谓的"文""白"异读，在他看来，这不仅是书面语和口语形式的差别问题，也不止是方言互相影响和渗透的结果，而是汉语语言文字关系，及标准语与方言的关系造成的。王洪君（1991）从文白语音的关系角度出发，认为文白两个音韵层次不是其中的一个发展演变为另一个的母子继承关系，而是某一系姊妹方言逐渐扩散、覆盖另一系姊妹方言的叠置竞争关系。刘旭宁（2003）认为文白异读实际反映的是共存在一个语言或方言中的同源成分的不同语音形式，而这种不同形式折射了历史上的标准语和方言关系。

一般认为文读音借自于权威方言，并在当地白读音系统的规约下折合后进入当地语音系统。从文献来看，自宋元以来，全国性的权威方言依次是《中原音韵》基础方言、南京一带方言和北京一带方言。结合地理位置，柳林话的文读音可能先后来源于《中原音韵》基础方言和北京一带方言。

《中原音韵》反映的是元代的语音情况，而元代也是入声消失的关键时期，有人认为当时入声仍然存在，有人认为已经消失了。周德清在《中原音韵》中对这一问题的处理比较谨慎，"派入三声者，广其韵尔""呼吸言语之间，还有入声之别"，从另一个角度来看，当时就已经有文白异读的差异了。现以《中原音韵》“鱼模”为例，来考察柳林话与《中原音韵》之间的关系①：

入声作平声：37 字（“镞”中古属清声母，其余都是全浊声母）。

独读牍渎犊通合一入屋定 毒通合一入沃定 突臻合一入没定 纛效开一去号定 | 佛臻合三入物奉 復伏鹏袱服通合三入屋奉 | 鹄通合一入沃匣 鹘臻合一入没匣 斛槲通合一入屋匣 | 赎通合三入烛船 属通合三入烛禅 述秫術臻合三入術船 术臻合三入術澄 | 俗续通合三入烛邪 | 逐轴通合三入屋澄 | 族通合一入屋从 镞通合一入屋精 | 仆通合一入屋並 | 局通合三入烛群 | 淑孰熟塾通合三入屋禅 蜀通合三入烛禅

入声作上声：54 字（“復局暴兀”中古属浊声母，其余都是清声母）。

谷穀毂通合一入屋见 骨臻合一入没见 | 蔌速通合一入屋心 缩谡通合三入屋生 | 復通合三入屋奉 福幅蝠腹通合三入屋非 覆通合三入屋敷 拂臻合三入物敷 | 卜通合一入屋帮 不臻合三入屋非 | 菊踘通合三入屋见 局通合三入烛群 | 笏臻合一入没晓 忽臻合一入没见 | 筑竹通合三入屋知 烛通合三入烛章 粥通合三入屋章 | 粟通合三入烛心 宿通合三入屋心 | 曲通合三入烛溪 麯通合三入屋溪 屈臻合三入物溪 | 哭通合一入屋溪 窟臻合一入没溪 酷通合一入沃溪 | 出臻合三入術昌 黜臻合三入術彻 畜通合三入屋彻 | 叔菽通合三入屋书 | 督笃通合一入沃端 | 暴通合一入屋並(《广韵》屋韵：蒲木切) 扑通合一入屋滂 | 触通合三入烛昌 束通合三入烛书 | 簇通合一入屋清 | 足通合三入烛精 | 促通合三入烛清 | 秃通合一入屋透 | 卒臻合三入術精 | 蹙通合三入屋精 | 屋通合一入屋影 沃通合一入沃影 兀臻合一入没疑

入声作去声：33 字（“郁”中古属清声母，其余都是次浊入字）。

禄鹿漉麓通合一入屋来 | 木沐通合一入屋明 穆睦牧目通合三入屋明 没鹜通合一入屋明(《广韵》屋韵：莫卜切，凫属。) | 录篆绿醁通合三入烛来 陆戮通合三入屋来 律臻合三入術来 | 物勿臻合三入物微 | 辱褥通合三入烛日 入深开三入缉日 | 玉狱通合三入烛疑 欲浴鹆通合三入烛以 郁通合三入屋影 育通合三入屋以 兀臻合一入没疑 | 讷臻合一入没泥

---

① 例字转引自王临惠：《从入声字的归派看〈中原音韵〉的基础方言》，载《方言》，2015（3），221~231 页。

我们可以看到《中原音韵》反映的“入派三声”大致是“清入派入上声，次浊入派入去声，全浊入派入平声”。我们分别来看一下上述入声字在今柳林话中的读音情况。第一，入声作平声类，古语词“牍櫜鹏镞鹄鹘斛槲塾孰”10个字已不再使用，“蜀”字舒化读作上声，其他“独读渎犊毒突佛復伏袱服赎属述秫術术俗续逐轴族仆局淑熟”等26字仍读作入声，且“犊毒术”3字有送气与不送气两读。第二，入声作上声类，全浊字“復局”与入声作平声类重复，柳林话读作入声。古语词“穀蔌谡踘笏黜蹙菽”8字柳林话已不再使用，“酷笃粥暴”4字已舒化，分别读作去声、上声、平声（阴平）和去声，“谷”单用时读作平声（阳平），词组或短语中读作入声，其他“毂骨速缩復福幅蝠腹覆拂卜不菊局忽筑竹烛粟宿曲麯屈哭窟出畜叔督扑触束簇足促秃卒屋沃兀”等41字仍读入声。第三，次浊字“兀”与入声作上声类重复，柳林话读作入声，如：兀 $uəʔ^{21}ta^{33}_{那里}$，“漉麓骛酥戮勿讷”等7字柳林话中不使用，“鹿沐睦牧篆玉浴”7字已舒化，均读作去声，“禄木穆目没录绿陆律物辱褥入狱欲鸽郁育兀”19字仍读入声。由此，笔者推测《中原音韵》中已派入三声的绝大多数古入声字在今柳林话中仍读入声，可能柳林话的形成时期要早于《中原音韵》，或者《中原音韵》时期的文白异读一直持续到现在，且白读入声比文读更强势，还有待进一步求证。

20世纪50年代后，随着推广普通话工作的深入开展，柳林话深受北京一带方言和普通话的影响，尤其近十几年间，教学用语严格要求使用普通话，为适应社会发展，好多家庭主动营造普通话学习和使用环境，二十岁左右的孩子普通话较为标准，有些十岁左右的孩子甚至一出生就习得普通话，柳林话能听懂，但是不会讲。在这样的社会语用大环境下，必将加快文白异读竞争格局和发展方向变化。

（二）文白读音的层次

在比较今柳林话老中青三代文白读音的差异后，可以粗略判断中老年人的部分文读音在青少年口中已逐渐成为白读音，随着权威方言普通话的推广，青少年的话语中已出现新的文读形式。这里所谓“新的文读形式”可以简单理解为借助通用规范汉语的拼音读出来的音。

语音的层次不像地质层一样，地质层整体来看可以画出界限，而语音层却有所交错，我们很难给每一个层次划出明确的界限。如刘勋宁（2003）考证了清涧话假摄开口三等字（遮车社惹写卸野也些等）有四个层次，按时间顺序依次为：①e/ie②ei/i ③a/ia④ɛ，其中，e/ie 是最新的层次，与规范汉字字典的读音一致。当老年人遇到口语中没有的一些字时，他可能通过查字典或听年轻人的说法将其读为新的文读形式，如“奢侈品”的“奢”。柳林话同样也存在这类现象，假摄开口三等字白读系统中多读 a/ia 层，文读系统多读 e/ie 层，极少出现 ei/i 层，笔者前文考察“夜”白读时为 i，如“白夜：yi^{51} 白天、青明白夜$_{大白天}$”。从这个逻辑出发，新文读层可以简单理解为汉语拼音方案推广后，字典所代表的语音层次，时间大概是 20 世纪 50 年代后。旧文读层的时间相应的就是 20 世纪 50 年代前。白读层即土语层是柳林本地语音形式。

第三节 文白异读的功能和语词分布

一、文白异读的功能

有些文白读音具有区别词义的作用，但是文白读音在当地日常用语中的使用频率和适用范围却又各具特点。

表 3–39　柳林话中文白读音区别意义的例词

例词	文白读音		词义	备注
奶奶	文读	nεi^{214} nεi^{214}	祖母	
	白读	nεi^{33} nεi^{33}	乳房或乳汁	
饼子	文读	piəŋ^{214}ʦəʔ^{0}	泛指所有饼子	
	白读	pi^{214}ʦəʔ^{0}	旧时专指在焦炭火上烤的面食	使用范围较窄
下水	文读	ɕia^{51} ɕy^{0}	被杀的猪羊等的内脏	
	白读	xa^{51} ɕy^{0}	排水管道	中青年人也说 ɕia^{51} ɕy^{0}
大伯	文读	ta^{51} puo^{35}	孩子称呼比父亲年长的男性	
	白读	tɔ^{51} piεʔ^{21}	妻子称呼丈夫的哥哥	
经线	文读	ʨiəŋ^{33} ɕiε^{51}	地球表面连接南北两极且垂直于赤道的弧线	
	白读	ʨi^{35} ɕiε^{51}	织布机的经线	老年人经提示后想起该词
仇人	文读	ʦhou^{33}/ʦh ɤ^{33}	指因怨恨而敌视的外人	中老年人常用
	白读	s ɤ^{33}	长辈对自己不听话的孩子的代指	青年人使用率在明显降低
刮胡子	文读	kua^{35}	刮胡子刀，指电动剃须刀的刀片	
	白读	kuaʔ^{21}	用折叠的旧式剃刀刮	
毒气	文读	tuəʔ^{213}	有毒的气体	
	白读	thuə^{213}	不好的气体或情绪	

上述词语的文白读音使用情况有如下特点："奶奶"白读音是常用语，使用频率很高。称呼"祖母"旧时用"娘娘 niɔ^{33} niɔ^{33}"或"娘 niɔ^{51}"，"nɛi^{214} nɛi^{214}"是受周边方言或权威方言影响，折合而来的音，可以算是当地地方普通话。"饼子"只有在"烤饼子""烧饼子"等少数词中用白读音"pi^{214} tsəʔ^{0}"，其他语境多用文读音。"下水"一词，一般老年人会对应说"上水、下水或上下水（xa^{51} ɕy^{0}）"，而中青年人倾向于说文读音"ɕia^{51} ɕy^{0}"，如"下水道"。"大伯"白读音由于其特殊的语用环境，知晓率不太高，尤其是中青年人，往往会用"孩 ɕi^{51}家伯伯 piɛʔ^{21}的"间接方式表达。"经线"的白读音已随着织布机这一旧事物的消失而消失，老年人经提示后才会想起该词。

二、文白异读的语词分布

文白异读与不同的语词具有一定的关联，有些语词必须文读，有些则必须白读，但这种关联不是绝对的，只是一种倾向，说明某些类别的语词更多使用文读音或白读音，有时候，一个词常常既可以文读，也可以白读，处于竞争的状态。从语音上说，一个有文白异读的汉字有时不止有一个文读音或白读音，一般而言，异读音所在的具体词往往是较固定的，不能随意变读，如：

表 3-40　柳林话文白异读字语词环境例字表

例字	文读词	文白	白读词
白 pɛi^{35}/phiəʔ^{21}	白手起家、白带、白头偕老、真相大白、白菜、白衣天使、白兰地		白灰、白酒、白术药名、白逞逞倔强，与人对着干、白角脑爱对着干的人、白眉竖眼、白家沟地名

续表

例字	文读词	文白	白读词
尾 $uɛi^{214}/i^{214}$	尾气、追尾、阑尾、结尾、尾数		尾巴、狗尾巴草
孝 $ɕiou^{51}/xou^{33}$	孝顺、孝子、母慈子孝、孝敬		孝帽、孝衫
灰 $xuɛi^{35}/xuo^{33}$	灰眉白 $phɛi^{35}$ 骨、灰色色、大灰狼、洋灰、灰心、烟灰、骨灰、石灰	灰尘	灰尘黑暗、尘灰土地

上述例字除了“灰尘”一词文白存在交叉外，其他都不能随意替换，其分布近乎互补，这类文白异读在柳林话中占绝大多数。但是柳林话中也有一些文白异读字所在的具体词可以随意变读，如：蛆 $tɕhy^{0}/tshu^{0}_{茅蛆}$；闪 $sæ^{214}/sɤ^{214}$、$sɛi^{214}_{打闪}$；喂 $uɛi^{51}/y^{51}_{喂饭}$；陕 $sæ^{214}/sɤ^{214}$、$sɛi^{214}_{陕西}$；朔 $suo^{51}/suaʔ^{21}_{朔州}$；仇 $tshou^{33}/tshɤ^{33}$、$sɤ^{33}_{仇人}$；舌 $sə^{35}/saʔ^{21}$、$səʔ^{21}_{舌头}$，等等，这类词多为地名和常用词，发音人基本知晓该字的所有发音，只是自己的读音一般固定为其中的某一个。据王久平（男，76 岁，主要发音合作人），“白”在以下几种情况读送气音：①用于地名，都读送气音，如白家坡、白霜、白地卯、白家塔；②用于专名，二十四节气中“白露”也是读送气音，即使是书面文字看到这些字也是读送气音；③另外还有土语词“青明白夜$_{大白天}$”“白生生$_{形容非常白}$”“白逞逞$_{倔强,与人对着干}$”“白喳喳$_{倔强,与人对着干}$”“白脸奸臣”“白眉荏眼”也都读送气音。以下情况读不送气音：①姓氏，一直以来“白”姓都读不送气音。②新词语，如“白富美”“白眼狼”“美白”“乳白”“空白”“小白兔”“白吃白喝”等。值得注意的是“白菜”一词，只读不送气音，可能是由于这种蔬菜当

初引进时，就读不送气音。下面分析文白异读与不同类别语词的关系。

（一）异名同实的文白异读词

这类词一般为名词，语词表现形式不同，语音分文白读，但是意义相同，例如：

表 3-41　柳林话异名同实的文白异读词

序号	例字	文读音	白读音	文读词	白读词
1	客	khə^{51}	ʨhiaʔ^{21}、khəʔ^{21}	请客	看客的$_{\text{招呼客人的人}}$
2	虹	xuəŋ^{33}	ʨiɔ^{51}	彩虹	虹（单用）
3	嫩	nəŋ^{51}	nuəŋ^{51}	嫩绿	嫩苗
4	经	ʨiəŋ^{35}	ʨi^{35}	经线	经线子$_{\text{织布机的经线}}$
5	灵	liəŋ^{33}	li^{33}	灵活	灵堂
6	饼	piəŋ^{214}	pi^{214}	月饼	饼子
7	稗$_{\text{稗草}}$	pai^{51}	phiɛ^{51}	稗草	椑（单用）
8	稻	tou^{51}	thou^{51}	水稻	稻黍
9	笛	tiəʔ^{21}	thiəʔ^{213}	竖笛	吹媒笛$_{\text{吹笛子}}$
10	碟	tiəʔ^{21}	thiəʔ^{21}	碟子	碟碟$_{\text{碟子}}$
11	妯	ʦou^{35}	ʦhuəʔ^{21}	妯娌	妯娌
12	巷	ɕiɔ^{51}	xɔ^{51}	大街小巷	圪巷巷$_{\text{小巷子}}$
13	女	ny^{214}	zu^{214}	女生	女子
14	世	sɿ^{51}	sɛi^{51}	世界	世上
15	毛	mou^{33}	mu^{33}	毛绒玩具	狗毛

这类词，一般文读词固定用文读音，白读词固定用白读音，不能互换。如“客”当指红白喜事中招呼客人的专人时，只能说“看客 tɕhiaʔ^{21}的”，例：亲戚们来了这来来的，看客的怎么还不出来招呼一挂亲戚们来了这么多，看客的怎么不出来招呼安排一下呢？当日常用于请人吃饭时，只能文读“请客”。“笛”当称说锣鼓队中吹长笛的人时，只能说“吹媒笛 thiəʔ^{213}的”，平时“笛子、竖笛、长笛”等词用文读。“女”只有在“女子”一词中白读，其他“女生”“女孩”等词中用文读音，“女子”与“女生”“女孩”意义相同。这类词可以说是柳林话典型的文白异读词。

（二）文白分明且有固定指称或搭配的词

部分文读音和白读音泾渭分明，各自有固定的指称或搭配，其中多数为动词和形容词，例如：

表 3-42　柳林话文白分明且有固定指称或搭配的文白异读词

序号	例字	文读音	白读音	文读词	白读词
1	避	pi^{51}	phi^{214}	躲避	避事不惹事
2	别	piəʔ^{21}	phiəʔ^{213}	区别	别个的其他的 写别字写错字
3	白	pɛi^{35}	phiəʔ^{21}	白菜	白生生白色
4	舍	sə^{214}	sa^{214}	舍弃	舍不得
5	独	tuəʔ^{21}	thuəʔ^{21}	独立	独户户蒜没有分瓣的蒜
6	夺	tuəʔ	thuəʔ^{21}	夺命断送性命	夺下
7	叠	tiɛʔ^{213}	thiɛʔ^{213}	重叠	叠被子
8	着	tsəʔ^{21}	tshəʔ^{21}	做着	睡着
9	撞	tsuo^{51}	tshuaʔ^{21}	顶撞	撞了一下

续表

序号	例字	文读音	白读音	文读词	白读词
10	宅	ʦai^{35}	ʦhaʔ^{21}	深宅大院	宅基地
11	炸	ʦa^{21}	ʦhaʔ^{21}	爆炸	炸油糕
12	挂	kua^{51}	khua^{51}	挂起	挂挡
13	触	ʦhu^{51}	ʦuəʔ^{21}	触电	接触
14	硬	iəŋ^{51}	niəŋ^{51}、nia^{51}	软硬	硬米$_{\text{糙米}}$
15	淹	iɛ^{35}	ŋiɛ^{35}	淹没	淹死
16	下	ɕia^{51}	xa^{51}	下棋	下车/下庄$_{\text{地名}}$
17	孝	ɕiou^{51}	xou^{33}	孝子	孝帽
18	扭	niɛə^{214}	z ɤ^{214}	扭秧歌	（胃）扭住疼
19	肥	fɛi^{33}	ɕi^{33}、xuɛi^{33}	肥料	肥猪
20	缀	ʦuɛi^{51} tʂuɛi^{51}	ʨy^{51}	点缀	缀扣扣$_{\text{缝扣子}}$
21	喂	uɛi^{51}	y^{51}	喂养	喂饭
22	蒙	məŋ^{33}	mia^{33}	蒙面	蒙眉捂骨$_{\text{傲慢、少言寡语}}$
23	猛	məŋ^{214}	mia^{214}	凶猛	猛不防$_{\text{突然}}$
24	更	kəŋ^{35}、 kəŋ^{214}	ʨia^{35}	更换	更深半夜
25	明	miəŋ^{33}	mi^{51}	明显、明明	明$_{\text{明天}}$

从表义角度，可将这类词进一步分为文白意义相同和意义有别两类。

1. 异读字在文白词语中意义相同

“避舍叠触着淹喂蒙”在文读词和白读词中意义相同。如

"避"在"躲避"和"避事"中均为"躲开、回避"意，文读词"躲避"为并列复合词，白读词"避事"为动宾关系词，"避"也可以单说，如"看见架势不对喽，你□①kəŋ^{33}就避开些"。"舍叠喂"与"避"相似。"触"白读词"接触"为并列复合词，文读词"触动""触电"等为可单用的动词。"着"是副词，它的文白读音取决于所依附的动词。"睡着"是一个短暂持续不间断的动作，用白读音 tshəʔ^{21}，例：孩睡着了，等一挂起来了再给试一下新衣裳孩子睡着了，等一下醒来后再给试一下新衣服，"做着"是一个较长时间且中间可以暂停休息的动作，用文读音，例：在没拉更好的营生前，你先在□uɛi^{214}那里瞎做着在没有找到更好的工作前，你先在那里工作着。"淹"文读词为双音节并列复合词，白读可单用。"蒙"一般文读时可单用，白读时多数是方言土语词，如"蒙面捂骨"多指人比较傲慢，少言寡语，不愿与人深交。但也有文白读词同形的地方，如"蒙住"，文读时表示"遮挡"，例：是什么蒙住了我的眼睛？白读时表示"昏迷"，例：人一挂突然、一下子蒙住了，赶紧掐住人中（穴）。

2. 异读字在文白词语中意义不同

"别白独夺撞宅炸挂硬下孝扭肥缀猛更"等字的文读词义和白读词义有差别，具体分析见表 3-43：

表 3-43　文白分明且有固定指称或搭配的词文白读意义对照表

例字	文读词	文读义	白读词	白读义
别	区别	区分	别个的其他的 写别字写错字	另外
白	白菜	蔬菜名	白生生白色	跟"黑"相对

① 说明："□"表示本字不明，后边加注国际音标，并释义。下文同。

续表

例字	文读词	文读义	白读词	白读义
独	独立	独自	独户户蒜没有分瓣的蒜	一个
夺	夺命断送性命	断送	夺下	强取、抢
撞	顶撞	冲打、碰击	撞了一下	轻微地摩擦
宅	深宅大院	住所	宅基地	农户用作住宅而占有的土地
炸	爆炸	（物体）突然破裂	炸油糕	一种烹饪方法
挂	挂起	使附着于某处	挂挡	钩住、拴住
硬	软硬	坚硬	硬米糙米	水稻的种仁
下	下棋	进行（棋类比赛）	下车/下庄地名	向下面
孝	孝子	孝顺	孝帽	丧服
扭	扭秧歌	（胃）扭住疼	身体摆动	拧
肥	化肥	肥料	肥猪	跟“瘦”相对
缀	点缀	组合、连接	缀扣扣缝扣子	用针线缝
猛	凶猛	猛烈	猛不防突然	忽然、突然
更	更换	改变、改换	深更半夜	旧时夜间计时的单位
明	明显	表明、显示	明	次于今年、今天的

这类异读字文白分明，有固定指称且不能随意互换，白读词中该异读字一般是独立的语素，有些只能单用，不与其他语素搭配，如“明”，当表示“次于今年的”意思时，可以说“明年”，但是当表示“次于今天的”意思时，只能单说“明”。006号被试（男，75岁，初中文化）讲述他的邻居去外地看了一段时间孙子，回来

后跟邻居聊天说："明 mi³³天咱两个去看戏吧！"引得大家笑破肚皮，"mi³³"的韵母是白读，声调是文读，"明天"属于文读词，白读只能单说"mi⁵¹"，这种半土半洋的说法经常闹笑话。

（三）限于专名的文白异读词

这类文白读音主要出现在专有名词中，包含地名、人名、药名及新词语等。在专有名词中，某个字是文读还是白读一般是固定的，不能随便更换，下面举例说明：

表 3-44 柳林话限于专名的文白异读词

序号	例字	文读音	白读音	文读词	白读词
1	成	$ts^h əŋ^{33}$	$sɛi^{33}$	成功	成家庄、大成垣
2	碾	$niæ^{214}$	$iɛ^{51}$/ $zɤ^{214}$、$zɛi^{214}$、$niɛ^{214}$	碾压	碾则山地名
3	港	$kɔ^{214}$	$tɕiɔ^{214}$	香港地名	杨家港地名
4	白	$pɛi^{35}$	$phiəʔ^{21}$	（姓氏）、白菜	白霜地名
5	郝	xou^{214}	$xəʔ^{21}$	姓氏	姓氏
6	薛	$ɕyɛ^{33}$	$ɕiəʔ^{21}$、$ɕyəʔ^{21}$	姓氏	姓氏
7	解	$tɕiɛ^{214}$	$xɛi^{51}$	解释	解家峪地名
8	常	$tsɔ^{33}$	$sɔ^{33}$	常暇经常	（姓氏）
9	术	su^{51}	$tsuəʔ^{21}$	手术	白术中药名
10	肉	$zɤ^{51}$	$zuəʔ^{21}$	猪肉	肉桂中药名
11	蚊	$uəŋ^{33}$	$məŋ^{214}$	蚊香	蚊子
12	尾	$uɛi^{214}$	i^{214}	尾气	尾巴

地名词，一般本地地名用白读音，多含有亲切随和的感情色

彩，甚至有些地名用字乍一看去与发音没有任何联系，如“成家庄丨大成垣 $sɛi^{33}$”“碾则山 $iɛ^{51}$、$zɤ^{214}$、$zɛi^{214}$、$niɛ^{214}$①”“杨家港 $tɕiɔ^{214}$”，但是我们如果从语音演变规律来看的话，这类口语中的地名用字应该属于早期白读音的遗迹。外地人说这类地名时多读文读音，同样的道理，本地人说外地地名时也多用文读音，含有生疏慎重的感情色彩。

姓名字，又视姓氏与名字的不同而有所不同。姓氏用字用文读还是白读，取决于发音人对该姓氏的熟悉程度，换句话说，就是发音人周边该姓氏的人数的多少。如“郝”“薛”姓人在调查地人数较多，日常口语中人们多读白读音 $xəʔ^{21}$/$ɕiəʔ^{21}$、$ɕyəʔ^{21}$。而“常”姓人较少见，与该姓氏人熟悉的发音人会读白读音 $sɔ^{33}$，不熟悉的人读文读音 $tshɔ^{35}$。这里需要注意的是对于那些做姓氏时有专用读音的字不属于这类情况，如“解”，发音人（女，30 岁）说“有朋友姓解，刚认识时不知道做姓氏时读音应该为 xiè，错读为 jiě”。该字用于地名时，读为 $xɛi^{51}$，如解家峪地名。

药名词，西药名都用文读音，个别中药名有文白两读。如“白术”“肉桂”，老中医读为白读音“$phiəʔ^{213}tsuəʔ^{21}$”“$zuəʔ^{21}kuɛi^{51}$”，其他人一般都读为文读音，但是从文白异读的演变规律可以猜测，老中医口中的白读音应该是早期的文读音。②

新词语一般用文读音，不用白读音。如“蚊”白读音为 $məŋ^{214}$，用于方言常见昆虫名称“蚊子”“蝇蚊圪蚤”等，新词语“蚊帐”读为文读音 $uəŋ^{33}$。“尾”白读音为 i^{214}，用于方言常用词“尾巴”

① 本村人读 $iɛ^{51}$，外村人依据自己的读音习惯，分别读为 $zɤ^{214}$、$zɛi^{214}$、$niɛ^{214}$。

② 张振兴（1989：171-179）认为西药名一律用文读，如“盘尼西林”；中药名绝大多数用文读，如“麝香”“艾叶”等，但“甘草”用的是白读音，不说文读音；草药名绝大多数用白读，如“山蛇”“红艾”“经草”等。

“狗尾巴草”等，新词语“尾气”“追尾”读为文读音 uεi²¹⁴。

（四）语域有差异的文白异读词

这类文白异读词主要依据日常生活中的使用频率及场合来区分文读和白读，日常生活中经常提及的事物、现象等多用白读，反之多用文读。文白异读一般情况与字词含义无关，与词语搭配有一定的关系，例如：

表 3-45 柳林话语域有差异的文白异读词

序号	例字	文读音	白读音	文读词	白读词
1	毒	$tuəʔ^{213}$	$thuə^{213}$	毒气有毒的气体	毒气不好的气体或情绪
2	直	$ʦəʔ^{21}$	$ʦhəʔ^{21}$	直线	直□tuo^{35}照直
3	值	$ʦəʔ^{21}$	$ʦhəʔ^{21}$	价值	值钱
4	镯	$ʦuo^{35}$	$ʦhuaʔ^{21}$	手镯	手镯
5	帚	$ʦou^{214}$	$ʦhu^{51}$	扫帚	扫帚
6	牙	ia^{33}	nia^{35}	蛀牙	乳牙
7	鱼	y^{33}	ny^{51}	鲶鱼	捉鱼
8	眼	$iε^{214}$	$niε^{214}$	另眼相看	眼水眼光
9	鸭	ia^{33}	$niaʔ^{21}$	鸭绿江	鸭子
10	夏	$ɕia^{51}$	xa^{51}	春夏秋冬	夏晌天
11	项	$ɕiɔ^{51}$	$xɔ^{33}$	项目	几项项几样
12	孩	$xεi^{33}$	$ɕi^{51}$	孩子	孩每孩子
13	横蛮横	$xəŋ^{51}$	$ɕya^{33}$	横行霸道	霸横霸道
14	揩	$khεi^{214}$	$ʨhiε^{35}$	揩油	揩桌子擦桌子
15	给	$kεi^{214}$	$jiəʔ^{21}$	送给	给了

续表

序号	例字	文读音	白读音	文读词	白读词
16	专	tsuæ35	tæ35	专门	专门
17	喃	næ35	zæ51	呢喃	喃喃的说没用的话
18	嘴	tsuɛi214	tɕy214	围嘴	嘴巴骨嘴巴
19	灰	xuɛi35	xuo33	灰的	灰尘
20	锥	tsuɛi51	tɕy51	圆锥	锥子

“毒”字比较特殊，文读词和白读词形式相同，但是读音不一样，表达的意思也有差异，日常生活中常用白读音，文读音很少使用。白读词一般有两种含义：第一，指宣泄不好的情绪。例：他这段时间心情不好，吼叫上一阵也就放了毒气了，不了气出个毛病可怎嘛呀他这段时间心情不好，吼叫半天也就宣泄了不好的情绪了，要不时间久了气出病了可怎么办呀？第二，指放屁（戏谑的色彩）。例：（开玩笑）谁放的毒气了，怎么这么臭？文读词多用于书面语或者是复述（电视节目、新闻、广播等）时用，例：日本人投放了毒气弹，太可恶了。

“镯”和“眼”日常口语中使用的是白读音，例：孩孩子过满月了，给买上一副手镯；你这截人这个人的眼水眼光不行，看你买的□uɛi214搭那件袄上衣，死难看。只有文化程度较高的被试在书面语中才读文读音。“帚”和“专”文白读词同形类似，日常口语中多用白读音，只有文化程度较高的被试在书面语中才读文读音，尤以“帚”更典型。“专”的文读音已出现渗入白读词的态势。

文读词“直线、价值、扫帚、蛀牙、鲶鱼、鸭绿江、春夏秋冬、项目、孩子、横行霸道、揩油、送给、呢喃、围嘴、圆锥”等说法在日常生活中不常用，其中“直线、价值、圆锥、蛀牙”多用在学校教学、医院就医等语域，“鸭绿江”是从外方言借入的地名词，其他词是受权威方言或共同语影响借入的词。白读词“直□tuo$^{35}_{照直}$、值钱、捉鱼、眼水$_{眼光}$、夏晌天、几项项$_{几样}$、霸横$_{霸道}$、揩桌子$_{擦桌子}$、给了、喃喃的$_{说没用的话}$”是日常生活中常用的说法，“手镯、扫帚、乳牙、鸭子、孩每$_{孩子}$、嘴巴骨$_{嘴巴}$、灰尘、锥子”是日常生活中常见的事物。

上述四类文白异读词，属于较典型的文白异读词，词语的指称和搭配直接影响该词的文白色彩，且一般情况下，文白读音不能互换。此外，还有部分文白异读词与词语搭配无关，只由语境来区分文白读音，而且口语中文白读音可以互换，如：“名字 miəŋ^{33}/mi^{33}、领口 liəŋ^{214}/li^{214}”等。

总的来说，文读词和白读词都会出现在日常生活交际中，当地人根据语感可以判断哪个是“较文”的说法，哪个是“土话”的说法，并且会根据交际对象和交际场合的不同合理选择使用文读音还是白读音。而这又与说话人的文化程度有很大的关系，文化程度较高的人选择性更大，他们会根据与交际对象的熟悉程度、聊天的场合和话题等选择合适的语音和词汇。而文化程度较低的人多使用白读词，当他们与非本地人交流时经常会出现沟通障碍。

第四节 柳林话文白异读的特点

从表面上看，文白异读是一个个字音的不同，实际上是音节内部某个音类的语音交错，音类的交替不是个别的，而是与古音在音韵层面形成有规律、成系统的对应。本节主要从音韵和语用层面分析柳林话文白异读的特点、分布、来源及语言环境等问题。

一、系统性

（1）从辖字的数量来看，就北方方言文白异读整体而言，柳林话文白异读的不只是个别或少数，而是数量较大的。游汝杰（2018：145）提到“闽语的文白异读字最多，官话最少，各地吴语中的文白异读字大约有 200 个”。而笔者目前搜集到的柳林话文白异读字就有 300 多个。

（2）从音节差异来看，柳林话文白异读类型多样，且都有一定数量的例证。用“Ⅰ、Ⅱ、Ⅲ、Ⅳ、Ⅴ”分别表示韵母异读、声母异读、韵母声调异读、声韵调异读和声母声调异读。

表 3–46　柳林话文白异读的类型统计表

类型	音节差异			例字、例词（文/白）		
	声	韵	调			
Ⅰ	+	−	+	借 tɕiɛ$^{51}_{\text{借贷}}$/tɕia$^{51}_{\text{借东西}}$	遮 tsə$^{33}_{\text{遮挡}}$/tsa$^{33}_{\text{遮住}}$	闪 sæ^{214}/s ɤ^{214}、sɛi$^{214}_{\text{打闪}}$
Ⅱ	−	+	+	匠 tɕiɔ$^{51}_{\text{匠人}}$/tsɔ$^{51}_{\text{木匠}}$	挂 kua$^{51}_{\text{挂起}}$/khua$^{51}_{\text{挂挡}}$	吓 ɕia$^{51}_{\text{惊吓}}$/xa$^{51}_{\text{吓了一跳}}$
Ⅲ	+	−	−	甥 səŋ^{35}/saʔ$^{21}_{\text{外甥}}$	阻 tsu$^{214}_{\text{阻碍}}$/tsuəʔ$^{21}_{\text{阻住}}$	洛 luo^{51}/laʔ$^{21}_{\text{洛阳}}$
Ⅳ	−	−	−	孝 ɕiou$^{51}_{\text{孝子}}$/xou$^{33}_{\text{孝帽}}$	揩 kʰɛi$^{214}_{\text{揩油}}$/tɕʰiɛ$^{35}_{\text{揩桌子}}$	帚 tsou^{214}/tshu$^{51}_{\text{扫帚}}$
Ⅴ	−	+	−	教 tɕiou$^{51}_{\text{教学}}$/ɕiou$^{33}_{\text{教会}}$	就 tɕiɛe$^{214}_{\text{成就}}$/tsɛi$^{51}_{\text{就不}}$	上 sɔ$^{214}_{\text{上坡}}$/xɔ$^{51}_{\text{荷上}}$

其中Ⅰ型最常见，其次是Ⅱ型，Ⅲ和Ⅳ型再次之，二者数量差不多，Ⅴ型最少，只有零星的几个字。五种类型主要有以下差异：①声调相同的类型一般较为常见，涉字较多，如Ⅰ和Ⅱ型；②在前四类较常见的类型中，涉字数量与差异项数量有关，如Ⅰ型只有韵母不同，Ⅱ型只有声母不同，Ⅲ型韵母和声调两项不同；③整体来看，韵母有别类的涉字数量较多，声母次之，声调最少。

（3）某一古音类所辖字往往具有相同的文白对应模式，也就是说一个文白变项规则，可以适用于中古相同音韵地位的一批字。以梗开三四等字为例：

表 3-47　柳林话梗开三四等字文白异读情况表

类别	文	白	例字
梗开三四等（非章组）字	iəŋ	i	饼坪平病瓶明鸣名命钉顶听停定零灵铃领睛井清青净星经镜轻影赢营
梗开三四等章组字	əŋ	ɛi	整正声成盛蒸绳称秤剩症

（4）从音类分布来看，柳林话文白异读不是零散的，而是比较全面的，涵盖了中古多数音类，参看上一节文白异读的分类。

总之，柳林话文白异读具有较强的系统性，涉字数量较多，范围较广，是晋语核心区文白异读现象的典型代表点。

二、层次性

文白异读的层次性指的是方言在不同历史阶段所形成的方言语音差异。[①] 中古十六摄在柳林话中几乎都有文白异读现象，只是各摄所涉字的范围和数量有一定差异，下面试着以止蟹咸山曾梗六摄为例，从文读音产生的时间早晚来分析一下其历史层次。

声母方面，柳林话全浊仄声声母清化对应规律较为严整，白读送气，文读不送气，系统性较强，基本涵盖了有送气与不送气对立的所有声母。“爬”白读为 pa^{33}，一般出现在柳林话固定的四音格词语中，如：爬山（墙）溜瓦$_{\text{上山(墙)下沟}}$、爬明不早$_{\text{天不亮就起床}}$、爬起失坐$_{\text{坐卧不安}}$、爬崖上树等。“女”白读 zu^{214}可能是上古音的残留。韵母方面，罗常培（1961）认为，唐五代西北方音中梗摄字已与齐韵“对转”。宋代陆游《老学庵笔记》中记载“秦讹青字则谓青为萋，谓经为稽”。柳林话中该类字涉字数量多达 30 多个，分布较广，均

① 参照李如龙（1963：100）的提法。

为使用率较高的字，且扩散到晋语吕梁片及周边片区。梗二的“迸棚猛更隔耕坑客冷杏”等字白读 ia 韵，且有些已经与字形失去了联系，如“耕坑客”等。这些都说明，上述文白异读发生的时间已经很早了，属于较早的层次。

而蟹开一、效开三四、咸山开一见系等字的文白异读，文读音产生于比较晚近的时期。从数量上来看，白读音大量存在，而文读音却只在年轻人和文化程度较高的人群中产生，老年人和文化程度较低的人只会读白读音。王洪君（1991，1992）认为，就其表象看，有些固然表现为同一字在口语词中用白读，书面语词用文读，但同时也表现为年龄大、文化水平低的人多用白读，年龄小、文化水平较高的人多用文读。这类文白异读与新老异读较难分辨，发音人自己都搞不清楚是受普通话影响的新老异读，还是当地话的文读音，说明这类文白异读的产生时间不长。

总之，系统性源于文白异读字与上古、中古音韵的对应性，但是各方言中文白异读的系统性水平并不一致，像闽南话①、吴语的文白异读系统性就很强，而北方地区，晋语核心地带的文白异读也具有一定的系统性，当然，这并不是所有有文白异读现象的方言必须具备的特点。层次性可以说是文白异读区别于其他异读的特征之一。

---

① 周长楫、欧阳忆耘（1998：100）：“以《方言调查字表》所收 2297 个音节 3758 个单字在厦门方言里的读音做粗略统计，其中有 1219 个音节有文白异读，占一半以上，有 1529 个单字有文白异读，占 1/3。”

第四章　柳林话文白异读的变异

变异性是语言的基本特性之一，语言变异现象无处不在，各语言或方言的语音、词汇、语法等都存在变异现象，只是这种变异现象尚未影响该语言或方言发生“质”的变化。① 社会语言学家认为，仅从语言内部研究语言，无法真正揭示出语言的心理属性及其社会建构，因此必须从语言外部的社会因素去考量。本章运用社会语言学变异与变化理论，通过田野调查搜集第一手资料，将前文文白异读静态描写情况与语言使用者的心理和社会因素相结合，来观察和分析柳林话文白异读发生异读的音类的社会变异方向和扩散过程，并试着探讨相关理论问题。

第一节　提取文白异读变异例字

文白异读调查主要分两个阶段：第一阶段是文白异读字调查，借助《方言调查字表》及现有相关研究成果，初步梳理出今柳林话中存在的异读字；第二阶段是文白异读词调查，将第一阶段的字经一定的规则剔除不常用的字，选出有代表性的 45 个异读字分别放

① 劲松（2005）提出了变异和变化的区别，“所谓变化是指一种语言状态变成另一种状态，属于历时范畴，变化的结果常常有性质的改变；变异是指一种语言状态分化为几种状态，属于共时范畴，变异的结果常常只有数量的改变”。

入词汇或短语环境中调查，结合调查数据考察柳林话文白异读变异的规律、动因、特点、类型、扩散方式及发展趋势等。

一、专项调查背景

本部分调查时间：2020 年 7 月 20 日—11 月 20 日。调查员是笔者本人。这次调查时间较零散，暑假期间笔者回老家，在小范围内采用一对一访谈式问卷调查法获取数据，后因客观原因，通过微信视频方式做了一些补充调查。

1. 样本构成

表 4-1　样本构成表（N=92）

变量	性别		年龄			文化程度			
	男	女	青	中	老	小学及以下	初中	高中	大专及以上
样本（个）	44	48	29	34	29	20	33	19	20
占比（%）	47.8	52.2	31.5	37.0	31.5	21.7	35.9	20.7	21.7

从数据来看，性别、年龄和文化程度下各类别比例较均衡，可以保证调查数据及结论的可靠性及合理性。与语言使用调查的样本相比，性别变项下，男性组少 8 人，女性组少 2 人；年龄变项下，青年组少 5 人，中年组少 3 人，老年组少 2 人；文化程度变项下，小学及以下组持平，初中组少 1 人，高中组少 3 人，大专及以上组少 6 人。可见，外地来柳林县工作的人多数为青年男性，这符合我国社会的现状。

2. 问卷设计

文白异读变异专项调查问卷是在笔者搜集到的所有文白异读字的基础上，通过试调查，综合考虑调查字（词）的声韵调、词语来源筛选等因素，筛选出有代表性的45个字，同时根据前期文献资料和试调查情况，给出每个音相对应的词汇，并一式两份（见附录4中的A和B），附录4（A）只有词语没有国际音标，给被试读或者说，附录4（B）笔者自己使用，根据前期掌握的情况给每个字词标好音，调查时只需勾选被试的实际发音，这大大提高了调查效率。

3. 选字标准

本研究立足社会语言学的变异研究，选择语音变项主要考虑以下因素：第一，变项的特征具有系统性；第二，变项在一定范围内使用频繁；第三，使用者有一定程度的心理认同，如“我们这儿的人就这么说”“说习惯了”等；第四，语音变项与社会变项（年龄、性别、文化程度、职业等）有一定关系。

根据前文搜集到的文白异读字，笔者于2020年1月20日至2月5日选取六位被试，兼顾年龄和性别，老年组、中年组、青年组各2人，各组男女各2人。综合考虑知晓率、使用情况、中古音韵分布等各项指标，排除部分异读字，只调查部分具有代表性的异读字。

表4-2　六位调查对象简况表（N=6）

变量	性别		年龄段（岁）		
	男	女	15~35	36~55	56~80
样本	3	3	2	2	2
占比（%）	50.0	50.0	33.3	33.3	33.3

首先，排除知晓率低于等于33%的异读字，如“灵经客术肉六”等。

其次，排除文读和白读同音的字。本研究认为柳林话文白异读是较成系统的，部分只有一读的字，认为其文读音与白读音一致。

再次，排除异读非常系统的字，主要是曾梗开三四等字，变项：iəŋ/i，领字较系统，没有提取调查项，这类字在今后较长一段时间内，异读情况较稳定。

最后，根据各变项韵摄与音节结构的关系，采用分层抽样方法选取语音变异正式调查的代表字。

二、语言变项与社会变项

（一）研究预设

在文白异读变异专项调查阶段，预设主要有四种情况：①在单字调查中有异读的字在不同语词环境中没有异读现象；②部分字因发音人的不同，异读情况不一致；③部分字在一些人口语中存在文白异读，而在另一些人的口语中却只有一种读音；④少部分字在不同的发音人口语中有较一致的文白异读。在文读音和白读音竞争的过程中，往往是与权威方言形式相同或相近，且用于通行度较高的词语中的音类处于优势，而这些语言现象除受语言变项自身特点的影响外，还与说话人的社会特征和语言态度相关。

（二）研究变项

研究变项主要分为语言变项和社会变项。

1. 语言变项及其确认方式

前文描写了柳林话文白异读的类型，声母异读主要有：送气与不送气、鼻音声母与零声母、舌面后 x 与舌面前 ç 声母、精见组声母、擦音与塞擦音声母、泥母、非组字和喻母等八个语言变项，韵母异读主要有：止蟹遇摄、效流摄、咸山假摄、宕江果摄和深臻曾梗通摄等五大语言变项，声调异读主要有：平声异读、入声舒化和舒声促化三个语言变项。

从严格意义来讲，“语言结构中的每一个范畴和单位都可以是一个变项，因为在每次实现的时候，它总是体现为一个绝对意义上的不同形式”①。依此，可以从两个层面来确认语言变项。从整体音节层面来看，每一个有异读的字的音节实际上就是一个语言变项，而每一个变项中的不同读音就是其不同的变式。从音节构成层面来讲，按照中国传统音韵学从音节的声韵调三部分来分析，分为声母变项、韵母变项和声调变项，而每一个变项中的不同声韵调就是各自不同的变式②。从 45 个调查字来看，涉及的声韵调变项情况如下：

表 4-3 文白异读变异专项调查 45 个语言变项分布情况③

序号	例字	音类			文读	白读	中古音韵
		声	韵	调			
1	白	p/ph	εi/iəʔ	——	pεi^{35}	phiəʔ^{21}	梗开二入陌并
2	爬	ph/p	——	33/35	pha^{33}	pa^{35}	假开二平麻并
3	触	tsh/ts	u/uəʔ	入声舒化	tshu^{51}	tsuəʔ^{21}、tshuəʔ^{21}	通合三入烛昌
4	硬	ø/n	iəŋ/iəŋ、ia	——	iəŋ^{51}	niəŋ^{51}、nia^{51}	梗开二去映疑

① 徐大明：《语言变异与变化》，341 页，上海，上海教育出版社，2006。

② 郭骏：《语言变项中不同变式的确认》，载《南京社会科学》，2008（10），137～138 页。

③ 曾梗开三四等字变项：iəŋ/i 领字较系统，没有提取调查项。“——”表示无此情况。

续表

序号	例字	音类			文读	白读	中古音韵
		声	韵	调			
5	安	ø/ŋ	æ/iɛ、æ	33/35	æ^{33}	ŋiɛ^{35}、ŋæ^{35}	山开一平寒影
6	夏	ɕ/x	ia/a	——	ɕia^{51}	xa^{51}	假开二去禡匣
7	巷	ɕ/x	iɔ/ɔ	——	ɕiɔ^{51}	xɔ^{51}	江开三上讲匣
8	孩	x/ɕ	ai/i	33/51	xɛi^{33}	ɕi^{51}	蟹开一平咍匣
9	横	x/ɕ	əŋ/ya	——	xəŋ^{33}	ɕya^{33}	梗合二去映匣
10	足	ʦ/ʨ、ʦ	u/yəʔ、uəʔ	入声舒化	ʦu^{35}	ʨyəʔ^{21}、ʦuəʔ^{21}	通合三入烛精
11	供	k/ʨ	uəŋ/yəŋ	——	kuəŋ^{35}	ʨyəŋ^{35}	通合三平锺见
12	仇	ʦh/ʦh、s	ou/ɤ	——	ʦhou^{33}	ʦh ɤ^{33}、s ɤ^{33}	流开三平尤禅
13	碾	n/z	iæ/iɛ、ɤ、ɛi	——	niæ^{214}	niɛ^{214}、z ɤ^{214}、zɛi^{214}	山开三上狝泥
14	肥	f/ɕ、x	ɛi/uɛi、i	——	fɛi^{33}	ɕi^{33}、xuɛi^{33}	止合三平微奉
15	蚊	ø/m	uəŋ/əŋ	33/214	uəŋ^{33}	məŋ^{214}	臻合三平文微
16	尾	——	uɛi/i	——	uɛi^{214}	i^{214}	止合三上尾微
17	荣	z/ø	uəŋ/yəŋ	——	zuəŋ^{33}	yəŋ^{33}	梗合三平庚喻云
18	岁	s/ɕ、ʦ	uɛi/y、uɛi		suɛi^{51}	ɕy^{51}、ʦuɛi^{51}	蟹合三去祭心
19	坠	ʦ/ʨ	uɛi/y	——	ʦuɛi^{51}	ʨy^{51}	止合三去至澄
20	迟	——	ʅ/ɛi	——	ʦhʅ^{33}	ʦhɛi^{33}	止开三平脂澄

续表

序号	例字	音类			文读	白读	中古音韵
		声	韵	调			
21	世	——	ɿ/ɛi	——	sɿ^{51}	sɛi^{51}	蟹开三去祭审$_{书}$
22	购	k/ŋ	ou/ɤ	——	kou^{51}	ŋ ɤ^{51}	流开一去侯见
23	堡	p/ph	ou/u	——	pou^{214}	phu^{214}、pu^{214}	效开一上晧帮
24	联	——	iæ/iɛ、uæ、uo	35/33	liæ^{35}	liɛ^{33}、luæ^{33}、luo^{33}	山开三平仙来
25	恋	——	iæ/iɛ、uo	51/33	liæ^{51}	liɛ^{51}、luo^{33}	山合三去线来
26	闪	——	æ/ɤ、ɛi	——	sæ^{214}	s ɤ^{214}、sɛi^{214}	咸开三上琰审$_{书}$
27	然	——	æ/ɤ、ɛi	——	zæ^{33}	z ɤ^{33}、zɛi^{33}	山开三平仙日
28	末	——	uo/aʔ、a	入声舒化	muo^{51}	məʔ^{21}、ma^{33}	山合一入末明
29	协	——	iɛ/iaʔ、iəʔ	入声舒化	ɕiɛ^{33}	ɕiaʔ^{21}、ɕiəʔ^{21}	咸开四入帖匣
30	写	——	iɛ/ia	——	ɕiɛ^{214}	ɕia^{214}	假开三上马心
31	舍	——	ə/a	——	sə^{214}	sa^{214}	假开三上马书
32	个	——	ə/uəʔ、ɔ	舒声入化	kə^{51}	kuəʔ^{21}、kɔ^{51}	果开一去箇见
33	左	——	uo/ɔ	214/51	tsuo^{214}	tsɔ^{51}	果开一上哿精
34	落	——	uo/aʔ	入声舒化	luo^{51}	laʔ^{21}	宕开一入铎来

续表

序号	例字	音类			文读	白读	中古音韵
		声	韵	调			
35	约	——	yɛ/ iaʔ、iou	入声舒化	$yə^{33}$	$iaʔ^{21}$、iou^{35}	宕开三入药影
36	匠	tɕ/ts	iɔ/ɔ	——	$tɕiɔ^{51}$	$tsɔ^{51}$	宕开三去漾从
37	桑	——	ɔ/uo	——	$sɔ^{35}$	suo^{35}	宕开一平唐心
38	学	——	yɛ/yəʔ、iou、iɛ	入声舒化	$ɕyɛ^{35}$	$ɕyəʔ^{21}$、$ɕiou^{33}$、$ɕiɛ^{214}$	江开三入觉匣
39	寻	ɕ/s	yəŋ/əŋ	——	$ɕyəŋ^{33}$	$səŋ^{33}$	深开三平侵邪
40	集	tɕh/tɕ	i/ iəʔ	舒声入化	$tɕi^{35}$	$tɕiəʔ^{21}$、$tɕhiəʔ^{21}$	深开三入缉从
41	棚	——	əŋ/ia	35/33	$phəŋ^{35}$	$phia^{33}$	梗开二平耕并
42	正	——	əŋ/ɛi	——	$tsəŋ^{51}$	$tsɛi^{51}$	梗开三去劲照$_{章}$
43	生	——	əŋ/aʔ、a	舒声入化	$səŋ^{35}$	$saʔ^{21}$、sa^{35}	梗开二平庚审$_{生}$
44	宿	s/ɕ	u/yəʔ、uəʔ	入声舒化	su^{51}	$ɕyəʔ^{21}$、$suəʔ^{21}$	通合三入屋心
45	刮	——	ua/uaʔ	入声舒化	kua^{35}	$kuaʔ^{21}$	宕开一入铎晓

笔者将这45个异读代表字放入词汇或短语环境中，做进一步的社会语言学专项调查。调查问卷见附录4。

2. 社会变项

本研究的社会变项是指年龄、性别、职业、文化程度等社会范畴变项，每个社会变项由一组特定的变式组成，例如性别变项是由“男性”和“女性”这两个变式组成的。

（1）年龄。在语言变异的分析研究中，最重要的社会因素就是年龄。社会语言学家也正是利用共时角度的年龄差异来探究语言的历时变化。主要的研究方法有两类：一是正在发生的语言变化，即语言变异，一般通过老、中、青三代人的语言使用特点来分析；二是体现个体成长变化的“年龄级差”变异①。本研究关注的是前者，即“进行中的变化”。

（2）性别。男女两性由于思维方式、社会期望、兴趣等不同，其语言使用也存在差异，拉波夫（1994）提出女性一般处于语言变化的领先地位。“社会的言语形式向全国的标准靠拢，是由青年特别是中层阶级的中年妇女带头的”②。米尔罗伊夫妇也曾指出：性别差异在解释社会语言学变异的时候常常处在先于社会阶层因素对语言变异产生作用。③ 文白异读正是当地土语与权威方言之间的竞争的形式之一，性别因素是如何影响语言变项的使用，这是本研究关注的方面之一。

（3）文化程度和职业。文化程度和职业这两个因素往往相辅相成。一般而言，文化程度越高，受普通话影响越大。另一方面，像公务员、教师等对普通话有明确要求的职业，也需要具备较高的文化水平。在下文的分析过程中，笔者也将二者联系起来。

---

① 徐大明（2006）：年龄级差是在特定的不同的年龄阶段，一般都会出现的一种现象。这种随着特定年龄而出现，又随特定年龄而消失的语言变异，在一定的历史时期内是比较稳定的。不同时代的人，几乎都重复同样的变异。如一两岁的幼童，常常把语言中双音节的词，发成单音节词的重复。如“帽子”说成“帽帽”，“袜子”说成“袜袜”等。过了四五岁之后，这种被称为“儿语”的现象就消失了。我们不能把这种变异看成是进行中的变化的反映。

② ［英］彼得·特鲁杰：《性别、潜在声望和诺里奇市英国英语的变化》，见祝畹瑾：《社会语言学译文集》，168页，北京，北京大学出版社，1985。

③ Milroy J. and Milroy L：Mechanisms of Change in Urban Dialects：the Role of Class，Social Network and Gender，Internaional Journal of Applied Linguistics，1993（1）：pp. 57~58.

（4）外出经历。外出就意味着被试要接触不同的方言或语言，必然会干扰被试原语言系统的语音、词汇、语法等，而这种影响又是在不经意间发生，说话者可能都意识不到，但是却会影响语言变项的使用和发展。

第二节　变异的语言分布

本节主要从共时层面入手，结合柳林话文白异读变异专项调查数据，分析柳林话文白异读变异的语言分布情况，以观察文白竞争的起变原因、变异类型、变异特征、发展规律及各变异项之间的关联。

一、变异总体情况

（一）被试的主观判断

多数被试在接受调查时会主动有意识地把同时有一读以上的词分为以下几种相对应的情况：（1）过去的说法/现在的说法，如050号被试（女，21岁，学生）在念“迟到”一词时说：高中前在本村读书，念的是tshεi^{33}，上高中后到现在说的是tshʅ^{33}。（2）父辈的说法/自己的说法，如004号被试（女，27岁，教师）在调查过程中指出：足tɕyəʔ^{21}意、供tɕyəŋ^{35}管、仇sɤ^{33}了、荣yəŋ^{33}誉、世sεi^{51}上、采购ŋɤ^{51}、个kɔ^{51}数等是父辈的读法，自己不用，读的是另外的音。（3）口头的说法/书面的说法，如016号被试（男，22岁，快递员）说，如果口头说“耳坠tɕy^{51}”，他知道是什么意思，但是把这两个字写出来让他读，他猜测可能是“耳垂”的另一种说法，字与音联系不起来；还有“联luo^{33}校”，口头说的话，他就知道是镇上的总校，统管镇上各小学的工作，但是看到这两个字，他只会读为“联 liɛ^{33}校”。（4）平时的说法/上课的说法，如052号被试（女，23岁，小学教师）说“集”平时都说 tɕiəʔ^{21}，而初中上学时，数学老师讲概念“集合”“子集”读作 tɕi^{35}，所以她在讲解数学题时仍用 tɕi^{35}。笔者在调查前将“过去的说法”“父辈的说法”“口头的说法”“平时的说法”统称为白读音，相应的“现在的说法”“自己的说法”“书面的说法”“上课的说法”统称为文读音。

我们进一步考察各调查词之间的关系，还会发现某一类字词还有一些处于中间状态的读音。从调查词内部来看，如“闪”，笔者认为白读音为 sɛi^{214}（打闪$_{打雷}$），文读音为 sæ^{214}（闪亮），那么 sɤ^{214}（闪了一下）就可以说是一个处于过渡状态的音。从各调查词与普通话的对应关系来看，如 æ，前文在分析文白读音系时指出它是文读音系的一员，又是白读音系的一员，但是它在文白读音系中的分布并不对等。如“安碾联恋然闪”在普通话中主元音均为 æ，而在柳林话中表现各异，有 iɛ、ɤ、ɛi、uæ、uo 等五种语音形式。

（二）变项及变式的特点

笔者尝试从整体音节和音节构成两个层面分析文白异读各变项的具体情况。

1. 整体音节层面

整体音节层面的文白异读很容易被察觉，就连被试自己也会很轻易地指出某个字有不同的读音，同时也可以联系年龄、语体、使用场合等将其简单分类。这里依据语音演变的规律来分析。

从汉语方言的演变历史来看，向民族共同语靠拢是普遍的规律。进入21世纪以来，“各地方言的自创性演变（自我演变）逐渐停止下来，而改以普通话或强势方言为方向的演变”①。另据笔者对柳林话使用现状及态度的调查情况来看，柳林话的演变方向是向普通话靠拢。这样，可将 45 个语言变项按照其向普通话靠拢的发展进程做以下分析。

表 4-4 语言变项向普通话靠拢的分析比较表

变项		白读	文读	普通话	变项		白读	文读	普通话
1	白	phiəʔ^{21}	pɛi^{35}	pai^{35}	24	联	luo^{33}、luæ^{33}、liɛ^{33}	liæ^{35}	lian^{35}
2	爬	pa^{35}	pha^{33}	pha^{35}	25	恋	liɛ^{51}、luo^{33}	liæ^{51}	lian^{51}
3	触	ʦuəʔ^{21}、ʦhuəʔ^{21}	ʦhu^{51}	tʂ hu^{51}	26	闪	sɤ^{214}、sɛi^{214}	sæ^{214}	ʂan^{214}
4	硬	nia^{51}、niŋ^{51}	iəŋ^{51}	iŋ^{51}	27	然	z ɤ^{33}、zɛi^{33}	zæ^{33}	ʐan^{35}
5	安	ŋiɛ^{35}、ŋæ^{35}	æ^{33}	an^{55}	28	末	məʔ^{21}、ma^{33}	muo^{51}	mo^{51}
6	夏	xa^{51}	ɕia^{31}	ɕia^{51}	29	协	ɕiaʔ^{21}、ɕiəʔ^{21}	ɕiɛ^{33}	ɕie^{35}
7	巷	xɔ^{51}	ɕiɔ^{51}	ɕiaŋ^{51}	30	写	ɕia^{214}	ɕiɛ^{214}	ɕie^{214}
8	孩	ɕi^{51}	xɛi^{33}	xai^{35}	31	舍	sa^{214}	sə^{214}	ʂə^{214}
9	横	ɕya^{33}	xəŋ^{33}	xəŋ^{51}	32	个	kuəʔ^{21}、kɔ^{51}	kə^{51}	kə^{51}
10	足	ʨyəʔ^{21}、ʦuəʔ^{21}	ʦu^{35}	ʦu^{35}	33	左	ʦɔ^{51}	ʦuo^{214}	ʦuo^{214}
11	供	ʨyəŋ^{35}	kuəŋ^{35}	kuəŋ^{33}	34	落	laʔ^{21}	luo^{51}	luo^{51}

① 曹志耘：《汉语方言：一体化还是多样性》，载《语言教学与研究》，2006（1），1~2 页。

续表

变项		白读	文读	普通话	变项		白读	文读	普通话
12	仇	tshɤ^{33}、sɤ^{33}	tshou^{33}	tʂhou^{35}	35	约	iaʔ^{21}、iou^{35}	yɛ^{33}	ye^{33}
13	碾	zɤ^{214}、zɛi^{214}、niɛ^{214}	niæ^{214}	nian^{214}	36	匠	tsɔ^{51}	tɕiɔ^{51}	tɕiaŋ^{51}
14	肥	ɕi^{33}、xuɛi^{33}	fɛi^{33}	fei^{35}	37	桑	suo^{35}	sɔ^{35}	saŋ^{33}
15	蚊	məŋ^{214}	uəŋ^{33}	uəŋ^{35}	38	学	ɕyəʔ^{21}、ɕiou^{33}、ɕiɛ^{214}	ɕye^{35}	ɕye^{35}
16	尾	i^{214}	uɛi^{214}	uei^{214}	39	寻	səŋ^{33}	ɕyəŋ^{33}	ɕyəŋ^{35}
17	荣	yəŋ^{33}	zuəŋ^{33}	ʐuəŋ^{35}	40	集	tɕiəʔ^{21}、tɕhiəʔ^{21}	tɕi^{35}	tɕi^{35}
18	岁	ɕy^{51}、tsuɛi^{51}	suɛi^{51}	suei^{51}	41	棚	phia^{33}	phəŋ^{35}	phəŋ^{35}
19	坠	tɕy^{51}	tsuɛi^{51}	tʂuei^{51}	42	正	tsɛi^{51}	tsəŋ^{51}	tʂəŋ^{51}
20	迟	tshɛi^{33}	tshɿ^{33}	tʂhʅ^{35}	43	生	saʔ^{21}、sa^{35}	səŋ^{35}	ʂəŋ^{33}
21	世	sɛi^{51}	sɿ^{51}	ʂʅ^{51}	44	宿	ɕyəʔ^{21}、suəʔ	su^{51}	su^{51}
22	购	ŋɤ^{51}	kou^{51}	kou^{51}	45	刮	kuaʔ^{21}	kua^{35}	kua^{33}
23	堡	phu^{214}、pu^{214}	pou^{214}	pau^{214}					

通过对比分析发现：①柳林话文读音与普通话一致的字有“硬夏横足购个左落集棚宿”11 个，占比 24.44%；②柳林话文读音没有舌尖后音 ts、tʂ、ʂ、ʐ，以及与其搭配的舌尖音 ʅ，从调查语言变项的 45 个字中，涉及该类特征的就有“触仇荣坠迟世闪然舍正生”11 个，占比 24.4%；③柳林话文读音没有前鼻音韵尾 n，涉及

该类特征的就有“安碾联恋闪然”6个，占比13.33%；④柳林话文读系统中后鼻音韵尾ŋ只出现在əŋ、iəŋ、uəŋ、yəŋ中，而普通话的aŋ、iaŋ、uaŋ在柳林话中读为ɔ、iɔ、uɔ，后鼻音尾脱落，涉及该类特征的有“巷匠桑”3个，占比6.7%；⑤柳林话文读音中主要元音舌位比普通话低的有“ε-e：肥尾岁坠协写约学”8个，占比17.8%；⑥柳林话文读音中主要元音舌位比普通话高的有“ε-a：白孩”2个，占比4.44%；⑦柳林话文读音中主要元音舌位比普通话靠后的有“o-a：堡”1个，占比2.22%；⑧阴平调柳林话文读为升调型，普通话为平调型的有“供桑生刮”4个，占比8.9%；⑨阳平调柳林话文读为平调型，普通话读为升调型的有“爬孩仇肥蚊荣迟然协寻”10个，占比22.22%。

以上数据，一方面说明柳林话文读音与普通话存在较大的差别，另一方面，我们也可以透过柳林话白读音、文读音观察其向普通话语音靠拢的过程及其发展规律。如“硬 nia^{51}→niəŋ^{51}→iəŋ^{51}”和“蚊 məŋ^{214}→uəŋ^{33}”，靠拢的过程为：保留中古的鼻音声母→鼻音声母消失→增加介音或调整韵母成分使之与普通话相同或相近。又如“联 luo^{33}、luæ^{33}、liε^{33}、liæ^{35}”主要是通过调整介音向普通话靠拢。当然，文读音与白读音并不是演变的关系，我们只是从整体音节层面观察其向普通话靠拢的过程及一般规律。

2. 音类层面

依据整体音节层面的变式类型，可以从以下五个方面来具体分析声韵调变项中的不同变式类型。

（1）韵母：如“尾”uεi^{214}（文读）、i^{214}（白读），从韵母看，uεi为文读，i为白读。“迟”tshɿ^{33}（文读）、tshεi^{33}（白读），从韵母看，ɿ为文读，εi为白读。

（2）声母、韵母：如“巷”ɕiɔ^{51}（文读）、xɔ^{51}（白读），从声

母看，ɕ 为文读，x 为白读；从韵母看，iɔ 为文读，ɔ 为白读。“寻” ɕyəŋ^{33}（文读）、səŋ^{33}（白读），从声母看，ɕ 为文读，s 为白读；从韵母看，yəŋ 为文读，əŋ 为白读。

（3）声母、声调：如“爬” pha^{33}（文读）、pa^{35}（白读），从声母看，ph 为文读，p 为白读；从声调看，33 为文读，35 为白读。

（4）韵母、声调：如“联” liæ^{35}（文读），luo^{33}、luæ^{33}、liɛ^{33}（白读），从韵母看，iæ 为文读，uo、uæ、iɛ 为白读；从声调看，35 为文读，33 为白读；“末” muo^{51}（文读），məʔ^{21}、ma^{33}（白读），从韵母看，uo 为文读，əʔ、a 为白读；从声调看，51 为文读，ʔ^{21}、33 为白读。

（5）声韵调：如“蚊” øuəŋ^{33}（文读）、məŋ^{214}（白读），从声母看，ø 为文读，m 为白读；从韵母看，uəŋ 为文读，əŋ 为白读；从声调看，33 为文读，214 为白读。“集” tɕi^{35}（文读），tɕhiəʔ^{21}、tɕhiəʔ^{21}（白读），从声母看，tɕ 为文读，tɕh 为白读；从韵母看，i 为文读，iəʔ 为白读；从声调看，35 为文读，ʔ^{21} 为白读。

综合以上对声韵调各变项及变式所作的分析，可将 45 个文白异读专项调查字的变项认定为：声母变项 15 组、韵母变项 34 组，声调变项 13 组，具体情况见表 4–5、4–6、4–7。

表 4–5 柳林话文白异读专项调查声母变项及变式分析表

<table>
<tr><th rowspan="2">序号</th><th rowspan="2">声母变项</th><th rowspan="2">中古音韵</th><th colspan="2">声母变式</th><th rowspan="2">调查字</th></tr>
<tr><th>文读</th><th>白读</th></tr>
<tr><td rowspan="2">1</td><td rowspan="2">送气/不送气</td><td>全浊仄声、全清非入声</td><td>不送气</td><td>送气</td><td>白集堡</td></tr>
<tr><td>全浊平声、次清入声</td><td>送气</td><td>不送气</td><td>爬触</td></tr>
<tr><td>2</td><td>ø/ ŋ、m、n</td><td>疑影微母</td><td>ø</td><td>ŋ、m、n</td><td>安蚊硬</td></tr>
<tr><td>3</td><td>ɕ/x</td><td>匣母开口二三等字</td><td>ɕ</td><td>x</td><td>夏巷</td></tr>
</table>

续表

序号	声母变项	中古音韵	声母变式		调查字
			文读	白读	
4	x/ɕ	匣母开口一等、合口二等字	x	ɕ	孩横
5	ts/tɕ	知组字	ts	tɕ	坠
		精组字			足
6	s/ɕ、ts①		s	ɕ、ts	岁宿
7	tɕ/ts		tɕ	ts	匠
8	ɕ/s		ɕ	s	寻
9	k/tɕ	见组字	k	tɕ	供
10	k/ ŋ		k	ŋ	购
11	tsh/s	禅母尤韵	tsh	s	仇
12	n/z	泥母字	n	z	碾
13	f/ɕ、x	非敷奉母字	f	ɕ、x	肥
14	ø（j）/ø（w）	微母字	ø	ø	尾
15	z/ø	喻母字	z	ø	荣

① “岁”白读 ts 只限于“百岁$_{百天}$”一词，且多与动词“过”连用。从专项问卷统计数据来看，青年组（N=29）只有 4 人使用，中年组（N=34）有 33 人使用，老年组（N=29）有 29 人使用。

表 4-6　柳林话文白异读专项调查韵母变项及变式分析表

序号	韵母变项	中古音韵	韵母变式		调查字
			文读	白读	
1	i/iəʔ	深摄开三入声字	i	iəʔ	集
2	ʅ/ɛi	止蟹摄开口三等字	ʅ	ɛi	迟世
3	ə/ aʔ、a	假开三等主要元音央化	ə	aʔ、a	舍
4	ə/uəʔ、ɔ	果摄歌韵字		uəʔ、ɔ	个
5	u/yəʔ、uəʔ	通摄入声韵	u	yəʔ、uəʔ	足宿触
6	æ/iɛ、æ	山摄开口一等寒韵字	æ	iɛ、æ	安
7	æ/ɤ、ɛi	咸山摄知系开口三等字		ɤ、ɛi	闪然
8	ai/i	蟹摄咍韵字	ai	i	孩
9	ɛi/uɛi、i	止摄微韵字	ɛi	uɛi、i	肥
10	ia/a	假摄开口匣母字	ia	a	夏
11	iɛ/iaʔ、iəʔ	咸摄入声韵	iɛ	iaʔ、iəʔ	协
12	iɛ/ia	假开三等主要元音高化		ia	写
13	iæ/iɛ、uæ、uo	山摄非知系字	iæ	iɛ、uæ、uo	联恋
14	iæ/iɛ、ɤ、ɛi	山摄泥母字		iɛ、ɤ、ɛi	碾
15	iɔ/ɔ	宕江摄开口三等字	iɔ	ɔ	巷匠
16	ou/ɤ	流摄开口一三等字	ou	ɤ	仇购
17	ou/u	效摄开口一等字		u	堡
18	ua/uaʔ	山摄合口见系字	ua	uaʔ	刮

续表

序号	韵母变项	中古音韵	韵母变式		调查字
			文读	白读	
19	uo/aʔ、a	山摄入声韵	uo	aʔ、a	末
20	uo/ɔ	果摄歌韵字		ɔ	左
21	uo/aʔ	宕摄铎韵字		aʔ	落
22	yɛ/ iaʔ、iou	宕摄药韵字	yɛ	iaʔ、iou	约
23	yɛ/yəʔ、iou、iɛ	江摄觉韵字		yəʔ、iou、iɛ	学
24	uɛi/y	止蟹摄合口三等字	uɛi	y	岁坠
25	uɛi/i	止摄合口三等微母字		i	尾
26	ɔŋ/uo	宕开一等字	ɔ	uo	桑
27	əŋ/ɛi	曾梗开三四等字	əŋ	ɛi	正
28	əŋ/aʔ、a	曾梗入声韵		aʔ、a	生
29	əŋ/ya	梗摄合口二等匣母字		yɑ	横
30	əŋ/ia	梗摄开口二等字			
31	iəŋ/iəŋ、ia	梗摄开口二等疑母字	iəŋ	iəŋ、ia	硬
32	uəŋ/yəŋ	臻梗通合口字	uəŋ	yəŋ	供荣
33	uəŋ/əŋ	臻摄合口三等微母字		əŋ	蚊
34	yəŋ/əŋ	深摄开三平声字	yəŋ		寻

表 4-7　柳林话文白异读专项调查声调变项及变式分析表

序号	声调变项	中古声调	韵母变式		调查字
			文读	白读	
1	33/35	平声		35	爬安
2	33/51	平声		51	孩
3	33/214	平声	33	214	蚊
4	33/$ʔ^{21}$	入声		$ʔ^{21}$	协
5	33/$ʔ^{213}$、35	入声		$ʔ^{213}$、35	约
6	35/33	平声		33	联棚
7	35/$ʔ^{21}$	入声/平声		$ʔ^{21}$	足集刮
8	35/$ʔ^{21}$、35	平声	35	$ʔ^{21}$、35	生
9	35/$ʔ^{21}$、33、214	入声		$ʔ^{21}$、33、214	学
10	51/33	去声		33	恋
11	51/$ʔ^{21}$、33	入声	51	$ʔ^{21}$、33	末落宿
12	51/$ʔ^{21}$、51	去声		$ʔ^{21}$、51	个
13	214/51	上声	214	51	左

二、变异情况分类

专项调查涉及文白异读字 45 个，其所在的语词 162 组，有些文白异读字一个文读音对应一个白读音，有些异读字一个文读音对应两个或两个以上的白读音。笔者依据白读音的数量将变异情况分为一文一白、一文两白和一文多白三类，其中一文一白异读字 20 个，一文两白异读字 21 个，一文多白异读字 4 个。在设置语词环境时，综合考虑文读词与白读词比例，以保证调查数据的合理性。

（一）一文一白

表 4-8　柳林话“一文一白”异读字及语词环境情况表

序号	调查字	语词环境	文白读音
1	白	白菜/白富美/白眼狼/白生生/白脸奸臣	$p\varepsilon i^{35}/phi\partial ʔ^{21}$
2	爬	爬山/爬坡/爬墙溜瓦/爬明不早/爬起失坐	pha^{33}/pa^{35}
3	夏	夏天/立夏/夏晌天	$\text{ɕ}ia^{51}/xa^{51}$
4	巷	巷子/柳巷/圪巷巷	$\text{ɕ}i\text{ɔ}^{51}/x\text{ɔ}^{33}$
5	孩	孩子/男孩/孩每孩子们	$x\varepsilon i^{33}/\text{ɕ}i^{51}$
6	横	横行霸道/霸横霸道/横懒十字	$x\text{əŋ}^{51}/\text{ɕ}ya^{33}$
7	供	口供/供销社/供不起/供管	$ku\text{əŋ}^{35}/\text{tɕ}y\text{əŋ}^{35}$
8	尾	尾巴/尾气/追尾	$u\varepsilon i^{214}/i^{214}$
9	蚊	蚊帐/蚊子/蝇蚊圪蚤	$u\text{əŋ}^{33}/m\text{əŋ}^{214}$
10	荣	荣华富贵/光荣/荣誉	$zu\text{əŋ}^{33}/y\text{əŋ}^{33}$
11	坠	坠落/坠毁/脸坠下吃胖了/耳坠	$\text{ʦ}u\varepsilon i^{51}/\text{tɕ}y^{51}$
12	迟	尉迟恭/迟早/迟到	$\text{ʦ}h\text{ʅ}^{33}/\text{ʦ}h\varepsilon i^{33}$
13	世	世人/世界/世上	$s\text{ʅ}^{51}/s\varepsilon i^{51}$
14	写	书写/写字/写作业/写下	$\text{ɕ}i\varepsilon^{214}/\text{ɕ}ia^{214}$
15	左	左派/左右/左手/左刮子左撇子	$\text{ʦ}uo^{214}/\text{ʦɔ}^{51}$
16	匠	匠人/木匠/泥匠泥瓦匠	$\text{tɕ}i\text{ɔ}^{51}/\text{ʦɔ}^{51}$
17	桑	沧海桑田/沧桑/桑叶	$s\text{ɔ}^{35}/suo^{35}$
18	棚	车棚/雨棚/搭棚棚/猴棚棚小棚子	$ph\text{əŋ}^{35}/phia^{33}$
19	正	正直/真正/正月/翻正正反	$\text{ʦəŋ}^{51}/\text{ʦ}\varepsilon i^{51}$
20	刮	刮胡子/刮风/刮嗒出门(串门)	$kuaʔ^{21}/kua^{35}$

“白生生、爬墙溜瓦、爬明不早、爬起失坐、夏晌天、圪巷巷、孩每孩子们、霸横霸道、横懒十字、供不起、供管、蝇蚊圪蚤、脸坠下吃胖了、耳坠、左刮子左撇子、猴棚棚小棚子、翻正正反、刮嗒出门(串门)”等词是方言土词，多数只能白读；“白富美、白脸奸臣、夏天、立夏、柳巷、孩子、男孩、横行霸道、口供、供销社、蚊帐、荣华富贵、坠落、坠毁、尉迟恭、世界、书写、左派、沧海桑田、沧桑、正直、真正”等词是从权威方言或其他方言中借入的词，多数只能文读。其他词一般情况可以文白两读。

（二）一文两白

表 4–9　柳林话“一文两白”异读字及语词环境情况表

序号	调查字	语词环境	文白读音
1	触	触角/接触/触电	ʦhu^{51}/ʦuəʔ^{21}、ʦhuəʔ^{21}
2	硬	硬度/软硬/硬茬茬/硬米	iəŋ^{51}/niəŋ^{51}、nia^{5}
3	安	安全/一路平安/安安然然	æ^{33}/ŋæ^{35}、ŋiɛ^{35}
4	足	举手投足/足球/足意满足	ʦu^{35}/ʦuəʔ^{21}、ʨyəʔ^{21}
5	仇	报仇/仇人/记仇/仇了不和睦	ʦhou^{33}/ʦh ɤ^{33}、s ɤ^{33}
6	肥	肥料/肥猪/肥胖蛋	fɛi^{33}/xuɛi^{33}、ɕi^{33}
7	岁	长命百岁/岁数/几岁/百岁百天	suɛi^{51}/ɕy^{51}、ʦuɛi^{51}
8	堡	城堡/碉堡/堡上地名/吴堡地名	pou^{214}/phu^{214}、pu^{214}
9	购	网购/购物/采购	kou^{51}/k ɤ^{51}、ŋ ɤ^{51}
10	恋	恋恋不舍/依恋/恋爱	liæ^{51}/liɛ^{51}、luo^{33}
11	然	然而/然后/安然/自然	zæ^{33}/z ɤ^{33}、zɛi^{33}
12	闪	闪亮/闪电/打闪打雷/闪了一下	sæ^{214}/s ɤ^{214}、sɛi^{214}

续表

序号	调查字	语词环境	文白读音
13	末	末尾/期末/末 tuəʔ^{21}子$_{末尾}$	muo^{51}/məʔ^{21}、ma^{33}
14	协	协助/协会/协调	ɕiɛ^{33}/ɕiaʔ^{21}、ɕiəʔ^{21}
15	舍	舍命陪君子/舍弃/舍得/宿舍	sə^{214}/ saʔ^{21}、sa^{214}
16	个	几个/个数/个别/个子$_{身高}$	kə^{51}/kuəʔ^{21}、kɔ^{51}
17	约	约会/约好/约定/约摸	yɛ^{33}/iaʔ^{21}、iou^{35}
18	寻	寻找/寻人启事/寻东西	ɕyəŋ^{33}/səŋ^{33}、ɕiəŋ^{33}
19	集	集合/集中/赶集上会	tɕi^{35}/tɕhiəʔ^{21}、tɕiəʔ^{213}
20	生	生日/陌生/生巴巴/过生/生月/辈生$_{好朋友}$	səŋ^{35}/saʔ^{21}、sa^{35}
21	宿	夜宿山寺/住宿/宿舍/隔了一宿$_{住了一晚}$	su^{51}/ɕyəʔ^{21}、suəʔ^{21}

"硬茬茬、硬米、安安然然、足意$_{满足}$、仇了$_{不和睦}$、肥胖蛋、百岁$_{百天}$、安然、打闪$_{打雷}$、末 tuəʔ^{21}子$_{末尾}$、约摸、寻东西、赶集上会、生巴巴、辈生$_{好朋友}$、隔了一宿$_{住了一晚}$"等词是方言土词，多数只能白读；"触角、触电、硬度、一路平安、举手投足、肥料、长命百岁、城堡、恋恋不舍、依恋、然而、然后、闪亮、闪电、末尾、舍命陪君子、舍弃、寻找、生日、夜宿山寺"等词是从权威方言或其他方言中借入的词，多数只能文读。其他词一般情况可以文白两读。

（三）一文多白

表 4-10　柳林话"一文多白"异读字及语词环境情况表

序号	调查字	语词环境	文白读音
1	碾	碾子$_{磨粉的石质工具}$/碾压/碾则山$_{地名}$	niæ^{214}/zɤ^{214}、zɛi^{214}、niɛ^{214}、iɛ^{51}

续表

序号	调查字	语词环境	文白读音
2	联	联系/联校/妇联主任	liæ^{51}/liɛ^{33}、luæ^{33}、luo^{33}
3	落	家道中落/日落/降落伞/落花生	luo^{51}/laʔ^{21}、luəʔ^{21}、la^{214}
4	学	鹦鹉学舌/学校/学霸/学会	ɕyɛ^{35}/ɕyəʔ^{21}、ɕiou^{33}、ɕiɛ^{214}、ɕiəʔ^{21}

“碾子磨粉的石质工具”是本地 20 世纪常用的磨面粉工具，现在有少数人仍在使用，z ɤ^{214}、zɛi^{214}是比较地道的说法；“碾则山地名”是柳林镇的一个村子，本村人读 iɛ^{51}，外村人因各自认读情况而有所不同。“学”位于词尾时多读 ɕiɛ^{214}，如：勤奋好学。

下文在统计 92 位被试的文白异读使用情况时，笔者首先将调查字分为两类：一类是只用文读或白读的，称为“一读”；另一类是既用文读又用白读的，称为“两读”。而白读音有两个或两个以上的，笔者将其统一处理，以方便分析文白异读的整体使用情况。

三、各音类变异的关联

语言表达的经济性、明晰性和区别性会要求调节系统内各音类的布局及分合。可以说，文白异读实际上就是语言发展演变的动力之一。马楠（2011）指出：由于我们观察的是变异，因此不同变式必然共存，因为变化还在进行当中。表面上看，各个变式都是“部分地”存在于相关字词中……目前在普通话的强大影响下，各地域方言语音变异最常见的情形是某音位在某种分布环境中发生变异，而在其他分布环境中不发生变异，发生变异的这类字方言读音和普通话读音常常差别明显。

专项调查的 45 个异读字中，声韵异读使用相关联的是“白堡触硬夏巷横坠岁匠寻供购仇碾肥尾荣”等18个字，声母与声调异读使用关联的只有“爬”字，声母、韵母、声调异读使用关联的是“安孩蚊集足宿”等6个字，韵母和声调异读使用关联的是“协约联恋末个左学落生棚刮”等12个字。“爬”文读声母ph与文读声调33固定搭配，白读声母p与白读声调35固定搭配，这里不做讨论。下面以附录6《文白异读变异调查数据统计表》的数据为基础，分别统计各异读类出现的总数及占比，以观察彼此间的使用关联情况。

（一）声母与韵母异读使用的关联

由于“一文一白”类异读字的文白读声母与韵母是固定拼合的，也就是说声母异读与韵母异读的使用情况是同步的，这里笔者排除了“白夏坠巷横供尾荣匠”等9字外，具体分析其他9个异读字声母与韵母使用的关系。

表4-11　声母与韵母异读使用的关联（N=92）

例字	异读类	文读合计	占比（%）	白读合计	占比（%）
堡	声	348	93.3	25	6.7
	韵	117	31.4	256	68.6
触	声	153	63.0	90	37
	韵	111	45.7	132	54.3
硬	声	125	24.6	384	75.4
	韵	388	76.2	121	23.8
岁	声	191	34.4	364	65.6
	韵	257	46.3	298	53.7

续表

例字	异读类	文读合计	占比（%）	白读合计	占比（%）
寻	声	153	50.7	149	49.3
	韵	145	48.0	157	52
购	声	288	69.1	129	30.9
	韵	84	20.1	333	79.9
仇	声	398	70.8	164	29.2
	韵	102	18.1	460	81.9
碾	声	144	56.9	109	43.1
	韵	30	11.9	223	88.1
肥	声	59	18.3	263	81.7
	韵	59	18.3	263	81.7

数据显示，声母与韵母异读使用的关联有三个特点：①“堡触购仇碾”5个字声母文读占比高于韵母文读占比，且差比较大，最高的是“堡”，差比61.9%，最低的是“触”，差比为17.3%；说明声母与韵母异读使用关联度较低声母文读占优势，韵母则是白读占优势。②“寻肥”2个字声母文读占比基本与韵母文读占比持平，说明二者关联度非常高，几乎同步。③“硬岁”2个字声母文读占比低于韵母文读占比，差比分别为51.6%和11.9%，说明声母与韵母异读使用关联读较低，声母白读占优势，韵母则是文读占优势。

（二）声韵调异读使用的关联

同样，笔者排除了“一文一白”类的“孩蚊”2字，具体分析“安集足宿”4字声韵调异读使用的关系。

表 4-12　声母与韵母异读使用的关联（N=92）

例字	异读类	文读合计	占比（%）	白读合计	占比（%）
安	声	96	22.5	330	77.5
	韵	155	36.4	271	63.6
	调	96	22.5	330	77.5
集	声	262	80.1	65	19.9
	韵	72	22.0	255	78
	调	72	22.0	255	78
足	声	182	58.1	131	41.9
	韵	75	24.0	238	76
	调	75	24.0	238	76
宿	声	155	37.6	257	62.4
	韵	133	32.3	279	67.7
	调	133	32.3	279	67.7

数据显示，“集足宿”韵母与声调异读几乎同步，且声母文读占比均高于韵母和声调，即声母文读占优势，韵母和声调白读占优势；“安”声母与声调异读几乎同步，韵母文读占比高于声母和声调文读占比，说明韵母与声调异读使用的关联度较高，个别字声母与声调异读使用的关联度较高，而第三个音类文读占比均高于同步发展的其他两个音类。

（三）调类与韵母异读使用的关联

同样，笔者排除了“一文一白”类的“左棚刮”3字，具体分析“协约联恋末个学落生”9字调类与韵母异读使用的关系。

表 4-13　调类与韵母异读使用的关联（N=92）

例字	异读类	文读合计	占比（%）	白读合计	占比（%）
协	韵	86	22.3	300	77.7
	调	86	22.3	300	77.7
约	韵	142	29.3	343	70.7
	调	142	29.3	343	70.7
联	韵	72	15.2	403	84.8
	调	72	15.2	403	84.8
恋	韵	77	17.7	358	82.3
	调	370	85.1	65	14.9
末	韵	61	22.0	216	78.0
	调	61	22.0	216	78.0
个	韵	164	32.3	343	67.7
	调	415	81.9	92	18.1
学	韵	107	21.4	394	78.6
	调	107	21.4	394	78.6
落	韵	127	34.0	247	66.0
	调	127	34.0	247	66.0
生	韵	176	32.5	365	67.5
	调	452	83.5	89	16.5

数据显示，“协约联末学落”6个字韵母与声调异读的使用几乎同步，说明二者关联度为100%。“恋个生”韵母异读中，文读占比较低，分别为：17.7%、32.3%和32.5%，声调异读中，文读占比较高，分别为：85.1%、81.9%和83.5%，说明韵母与声调异

读不同步，韵母白读占优势，声调文读占优势。

上述分析了 9 个声母与韵母异读、4 个声韵调异读和 9 个韵母与声调异读使用的关联度，其中“堡触购仇碾”5 字声母与韵母异读使用关联度较低，声母文读占优势，韵母则是白读占优势；“硬岁”2 字声母与韵母异读使用关联度较低，声母白读占优势，韵母则是文读占优势；“寻肥”2 字声母与韵母异读使用关联度非常高，几乎同步。“集足宿协约联末学落”9 字韵母与声调异读的使用几乎同步，关联度高达 100%。“安”声母与声调异读几乎同步。“恋个生”3 字韵母与声调异读不同步，韵母白读占优势，声调文读占优势。总之，柳林话异读类韵母与声调关联度较高，几乎同步；声母与韵母关联度较低，多数声母文读占优势，韵母则是白读占优势，少数声母白读占优势，韵母则是文读占优势，还有少数声母与韵母异读使用同步；如果三个音类同时关联，则第三个音类文读占比高于同步发展的其他两个音类。

四、文白变异的扩散过程

语言的本质属性是社会性，任何一种语言或方言的习得其实都是一种扩散过程，语言变异也不例外，刚开始使用新变式的人较少，中间阶段使用人群逐步增加，进而扩散到群体的绝大部分人，最后变异过程基本完成，只剩下少数人使用旧变式，直至旧变式消失，语言变化完成。笔者将每个语言变项的白读音设为 1，则可统计出文读音与白读音出现数之比。以前文认定的语言变项及变式为参照，统计其文读音与白读音的出现数之比，以考察变异在语词环境中的分布。具体数据详表见附录 6。

（一）声母变项的扩散

为便于统计，笔者只区分文读音和白读音，如语音变项 ø/ŋ、

m、n，其文读音为零声母，白读音有三个 ŋ、m、n，都是鼻音声母，在统计过程中，将多个白读音统一处理，下文的变异统计也不再区分不同的白读音。

表 4-14 声母变项中文读音与白读音的总数比较表（N=92）

声母变项	送气与不送气				ø/ŋ、m、n		ɕ/x		x/ɕ	
声母变式	不送气	送气	送气	不送气	ø	ŋ、m、n	ɕ	x	x	ɕ
调查字	白集堡		爬触		安蚊硬		夏巷		孩横	
出现总数	845	304	476	208	347	852	315	365	340	274
总数之比	2.78∶1		2.29∶1		0.41∶1		0.86∶1		1.24∶1	

声母变项	ts/tɕ			s/ɕ、ts		tɕ/ts		ɕ/s		k/tɕ		k/ŋ
声母变式	ts	tɕ	s	ɕ、ts	tɕ	ts	ɕ	s	k	tɕ	k	ŋ
调查字	坠足			岁宿		匠		寻		供		购
出现总数	433	214	346	621	112	160	153	149	209	148	312	129
总数之比	2.02∶1			0.56∶1		0.7∶1		1.03∶1		1.41∶1		2.42∶1

声母变项	tsh/s		n/z		f/ɕ、x		ø［j］/ø［w］		z/ø	
声母变式	tsh	s	n	z	f	ɕ、x	ø	ø	z	ø
调查字	仇		碾		肥		尾		荣	
出现总数	381	164	144	98	59	263	100	219	165	162
总数之比	2.32∶1		1.47∶1		0.22∶1		0.46∶1		1.02∶1	

从 15 组声母变项中文白竞争过程所呈现的状态来看，其竞争处于不同的阶段：

①白多文少：ø/ŋ、m、n，ɕ/x，s/ɕ、ʦ，ʨ/ʦ，f/ɕ、x，ø（j）/ø（w）等6个变项中白读音出现总数较多，在“f/ɕ、x”变项中发f的青年组41次，中年组8次，老年组10次。

②文白持平：ɕ/s，z/ø这两个变项文白声母出现数大致相当，新式略占优势。

③文多白少：送气与不送气，x/ɕ，ʦ/ʨ，k/ʨ，k/ŋ，ʦh/s，n/z等7个变项中文读出现数多数超过白读两倍以上。

（二）韵母变项的扩散

同样，仍将白读音设为1，比较专项调查中的34组韵母变项的文白读音出现总数，以观察其变异的分布情况。

表4-15 韵母变项中文读音与白读音的总数比较表（N=92）

韵母变项	i/iəʔ		ʅ/ɛi		ə/ aʔ、a		ə/uəʔ、ɔ		u/yəʔ、uəʔ	
韵母变式	i	iəʔ	ʅ	ɛi	ə	a	ə	uəʔ、ɔ	u	yəʔ、uəʔ
调查字	集		迟世		舍		个		足宿触	
出现总数	72	253	293	384	125	268	164	343	319	649
总数之比	0.28：1		0.76：1		0.47：1		0.48：1		0.49：1	

韵母变项	æ/ iɛ		æ/ɤ、ɛi		ai/ i		ɛi/ uɛi、i		ia/ a	
韵母变式	æ	iɛ	æ	ɤ、ɛi	ai	i	ɛi	uɛi、i	ia	a
调查字	安		闪然		孩		肥		夏	
出现总数	155	271	423	339	175	95	59	263	196	196
总数之比	0.57：1		1.25：1		1.84：1		0.22：1		1：1	

韵母变项	iɛ/iaʔ、iəʔ		iɛ/ia		iæ/iɛ、uæ、uo		iæ/iɛ、ɤ、ɛi		iɔ/ɔ	
韵母变式	iɛ	iaʔ、iəʔ	iɛ	ia	iæ	iɛ、uæ、uo	iæ	iɛ、ɤ、ɛi	iɔ	ɔ
调查字	协		写		联恋		碾		巷匠	
出现总数	86	213	207	266	149	612	30	223	231	300
总数之比	0. 4 : 1		0. 78 : 1		0. 24 : 1		0. 13 : 1		0. 77 : 1	

韵母变项	ou/ɤ		ou/u		ua/uaʔ		uo/aʔ、a		uo/ɔ		uo/aʔ	
韵母变式	ou	ɤ	ou	u	ua	uaʔ	uo	aʔ、a	uo	ɔ	uo	aʔ
调查字	仇购		堡		刮		末		左		落	
出现总数	186	629	117	256	79	212	61	226	266	169	127	247
总数之比	0. 30 : 1		0. 46 : 1		0. 37 : 1		0. 27 : 1		1. 57 : 1		0. 51 : 1	

韵母变项	yɛ/iaʔ、iou		yɛ/yəʔ、iou、iɛ		uɛi/y		uɛi/i		ɔ/uo	
韵母变式	yɛ	iaʔ、iou	yɛ	yəʔ、iou、iɛ	uɛi	y	uɛi	i	ɔ	uo
调查字	约		学		岁坠		尾		桑	
出现总数	142	343	107	394	508	381	219	100	248	26
总数之比	0. 41 : 1		0. 27 : 1		1. 33 : 1		2. 19 : 1		9. 54 : 1	

韵母变项	əŋ/ɛi		əŋ/aʔ、a		əŋ/ya		əŋ/ia		iəŋ/ia	
韵母变式	əŋ	ɛi	əŋ	aʔ、a	əŋ	ya	əŋ	ia	iəŋ	ia
调查字	正		生		横		棚		硬	
出现总数	211	180	176	365	165	179	232	159	388	121
总数之比	1. 17 : 1		0. 48 : 1		0. 92 : 1		1. 46 : 1		3. 21 : 1	

韵母变项	uəŋ/yəŋ		uəŋ/əŋ		yəŋ/əŋ	
韵母变式	uəŋ	yəŋ	uəŋ	əŋ	yəŋ	əŋ
调查字	供荣		蚊		寻	
出现总数	374	310	126	167	145	157
总数之比	1.21 : 1		0.75 : 1		0.92 : 1	

从34组韵母变项中文白竞争过程所呈现的状态来看，其竞争处于不同的阶段：

①白多文少：i/iəʔ，ʅ/ɛi，ə/aʔ、a，ə/uəʔ、ɔ，u/yəʔ、uəʔ，æ/ iɛ，ɛi/ uɛi、i，iɛ/iaʔ、iəʔ，iɛ/ia，iæ/iɛ、uæ、uo，iæ/iɛ、ɤ、ɛi，iɔ/ɔ，ou/ɤ，ou/u，ua/uaʔ，uo/aʔ、a，uo/aʔ，yɛ/iaʔ、iou，yɛ/yəʔ、iou、iɛ，əŋ/aʔ、a，uəŋ/əŋ 等21组韵母变项文读音出现数较小。

②文白持平：æ/ɤ、ɛi，ia/a，əŋ/ɛi，əŋ/ya，uəŋ/yəŋ，yəŋ/əŋ 等6组韵母变项文白读音出现数大致相当。

③文多白少：ai/ i，uo/ɔ，uɛi/y，uɛi/i，ɔ/uo，əŋ/ia，iəŋ/ia 等7组韵母变项文读音出现数是白读音的1.3倍以上。尤其“ɔŋ/uo”只有极少数老年组被试在“桑叶”一词中偶尔使用白读音。“iəŋ/ia”组只有老年组被试说“硬米”时用白读音，这两组变项可以说已在不同年龄段基本完成了变式之间的替换。

（三）声调变项的扩散

按照同样的方法，笔者将声调变项的文白读音出现数做如下比较：

表 4-16　声调变项中文读音与白读音的总数比较表（N=92）

声调变项	33/35		33/51		33/214		33/ʔ^{21}		33/ʔ^{213}、35	
声调变式	33	35	33	51	33	214	33	ʔ^{21}	33	ʔ^{213}、35
调查字	爬安		孩		蚊		协		约	
出现总数	419	448	175	95	126	167	86	213	142	343
总数之比	0.94：1		1.84：1		0.75：1		0.4：1		0.41：1	

声调变项	35/33		35/ʔ^{21}		35/ʔ^{21}、35		35/ʔ^{21}、33、214		51/33	
声调变式	35	33	35	ʔ^{21}	35	ʔ^{21}、35	35	ʔ^{21}、33、214	51	33
调查字	联棚		足集刮		生		学		恋	
出现总数	304	490	438	645	176	365	107	203	77	281
总数之比	0.62：1		0.68：1		0.48：1		0.53：1		0.27：1	

声调变项	51/ʔ^{21}、33		51/ʔ^{21}		214/51	
声调变式	51	ʔ^{21}、33	51	ʔ^{21}	214	51
调查字	末落宿		个		左	
出现总数	321	752	415	92	266	113
总数之比	0.43：1		4.51：1		2.35：1	

从 13 组声调变项中文白竞争过程所呈现的状态来看，其竞争处于不同的阶段：

①白多文少：33/214，33/ʔ^{21}，33/ʔ^{213}、35，35/33，35/ʔ^{21}，35/ʔ^{21}、35，35/ʔ^{21}、33、214，51/33，51/ʔ^{21}、33 等 9 组声调变项文读音出现数较少。

②文白持平：仅有 33/35 一组变项文白读音出现数大致相当。

③文多白少：33/51，51/ʔ^{21}，214/51 等 3 组声调变项文读出

现数是白读的近两倍及以上。

总体来看，柳林话声母、韵母、声调变项文白竞争中，多数白读音处于强势，白多文少的变项最多，文多白少的变项次之，文白相持的变项最少。

第三节　变异的社会分布

社会语言学认为，变异的产生主要有两方面的影响因素：一是语言结构系统内部因素；二是与地域、说话人的社会身份、语言使用场合等相关的外部因素，所以语音变异可能会因说话人的年龄、性别、文化程度和外出经历的不同而采用不同的变式，呈现出不同的社会分布。本节笔者先逐一分析文白异读语言变项与年龄、性别、文化程度和外出经历等社会变项的相关性，然后将年龄与各社会变项相关联，做二次数据分析，进一步探究年龄与各社会变项对语言变项使用的影响。

一、年　龄

当语言变异标示某一变化时，最直接的社会因素就是年龄。我们也可以很明显地感受到不同年龄的人说话存在着差异。这一年龄差异可以反映语言的历时变化。鉴于此，笔者统计了各年龄组文白异读的识读情况，观察语音变异在年龄上的分布情况，以分析年龄与语音变异之间的相关性。

92 位调查对象老中青占比分别为 31.5%、37.0%、31.5%，年龄比例均衡。

表 4-17　异读的年龄分布（N=92）

年龄	老年组（N=29）			中年组（N=34）			青年组（N=29）		
读音	两读	文读	白读	两读	文读	白读	两读	文读	白读
使用总数	611	27	667	991	34	505	1043	149	113
占比（%）	46.8	2.1	51.1	64.8	2.2	33.0	79.9	11.4	8.7

老年组只用白读的比例最高，超过半数，只用文读的比例最低，仅为2.1%；中青年组使用文白两读的比例最高，均超过半数，中年组只用文读的比例最低，仅为2.2%，与老年组的文读比例大致相当；青年组只用白读的比例最低，仅为8.7%，远远低于中老年组只用白读的比例。我们可以将三组年龄与异读的比例从高到低排序：①老年组：白读>两读>文读；中年组：两读>白读>文读；青年组：两读>文读>白读；②两读、文读：青年组>中年组>老年组；白读：老年组>中年组>青年组。

可见，柳林话文白异读的使用呈现出明显的代际差异，各年龄段多数人均使用文白两读，青年组比例最高，中年组次之，老年组最低。老年组只用白读的比例最高，只用文读的比例最低；青年组只用文读的比例最高，只用白读的比例最低；中年组介于二者之间。可以说，年长者更倾向于使用白读，年轻者更倾向于使用两读或只用文读。异读的年龄分布可概括为以下三个特点：

1. 中青年是两读的主要群体

46.8%的老年人、64.8%的中年人和79.9%青年人使用文白两读，说明在多数被试，尤其是中青年人的话语系统中，文白读音仍处于并存共用的竞争阶段，相比之下，青年组比中年组高出15.1%，说明文白读音在青年人的话语系统中更加活跃。

2. 老年人是白读的坚守者

在民族共同语和操其他方言人群的影响下，老年人已开始接受并使用文读音，但是仍有51.1%的老年人只用白读音，坚守本地方言白读音系，这一力量远高于中年组的33.0%和青年组的8.7%。

3. 青年人是文读的引介者

受学校教育和外出经历的影响，青年人逐步接受并将文读音引入本地方言系统，11.4%的青年人只用文读音，远高于中年组的2.2%和老年组的2.1%。

可以说，年龄是影响柳林话文白异读变异的重要因素，它同时与性别、文化程度和外出经历等社会因素交互作用，下文将进一步分析年龄与其他社会因素的交互作用。

二、性　别

Labov（2001：271-292）指出：男性和女性在变式选择上有时会有规律性的差异，女性较之男性，更频繁地使用有威信形式或革新形式，容易成为变异的领导者，即社会语言学中的性别模式。

92位调查对象男女占比为47.8%和52.2%，性别比例均衡。

表4-18　异读的性别分布（N=92）

性别	男性（N=44）			女性（N-48）		
读音	两读	文读	白读	两读	文读	白读
使用总数	1207	105	668	1429	111	617
占比（%）	61.0	5.3	33.7	66.2	5.1	28.6

数据显示，男性和女性同时使用文白读音的比例较大，均超过半数，且女性略高于男性，差比为5.2%。男性和女性只使用文读的比例较小，且大致相当，差比仅为0.2%。男性只使用白读的比

例高于女性，差比为5.1%。将不同性别的异读占比从高到低排序：①男性、女性：两读>白读>文读。②两读：女性>男性；文读、白读：男性>女性。

可见，柳林话文白异读的使用的性别差异较小，不同性别的被试多数情况下使用两读，其次是只用白读，只用文读的情况较少。使用文白两读的女性比例要高于男性，只用文读的性别差异不明显，只用白读的男性比例高于女性。这一现象符合社会语言学关于男性发音更加保守的认知。但随着社会的发展，女性的社会参与度和声望将有较大提升，所以，文白异读使用的性别差异不太明显。

三、文化程度

笔者将92位调查对象的文化程度分为以下四类：小学及以下(20人)、初中（33人)、高中（19人)、大专及以上（20人)，占比分别为20.7%、35.9%、20.7%、21.7%，比例较均衡。

表4-19　异读的文化程度分布（N=92)

文化程度	小学及以下(N=20)			初中(N=33)			高中(N=19)			大专及以上(N=20)		
读音	两读	文读	白读	两读	文读	白读	两读	文读	白读	两读	文读	白读
总数	380	20	508	907	53	525	575	48	232	773	112	15
占比(%)	41.9	2.2	55.9	61.1	3.5	35.4	67.3	5.6	27.1	85.9	12.4	1.7

数据显示，所有调查对象同时使用文白两读的比例都比较大，尤其是初中组、高中组和大专及以上组，占比都超过了半数，或者说，被试使用两读的比例随着文化程度的提高逐渐增大，小学及以下组占比41.9%，而大专及以上组占比高达85.9%，差比为

44.0%。只使用文读的比例也是随着文化程度的提高逐渐增大，小学及以下组为2.2%，大专及以上组为12.4%，差比为10.2%，增幅没有使用文白两读的大，但总体上还是呈稳步增长态势。相反，只使用白读的比例却是随着文化程度的提高不断减少，小学及以上组为55.9%，大专及以上组为1.7%，差比为44.2%。笔者将不同文化程度被试的异读占比从高到低排序：①小学及以下组：白读>两读>文读；初中组、高中组：两读>白读>文读；大专及以上组：两读>文读>白读；②两读、文读：大专及以上组>高中组>初中组>小学及以下组；白读：小学及以下组>初中组>高中组>大专及以上组。

可见，文白异读的使用呈现出明显的文化程度差异。使用文白两读和只用文读的比例均随着文化程度的提高而提高，而只用白读的比例却是随着文化程度的提高而减少。

四、外出经历

92位调查对象中，在外地待过一年及以上的有37人，未在外地待过一年及以上的55人，占比分别为40.2%和59.8%，比例较均衡。

表4-20　异读的外出经历分布（N=92）

经历	有外出（N=37）			无外出（N=55）		
读音	两读	文读	白读	两读	文读	白读
总数	1258	91	324	1406	55	1015
占比（%）	75.2	5.4	19.4	56.8	2.2	41

数据显示，不同外出经历的被试，其使用文白两读的比例都较高，均超过半数，有外出经历的为75.2%，无外出经历的为56.8%，差比为18.4%，差异较明显。有外出经历的人只使用文读

的比例为5.4%，无外出经历的为2.2%，差比为3.2%。无外出经历的人只使用白读的比例远远超过有外出经历的人，差比为21.6%，差异较明显。笔者将不同外出经历被试的异读占比从高到低排序：①有外出组、无外出组：两读>白读>文读。②两读、文读：有外出组>无外出组；白读：无外出组>有外出组。

可见，文白异读的使用呈现出较明显的外出经历差异，无论是否有外出经历，多数被试更多使用文白两读，较少使用文读，有外出经历者使用比例较大。相反，无外出经历者只使用白读的比例较大。也就是说，有外出经历的多数被试更倾向于使用文白两读，且使用比例远高于只用白读的比例，差比为55.8%；而无外出经历的被试其使用文白两读的比例与只用白读的比例相差不大，仅为15.8%。

五、各社会变项的交互作用

由于年龄是影响异读变异的重要因素，其与其他社会因素又存在交互作用，这里笔者立足于年龄因素，考察各社会因素间的关联分布情况。

（一）年龄与性别

从年龄与性别的关联分布看，不同性别调查对象中老中青比例较均衡。

表4-21　年龄、性别关联分布（N=92）

年龄	男性（N=44）		女性（N=48）	
	人数	占比（%）	人数	占比（%）
老年组（29人）	16	36.4	13	27.1

续表

年龄	男性（N=44）		女性（N=48）	
	人数	占比（%）	人数	占比（%）
中年组（34 人）	15	34.1	19	39.6
青年组（29 人）	13	29.5	16	33.3

下面将年龄与性别相关联，进一步分析不同年龄组异读的性别差异。

表 4-22　各年龄段异读的性别差异（N=92）

变项	老年组（N=29）						中年组（N=34）					
	男（16 人）			女（13 人）			男（15 人）			女（19 人）		
读音	两	文	白	两	文	白	两	文	白	两	文	白
总数	382	12	326	239	5	341	386	8	281	605	26	224
占比（%）	53.1	1.7	45.3	40.9	0.9	58.3	57.2	1.2	41.6	70.8	3.0	26.2

变项	青年组（N=29 人）					
	男（13 人）			女（16 人）		
读音	两	文	白	两	文	白
总数	445	77	63	594	73	50
占比（%）	76.1	13.2	10.8	82.8	10.1	7.0

老年组：两读、文读，男性>女性；白读，女性>男性。

中年组：两读、文读，女性>男性；白读，男性>女性。

青年组：两读，女性>男性；文读、白读，男性>女性。

可见，不同年龄组的异读存在一定的性别差异。文白两读老年组男性高于女性，中青年组女性高于男性，最高的是青年女性82.8%，与青年男性的76.1%相差6.7%，最低的是老年女性40.9%，与老年男性的53.1%相差12.2%，说明两读主要是代际差异，老年组异读一定程度上受性别因素影响；只用文读的老年组和青年组男性高于女性，中年组女性高于男性，最高的是青年男性13.2%，与青年女性的10.1%相差3.1%，最低的是老年女性0.9%，与老年男性的1.7%相差0.8%，说明只用文读主要是代际差异，性别差异不明显；只用白读的老年组女性高于男性，中青年组男性高于女性，最高的是老年女性58.3%，与老年男性的45.3%相差13%，最低的是青年女性7.0%，与青年男性的10.8%相差3.8%，说明只用白读主要是代际差异，老年组异读一定程度上受性别因素影响。结合前文异读的性别分布，中青年组异读的情况基本与性别差异一致，老年组略有不同，这与当地20世纪五六十年代传统的“男主外女主内”“读书识字是男人的事，女人只需打点家务”观念有关，老年组男性小学文化3人，初中4人，高中8人，大专1人；女性没上过学2人，小学4人，初中6人，高中1人。老年组男性中7人有外出经历，女性只有1人有外出经历。总体而言，代际差异比性别差异显著。

（二）年龄与文化程度

从年龄与文化程度的关联分布看，各年龄段文化程度占比不均衡，小学及以下和初中组中年调查对象最多；大专及以上组青年调查对象最多，老年组调查对象只有1人，是003号被试（男，58岁，教师），因工作需要，函授专科毕业；小学及以下组青年调查对象只有1人，是025号被试（女，32岁，家庭主妇），出生地为柳林镇薛家湾村，2008年嫁入沙曲村，无外出一年以上经历，育有两个孩子，在义务教育普及后这种情况较少见。

表 4-23　年龄、文化程度关联分布（N=92）

年龄	文化程度							
	小学及以下（20人）		初中（33人）		高中（19人）		大专及以上（20人）	
	人数	占比（%）	人数	占比（%）	人数	占比（%）	人数	占比（%）
老年组（29人）	9	45.0	10	30.3	9	47.4	1	5.0
中年组（34人）	10	50.0	15	45.5	6	31.6	3	15.0
青年组（29人）	1	5.0	8	24.2	4	21.0	16	80.0

下面，我们将年龄与文化程度相关联，进一步分析不同年龄组异读的文化程度差异。

表 4-24　各年龄段异读的文化程度差异（N=92）

变项	老年组（N=29）											
	小学及以下（9人）			初中（10人）			高中（9人）			大专及以上（1人）		
读音	两	文	白	两	文	白	两	文	白	两	文	白
总数（个）	127	12	275	214	11	225	218	15	172	31	2	12
占比（%）	30.7	2.9	66.4	47.6	2.4	50	53.8	3.7	42.5	68.9	4.4	26.7

变项	中年组（N=34）											
	小学及以下（10人）			初中（15人）			高中（6人）			大专及以上（3人）		
读音	两	文	白	两	文	白	两	文	白	两	文	白
总数	228	6	215	423	13	239	216	8	46	131	3	1
占比（%）	50. 8	1. 3	47. 9	62. 7	1. 9	35. 4	80. 0	3. 0	17. 0	97. 0	2. 2	0. 7

变项	青年组（N=29）											
	小学及以下（1人）			初中（8人）			高中（4人）			大专及以上（16人）		
读音	两	文	白	两	文	白	两	文	白	两	文	白
总数	25	2	18	270	29	61	141	25	14	611	107	2
占比（%）	55. 6	4. 4	40. 0	75. 0	8. 1	16. 9	78. 3	13. 9	7. 8	84. 9	14. 9	0. 3

老年组：两读，大专及以上组>高中组>初中组>小学及以下组；文读，大专及以上组>高中组>小学及以下组>初中组；白读，小学及以下组>初中组>高中组>大专及以上组。

中年组：两读，大专及以上组>高中组>初中组>小学及以下组；文读，高中组>大专及以上组>初中组>小学及以下组；白读，小学及以下组>初中组>高中组>大专及以上组。

青年组：两读，大专及以上组>高中组>初中组>小学及以下组；文读，大专及以上组>高中组>初中组>小学及以下组；白读，小学及以下组>初中组>高中组>大专及以上组。

可见，因老年组大专及以上文化程度只有 1 人，003 号被试（男，58 岁，教师）受职业因素影响，其文读比例较高。此外，不同年龄组使用两读、只用文读的总体是文化程度较高的异读使用比例高于文化程度较低的，只用白读的是文化程度较低的异读使用比例高于文化程度较高的。其中两读比例最高的是中年大专及以上文化的97.0%，其次是青年大专及以上文化84.9%，最低的是老年小学及以下文化30.7%。由于中年大专及以上学历的3位被试005号（女，52岁，初中英语教师）、008号（男，47岁，银行工作人员）和048号（女，51岁，小学数学教师）因工作需要，两读使用比例较高。只用文读比例最高的是青年大专及以上文化的14.9%，最低的是中年小学及以下文化1.3%。只用白读比例最高的是老年小学及以下文化的66.4%，最低的是青年大专及以上文化0.3%。这说明，两读、文读、白读均受年龄和文化程度的交互影响。

（三）年龄与外出经历

从年龄与外出经历的关联分布看，各年龄段外出经历占比不均衡，有外出经历的青年人最多，多数是出外求学和工作。无外出经历的中老年人居多，这与当地人比较恋家的保守观念有关。

表4-25　年龄与外出经历关联分布（N=92）

年龄	有外出（N=37）		无外出（N=55）	
	人数	占比（%）	人数	占比（%）
老年组（29人）	9	24.3	20	36.4
中年组（34人）	7	18.9	27	49.1
青年组（29人）	21	56.8	8	14.5

下面，将年龄与外出经历相关联，进一步分析不同年龄组异读的外出经历差异。

表 4-26　各年龄段异读的外出经历差异（N=92）

变项	老年组（N=29）						中年组（N=34）		
	有外出（9人）			无外出（20人）			有外出（7人）		
读音	两	文	白	两	文	白	两	文	白
总数	219	12	183	389	19	492	251	5	59
占比（%）	52.9	2.9	44.2	43.2	2.1	54.7	79.7	1.6	18.7

变项	中年组（N=34）			青年组（N=29）					
	无外出（27人）			有外出（21人）			无外出（8人）		
读音	两	文	白	两	文	白	两	文	白
总数	745	20	451	788	74	82	272	16	72
占比（%）	61.3	1.6	37.1	83.5	7.8	8.7	75.6	4.4	20.0

老年组：两读、文读，有外出>无外出；白读，无外出>有外出。

中年组：两读，有外出>无外出；文读，有外出=无外出；白读，无外出>有外出。

青年组：两读、文读，有外出>无外出；白读，无外出>有外出。

可见，三个年龄组两读使用比例有外出的高于无外出的；文读除中年组有外出与无外出持平外，老年组和青年组均是有外出的高于无外出的；白读正好与两读的情况相反，无外出的高于有外出的。其中两读比例最高的是有外出的青年人的83.5%，最低的是无外出的老年人43.2%，与有外出的老年人52.9%相差9.7%，文读比例最高的是有外出的青年人的7.8%，与无外出的青年人4.4%相差3.4%，最低的是中年人的1.6%（有无外出占比持平，但人数相差 20 人)，白读比例最高的是无外出的老年人的 54.7%，最低的是有外出的青年人 8.7%，与无外出的青年人 20.0%相差 11.3%。这说明，外出经历对异读使用有一定程度的影响，尤其是老年组和青年组较为明显，但是年龄因素的影响比外出经历更大。

通过上述对异读的年龄、性别、文化程度和外出经历等社会分布的分析，以及年龄与其他社会变项的交互作用分析，可以将柳林话文白异读使用与社会变项的关系总结为以下几个方面：

1. 两读使用最普遍

从异读在年龄、性别、文化程度和外出经历等四个社会变项的分布情况看，两读的使用最为普遍，多数情况下使用两读的被试占比都较高，中年大专及大专以上被试两读比例甚至高达 97%，这说明文白两读普遍存在于被试的话语系统中，文白或并用，或兼用，或分工明确，呈现出较和谐的互补协作发展态势。

2. 白读比文读强势

在单个社会变项中，只用白读的被试所占比例在多数情况下均大于只用文读的被试，只有在文化程度这一社会变项中，大专及以上组只用白读占比为 1.7%，只用文读占比为 12.4%，差比为 10.7%。在年龄与其他社会变项交互作用中，除年龄与性别关联的青年组、年龄与文化程度关联的中年大专及以上组和青年高中组、大专及以上组只用白读所占比例低于只用文读外，其余情况都是只用白读占绝对优势。这说明，只有在少数人的话语系统中，文读略占优势，而白读在绝大多数人话语系统中仍占优势。

3. 年龄和文化程度是主要社会变项

异读使用在年龄、性别、文化程度和外出经历等社会变项中均呈现出一定的差异，其中影响最大的是年龄和文化程度，性别在老年组有一定影响，外出经历在青年组有一定影响。年龄方面，异读使用呈现出明显的代际差异，各年龄段多数人均使用文白两读，青年组比例最高，中年组次之，老年组最低，年长者更倾向于使用白读音，年轻人更倾向于使用两读或文读音。性别方面差异不是很明显，使用文白两读的女性比例要高于男性，只用文读的性别差异不明显，只用白读的男性比例高于女性。文化程度方面差异显著，使用文白两读和只用文读的比例均随着文化程度的提高而提高，而只用白读的比例却是随着文化程度的提高而减少。外出经历方面，多数被试更多地使用文白两读，较少使用文读，有外出经历者使用比例较大。相反，无外出经历者只使用白读的比例较大。

各社会的交互作用表现为：年龄与性别关联，只用白读主要是代际差异，老年组异读一定程度上受性别因素影响；年龄与文化程度关联，二者交互作用，共同影响异读的使用分布；年龄与外出经历关联，不同年龄组，异读分布情况受年龄影响比外出经历大。

总体来看，柳林话文白异读的共时变异与被试的年龄、性别、文化程度和外出经历等四项社会变项有关，且各社会变项交互作用，共同影响变异的使用分布，其中年龄、文化程度是影响文白变异的主要社会因素，外出经历和性别在一定程度上也有影响。可以说，文白异读的社会变异主要是由青年人、高学历群体引领，逐渐向中老年人、低学历群体扩散，这也是汉语方言语音变异的总体社会发展趋势。

第四节　文白变异的因素分析

世界上没有一种语言或方言是孤立的、静止的，作为人类最重要的文化载体和交际工具，它必然处于不断接触和变化的过程中。我们可以从语言本身和语言使用者两方面寻求其变化动因，也就是说语言的变化一方面是由语言结构系统内部的不断调整和演变引起的，另一方面是受语言使用者所处的社会环境及其心理因素的影响导致的。本节主要从语言结构因素和社会、心理及接触等非语言因素角度探讨文白变异的动因。

一、结构因素

徐通锵、陈保亚（1990）提出语言自组织理论，认为结构系统的变异是从无序到有序又到无序，最终形成新的结构，整个过程是语言内部结构自组织完成的。无可厚非，语言的演变有自身内在的规律。

（一）语音系统的制约

任何一种语言都是一个完整的系统，其变化都要受系统的制约和影响。“方言中某些语音成分的变化主要不是以个体为单位的自由行动，而是声韵调各个不同层级的集群的集体性变化。也就是说，语音变化要受到语音系统的制约，具有系统性。”①

当某一方言受权威方言或通用语影响时，总是在当地语音系统的基础上，采取折合方式，适当调整权威方言或通用语的语音，使其在发音部位和发音方法上与自身语音系统保持一致，最后融入当地语音系统。汉语方言文读音的借入便是很好的例证。

---

① 王福堂：《汉语方言语音的演变和层次》，11页，北京，语文出版社，2005。一般所说的声韵调的集群，声母方面有系、组、清浊、全清次清、全浊次浊，韵母方面有韵腹（摄、等）、韵头（开合、洪细）、韵尾（阴声韵、阳声韵、入声韵），声调方面有舒（平上去）促（入）、平仄（上去入）等。有些方言还需要在现代语音系统的基础上再补充送气不送气、四呼等。

（二）词汇系统的制约

从前文可知，同一个字在不同的词中，其文白异读情况也存在差异，这说明文白异读变异既受语音系统的制约，又受词汇系统的制约。

词汇扩散理论认为，语音的变化是突然的、离散的，但这种变化在词汇中的体现却是逐渐的、连续的；音变的单位是词；由于其着眼于音变在词汇中的扩散，所以看不到音变的规律，只能看到音变在词汇中的扩散进程的参差性，看到中断的变化和因此而在语言系统中留下来的残存现象。[①] 张光宇（2006）认为文白异读是一种“词汇—音读”现象。可以说，文读音是以词汇为载体被借入，进而逐步扩大该文读音的语词分布范围，这个过程必然要受方言自身词汇系统的制约。

二、非结构因素

（一）社会因素

社会性是语言的本质属性，瞿蔼堂（2004）认为语言源于社会，用于社会，二者唇齿相依。可以说，语言是一种社会现象，社会因素是语言变异解释中最核心的因素之一，也是变异发生的深层动因之一。

1. 政策导向

近现代，影响汉语方言语音变异最重要的社会因素是国家推广普通话这项语言政策。1956 年出台推广普通话的指示。1982 年，

① 徐通锵：《历史语言学》，277~280 页，北京，商务印书馆，2014。

该项工作被写入宪法。2001 年 1 月 1 日起施行的《中华人民共和国国家通用语言文字法》进一步明确国家推广普通话的政策和措施。在这个政策导向下，各地汉语方言发生了翻天覆地的变化。从另一个侧面来看，国家政策导向也体现了国家的语言态度。

2. 社会文化

(1) 性别文化差异

在传统的社会文化中，男性和女性被赋予的社会期望有所不同。一般而言，男性被赋予勇敢、刚毅、不拘小节等特征，女性被赋予温柔、敏感、细心等特征。这种性别文化特征可以解释一些语音变异的启动和扩散。北京话青年女性“娇柔美”的女国音和男性青少年“有男孩子气”的含混发音都受性别角色差异影响。这种性别文化差异直接关系到不同性别语言使用者的语言态度，一般认为，女性对语言变异的敏感度要高于男性，经常充当变异的引领者。

(2) 社会生活变迁

第一，语言变项的常用率影响语言变异的使用，如“灵堂”。

第二，旧事物、旧观念的消失和新事物、新观念的产生影响语言变异，如“经线”。

第三，随着社会精神生活的不断发展，语言系统也有一定程度的影响。如柳林话已经习惯用“byebye（拜拜）”代替“再见”。这种现象在青年人中更为普遍。

综上所述，社会因素是一个内涵极其丰富的概念，语言使用者的社会属性决定了他们不可能脱离社会文化而存在，也就是说，每个人都归属于某一种文化类型，社会文化影响着语言使用者的思维方式和语言态度，进而影响着语言演变路径。

3. 学校教育

学校教育一方面规定了交际语言的规范性，另一方面明确了汉字的认读。可以说，普通话是一种类似权威方言的、以书面语为媒介的新的语言借入对象。这也是柳林话文读音受普通话影响逐渐向普通话音系靠拢的最重要的原因之一。

（二）心理因素

语言是人类交际的重要工具之一，语言的使用离不开人，瞿霭堂（2004）认为研究语言演变必须重视语言变异中语言使用者的能动作用。也就是说，心理因素是语言变异的深层原因之一，因为任何一项变异从出现到最终完成都需要语言使用者的参与，只有获得语言使用者及其所在群体的认可才能逐步扩散开来。下面，结合社会变异调查和社会心理学原理，从语言使用者的思维方式和语言态度两方面来讨论心理因素对变异的影响。

1. 思维方式

从个体角度看，思维方式因人而异，一般会因个体的认知水平、文化背景、知识结构、宗教信仰、语言能力的不同而不同；从一般角度来看，某个群体的思维方式又具有一些共性，这些共性使得语言变异得以扩散开来。马楠（2011）认为变异的思维方式主要有：从简、趋利、求新（异）、从众、避讳等。从前文柳林话语言使用调查中，我们也可以很直观地感受到这个思维方式的影响。如在调查被试学（说）普通话的动机时获取的数据（分解多选项）：为了与其他人更好地交往 82 人>工作需要 49 人>学校要求 9 人>为了找到更好的工作 12 人>其他 3 人>个人兴趣 3 人>无法回答 0 人>无此情况 15 人，可以看出柳林话文白异读变异受被试思维方式的直接影响。

2. 语言态度

劲松（2009）认为“语言态度具有层级性，可以分为国家的语言态度、民族的语言态度、地区的语言态度和社群的语言态度。个体的语言态度既是上述这些语言态度的依据又是这些语言态度的反映”。

从本研究的柳林话语言态度调查数据来看，被试对本地话的评价（分解多选项）：亲切 89 人>非常有用，交流方便 85 人>体现本地人的身份 64 人>很土 42 人>其他 4 人>影响交流 3 人>无法回答 1 人。对普通话的评价（分解多选项）：非常有用，交流方便 97 人>听着舒服 84 人>是有文化、有教养的体现 59 人>听着别扭 3 人>影响交流 2 人=其他 2 人>无法回答 1 人。可以很明显地看出，本地人对本地话与普通话的主观态度。这一态度直接影响着被试的行为倾向，如果在一定的条件下，被试将尽可能使自己的话语向普通话靠拢。

（三）接触因素

这里的接触因素主要指语言接触，它被视为影响语言演变的重要因素。语言接触并不是自发性的，而是语言使用者之间的互相学习导致的，也就是说，语言接触的实质是语言使用者的接触。

由于我国社会发展格局的调整，人员流动较频繁，使得各地语言接触机会增多，不同方言区的人员在相互接触中，难免会无意识地调整自己的话语系统。笔者在语言使用调查板块，适当考虑了外地出生，但在穆村镇工作多年的 10 位被试，他们的下一代多数已不同程度地习得柳林话。098 号被试（男，57 岁，华晋地质测量科科长）风趣地说：“我出生在山阴，中专毕业后在太原工作了 20 多年，后来调来华晋，也已经十来年了，我发现我说的话‘四不像’。偶尔回山阴，亲戚和邻居们说我口音变了，有些土话我自己也忘了怎么说，可能是自己不知不觉中杂合了山阴话、太原话和柳林话，然后形成自己现在的口音。”

三、各因素间的层级关系

上文从结构因素和社会、心理、接触等非结构因素探析文白变异的动因，可以说结构因素是变异的内因，社会、心理、接触等因素是变异的外因。

内因不断协调音系内部各成分，使其成为一个有机、和谐的系统，所以结构因素在变异过程中发挥着重要的作用，但是它不能主导音系的变化，也不具备能动性。外因比较复杂，社会因素是变异产生的外部环境，具体通过人口、文化、教育、经济、传媒和交通等领域的发展变迁发挥作用，影响语言接触的社会群体及个人的语言态度等。心理因素是变异产生的深层动因，注重语言使用者的主观能动性，人们的思维方式、认知水平、语言态度、语言能力等都会影响变异。语言接触的实质是语言使用者的接触，所以，社会因素和心理因素都是通过语言使用者的各类接触发挥作用。可以说语言接触的结果取决于语言系统结构、语言使用者的社会因素和心理因素之间的协同作用。

从各因素的层级关系看，瞿霭堂（1999）认为：“语言变化的原因追溯得越远，与语言本身的结构关系也越小。”① 结构因素持久、缓慢地影响着语言变异，是变异产生的原始依据，笔者将其看作最底层。社会因素和心理因素直接影响着语言使用者，进而作用于变异的产生与发展。接触因素是各因素的连接点，比较容易观察，这也是变异研究必须以语言接触理论为依据的原因所在。

---

① 瞿霭堂：《汉藏语言声调起源中的几个理论问题》，载《民族语文》，1999（2）。

第五节　文白异读对语音格局的影响

虽然语音系统对语音变异有一定的制约作用，但是如果语音变异范围较大、数量较多时，也会反过来影响语音系统，下面还是从声韵调三方面来分析其变异现象对语音格局的影响情况。

一、声母变异对声母系统的影响

柳林话声母系统中原有的 20 个声母（包括零声母）中只有 1 个没有文白异读现象。笔者在文白异读变异专项调查中，提取的 15 组声母变项涉及的声母为 19 个（包括零声母），占全部声母的 95%，范围大、数量多，必将对声母系统产生影响。因声母变项送气与不送气主要是发音方法的差异，其调查字变异并未影响到声韵组合，故这里我们不讨论。这里将 15 组声母变项所涉及的 13 个声母与相拼合的 22 个韵母的组合情况列表如下，以分析白读音声母原有的声韵组合规律在文读音中发生的变化。

表 4-27　声母变项中文白式与韵母组合情况分布表

韵母	声母												
	ŋ	m	n	tɕ	ɕ	ts	tsh	s	k	x	z	f	ø
i					×/√								×/√
a										×/√			
u						√/×		√/×					
y				×/√	×/√								
ɤ	×/√						×/√	×/√	×/√		×/√		
ɔ						×/√				×/√			

续表

韵母	声母												
	ŋ	m	n	tɕ	ɕ	ts	tsh	s	k	x	z	f	ø
æ	×/√												+
ia			×/√		√/×								
iɛ	×/√		×/√										+
iæ			√/×										
iɔ				√/×	√/×								
ai										√/×			
ɛi											×/√	√/×	
ou							√/×		√/×				
ya					×/√								
uɛi						√/×				×/√			+
iəŋ			×/√										+
əŋ		×/√						×/√	√/×	√/×			
uəŋ											√/×		+
yəŋ				×/√	√/×								—
uəʔ						×/√		×/√					
yəʔ				×/√	×/√								

注：①“√”表示拼合，“×”表示不拼合，“√/×”表示与文读音拼合、与白读音不拼合，“×/√”表示与文读音不拼合、与白读音拼合。②“+”表示文读系统新增组合，“—”表示文读系统中减少的组合。

（一）声母变异使声韵组合发生变化

1. 失去组合，出现拼合空格

ŋ在白读音中与iɛ、æ、ɤ拼合，在文读音中因不相拼合而出现空格，体现在“安购”二字上；n在白读音中与ia、iɛ、iəŋ拼合，在文读音中因不相拼合而出现空格，体现在“硬碾”二字上；tɕ在白读音中与y、yəŋ、yəʔ拼合，在文读音中因不相拼合而出现空格，体现在“坠供足”三字上；ɕ在白读音中与ya拼合，在文读音中因不相拼合而出现空格，体现在“横”字上；s在白读音中与ɤ、əŋ、uəʔ拼合，在文读音中因不相拼合而出现空格，体现在“仇寻宿”三字上。

2. 出现新组合，填补拼合空格

（1）填补ø的空格

因白读声母丢失，为填补零声母空格，出现æ、iɛ、uɛi、iəŋ、uəŋ等5个新组合，体现在“安碾尾硬蚊”等5字上。

（2）增加介音

为与文读声母拼读，增加介音，出现iæ、iɔ等2个新组合，体现在“碾匠”二字上。

（3）增加新音节

为与文读声母拼读，出现u、ai、ou等3个新组合，体现在“宿足孩仇购”等五字上。

3. 调整拼合，出现新组合

yəŋ在白读音中可以独立拼读，但是在文读音中改变声母为z，同时，受声母影响，白读介音y改变为u，出现新的组合zuəŋ，体现在“荣”字上。

（二）声母变异对声母系统的影响

1. 声母送气与否

古全浊仄声声母字（白集）、古全清声母字（堡）声母文读不送气，白读送气，这类字在柳林话中占比较多，使用频率较高，符合仄声以入声送气为主的规律。而古全浊平声声母字（爬）和古全清声母字（触）声母文读送气，白读不送气，这类字在汉语方言中较少见，但在柳林话中使用率还较高。

2. 声母零声母化

ŋ 在文读音中因不与其他韵母拼合而出现空格后，由 ø 代替，自然会出现声母的归并，这也意味着 ŋ 在文读声母中已消失。从音韵学角度看，我们也可以认为其遵循了中古疑母字和影母字今合流为零声母的规律。

3. 声母腭化

“夏巷”二字的声母在白读式中为 x，在文读式中为 ɕ，文读式的声母出现了腭化。“匠寻”的声母在白读式中为 ʦ、s，在文读式中为 ʨ、ɕ，文读式的声母出现了腭化。也有相反的情况，如“供孩横”三字的声母在白读式中为 ʨ、ɕ，文读式中为 k、x。

4. 声母的系统调整

柳林话日母字声母由 ʐ 变成 z 主要是由系统调整引起的演变。日母字应与章组声母相配，当章组字发音部位由卷舌变成舌尖音后，系统中卷舌音就只有日母了，致使日母字在发音部位的聚合关系上被孤立出来。在聚合关系中处于孤立地位的音不稳定，容易发生变化，为与章组声母同步，日母字便由卷舌 ʐ 变成了舌尖 z。体现在“碾然”字上，柳林话有“泥（娘）归日”现象，泥母“碾”先归日母后，其声母与日母字共变为 z。

5. 声母的个别调整

“坠足岁宿仇肥荣”白读声母分别为 tɕ、ɕ、ʦ、s、ɕ、x，文读调整为 ʦ、s、ʦh、f。也有声母内部的调整，如“尾”文白声母都是零声母，但实际音值却是 j 和 w。

声母变项中文读音所出现的送气与否、归并、腭化及个别调整已大大改变了原有声韵组合规律，改变了原有声母系统的格局，也就是说，本研究专项调查的 15 组声母变项中文读式的出现对柳林话的声母系统有一定程度的影响。

二、韵母变异对韵母系统的影响

柳林话韵母系统中原有 34 个韵母。笔者在文白异读变异专项调查中，提取的 34 组韵母变项涉及的韵母为 30 个，占全部韵母的 88.2%，范围大、数量多，必将影响原韵母系统的语音格局。另外，文读韵母系统中还新增了 ʅ、iæ 两个韵母。笔者将这 33 个韵母变式及与其拼合的 16 个声母（除 t、th、kh 外①）的组合情况列表如下（因 f 只涉及“肥”文读音 fɛi，tɕh 只涉及“集”的白读音 tɕhiəʔ^{21}，表中未列，下文分析时考虑）：

表 4-28　韵母变项中文白式与声母组合情况分布表

韵母	声母														
	p	ph	m	n	l	ʦ	ʦh	s	z	tɕ	ɕ	k	ŋ	x	ø
i										√/ ×	×/ √				×/ √
ʅ						+	+	+							

① 声母 t、th、kh 也有文白异读现象，属于声母送气与否类型，因专项调查字只是抽样调查，这类字特征与声母送气变项 p-ph、ʦ-ʦh 同类。表 4-28 反映的是专项调查字的韵母变异组合特点。

续表

韵母	声母														
	p	ph	m	n	l	ʦ	ʦh	s	z	ʨ	ɕ	k	ŋ	x	ø
ɔ						×/√		√/×				×/√		×/√	
ə								√/×				√/×			
a	×/√	√/×	×/√					×/√						×/√	
u	√	×/√				√/×	√/×	√/×							
y											×/√				
æ								√/×	√/×				×/√		√/×
ɤ							×/√	×/√	×/√				×/√		
εi	√/×					×/√	×/√	×/√	×/√					√/×	
iε		×/√		×/√	×/√						√/×		×/√		
ia		×/√		×/√							√				
iæ				+	+										
iɔ										√/×	√/×				
ou	√/×						√/×					√/×			
uæ					×/√										
uo			√/×		×/√	√/×		×/√							
ua												√/×			

续表

韵母	声母														
	p	ph	m	n	l	ts	tsh	s	z	tɕ	ɕ	k	ŋ	x	ø
yɛ											√/×				√/×
ya											×/√				
uɛi						√/×		√/×						×/√	√/×
iou											×/√				—
əŋ		√/×	×/√			√/×		√						√/×	
iəŋ				×/√											√/×
uəŋ									√/×			√/×			√/×
yəŋ										×/√	√/×				√/×
aʔ															—
iaʔ											×/√				—
uaʔ												×/√			—
əʔ			×/√												—
iəʔ											×/√				—
uəʔ						×/√	×/√	×/√				×/√			—
yəʔ										×/√	×/√				—

注：①"√"表示拼合，"×"表示不拼合，"√/×"表示与文读音拼合、与白读音不拼合，"×/√"表示与文读音不拼合、与白读音拼合。②"+"表示文读系统新增组合，"—"表示文读系统中减少的组合。

（一）韵母变异使声韵组合发生变化

1. 出现新韵母，产生新组合

文读韵母系统中出现了 ʅ、iæ 两个韵母，增加了 tʂhʅ、sʅ、niæ、liæ，体现在“迟世碾联恋”等五字中。

2. 韵母在文读音中成系统替换

白读韵母为 uəʔ，文读韵母替换为 u，即白读声韵组合是 tsuəʔ、tshuəʔ、suəʔ，文读韵母成系统替换后的组合是 tsu、tshu、su，体现在“足触宿”三字中。

3. 韵母在文读音中个别调整

白读韵母为 ɛi 或ɤ，文读韵母调整为 əŋ、ʅ、æ，即白读声韵组合是 tsɛi、tshɛi、sɛi、zɛi，文读韵母个别调整后的组合是 tsəŋ、tshʅ、sʅ、sæ、zæ，体现在“正迟世闪然”五字中。

4. 文读系统中入声韵成系统消失

韵母白读系统中的七个入声韵 aʔ、iaʔ、uaʔ、əʔ、iəʔ、uəʔ、yəʔ 在文读系统中成系统消失，导致文读系统减少了相应的声韵组合。

（二）韵母变异对韵母系统的影响

1. 介音

（1）u 介音

u 介音可以说是一个较强势的音，它不断吸收各种韵母。柳林话韵母变异也体现出这一特点。白读韵母 uəʔ、yəʔ、əʔ、a、yəŋ、əŋ、i、y、ɔ、uaʔ 等相应的文读音都有 u 介音，体现在“触末足供蚊荣岁左落宿刮”等 11 字中。

（2）i 介音

i 介音是一个较活跃的音，它的失落、增加、移位都可改变韵母组合。柳林话韵母变异中，“白”白读韵母 iə，文读韵母介音移位为 ɛi；“安”白读韵母 iɛ，文读韵母介音失落，主要元音低化为 æ；“夏巷”白读韵母为 a 和 ɔ，文读韵母增加 i 介音为 ia 和 iɔ。

2. 入声韵尾趋于消失

相对于韵母白读系统，文读系统最大的变化就是入声韵尾的消失和鼻韵尾的新增。入声韵尾 aʔ、iaʔ、uaʔ、əʔ、iəʔ、uəʔ、yəʔ 在各年龄段被试话语系统中成系统消失或个别调整，最后趋于向民族共同语——普通话靠拢，这一特点体现在“触足协个落约学集生宿刮”等 11 字中。白读韵母 ya、ia、ɛi、aʔ、a，文读韵母为 əŋ，体现在“横棚正生”等 4 字中。

需要说明的是，文白读音之间不是演化关系，这里只是对比说明二者之间的变异特点。

三、声调变异对声调系统的影响

声调变异对声调系统的影响主要体现在两个方面：

1. 入声调在文读声调系统中趋于消失

柳林话白读声调系统中存在两套入声调：阴入和阳入。白读声调系统内部阳入字已开始向阴入字逐渐转变，也就是说，两套入声调有合流的趋势。如阳入字“白月舌食”等字在日常口语中除非可以发单字音时才会上升到 3 度，读为 $ʔ^{213}$，多数情况都读为阴入 $ʔ^{21}$ 调。而在文读声调系统中，入声调呈现较明显的代际差异。如“触”字，老年组 006 号被试（男，75 岁）“接触”文白读都为 tsuəʔ^{21}，“触角”和“触电”这两个词几乎不用；中年组 069 号被试（男，45 岁）“接触”读为 tsuəʔ^{21}，“触电”读为 tshuəʔ^{21}，“触角”可以读 tshu^{51}（很少使用）；青年组 016 号被试（男，22 岁），三个调查词文白读为 tshu^{51}和 tshuəʔ^{21}，平时多数时候读文读音。

2. 平声调值的调整

柳林话白读声调系统中的阴平字在北京话中一般读为短平调，而阳平字在北京话中一般读为短升调，如果从调值角度来说，柳林话白读声调系统中的阴平 35 调一般对应北京话的 55 调，阳平 33 调对应北京话的 35 调。但是在文读声调系统中，调值逐步向北京话调值靠拢。

通过上述声母变异对声母系统的影响、韵母变异对韵母系统的影响以及声调变异对声调系统的影响分析，可知声母变项中文读音声母的送气与否、零声母化、腭化、系统调整和个别调整，韵母变项中介音的失落、增加或移位，以及入声韵尾的消失和鼻韵尾的新增，声调变异中入声调的消失和平声调值的调整，已大大改变了原有声韵组合规律，改变了白读系统中声韵调系统的格局，对柳林话的语音系统产生了深刻影响。

第六节　文白变异的发展趋势

社会语言学的语言变化理论指出，语言变化一定包括一个语言变异的阶段，即语言是渐变的。但是变异并不等于变化，渐变也就是在变化完成之前存在的一个新旧形式并存并用的阶段。“要确定一个变异是否是一个‘进行中的变化’就要观察它的社会分布状况。进行中的变化一般都有一个种不均匀的社会分布，而且这些不均匀的社会分布还应该形成一个统一的趋势。”① 本节从文白系统

① 徐大明、陶红印、谢天蔚：《当代社会语言学》，135~136 页，北京，中国社会科学出版社，1997。

的发展趋势和文白变异的发展趋势来分析柳林话文白变异的发展趋势。

一、文白系统的发展趋势

1. 文读音随词汇扩散进一步融入白读系统

文白异读现象存在于声韵调这三个音类中，但其扩散却是以词为单位进行的，而扩散的过程又与年龄、性别、文化程度和外出经历等社会因素密切相关。随着社会的发展，人们对教育的关注度与期望值不断提升，彼此之间的交流交往也更加频繁，这样的社会大背景会潜移默化地影响语言使用者习得并内化民族共同语或权威方言的文读词汇，将其渗入自己的话语体系，同时，自身的发音习惯及方法又反作用于文读词汇，使其发音不会过于偏离白读音系，最终实现文白读音的融合与不断发展。

2. 白读系统将逐步向普通话靠拢

前文比较了文白读音与普通话的异同，发现文白读音在有意无意中都在向普通话靠拢。而语言使用者的语言态度和行为认知也都更偏向于普通话，认为普通话"好听""便于交流""应该有很大程度的发展"，而柳林话"很土""仅在本地范围使用""影响交流"，少数语言使用者甚至在家里都用普通话交流，尤其是与晚辈交流的时候，使得调查地目前已出现以普通话为母语的少儿。加之柳林话所代表的晋语本身处于北方方言区，这些因素都将促使柳林话白读系统逐步向普通话靠拢。

二、文白变异的发展趋势

前文研究显示，本研究文白异读专项调查中声母、韵母、声调变异的阶段或扩散的过程大致可列表如下：

表 4-29　柳林话文白异读专项调查变异扩散过程简表

	声母变项	占比（%）	韵母变项	占比（%）	声调变项	占比（%）
白多文少	6	40.0	21	61.8	9	69.2
文白持平	2	13.3	6	17.6	1	7.7
文多白少	7	46.7	7	20.6	3	23.1
总数	15		34		13	

可见，声母、韵母和声调变异的速度与所处的阶段存在一定的差异，相对来说，声母异读的变异速度较快，文多白少阶段占比最高，为46.7%，但是白多文少阶段占比仍势均力敌，为40.0%。韵母异读和声调异读均为白多文少占比最多，分别为61.8%和69.2%。从每个音类内部看，文白持平阶段占比均最低，说明文白异读在竞争的中间阶段过渡较快，基本呈中间大、两头小的态势。这也反映出柳林话文白异读状态将长期保持。

结　语

变异无处不在，变异性是人类语言的基本属性。语言变异研究意图寻找无序的变异如何转化为有序的结构，在什么条件下转化，受什么因素影响，转化之后对原系统格局会有哪些调整等方面内容。本研究正是基于上述认识而展开。

一、研究结论与思考

（一）研究结论

文白异读是语言接触形成的语音交错现象。这种接触主要涉及两方面：一是与古代语音的接触，即古音在现代语音系统中的残留；二是与方言的接触，即将其他方言的语音引进本方言的语音系统。一般来说，与方言的接触是主要的，因为大多数的文读音都与官话有关。文白异读是一个共时语音系统中不同历史层次的语音随语境、语体和应用的变化形成的词语异读现象，即交错的语音系统反映在同一个词上，产生了一词多音现象。一词多音有各种原因，文白异读是一个重要的原因。从社会语言学的变异概念来说，文白异读不是变异，是异读。变异是社会化的读音分化，体现社会属性；异读是功能性的读音分化，体现应用的差异。文白异读之所以受到重视，是因为其语音同时具有变异性和功能性。从语言应用层面看，文白异读与语境、语体和语用相关联。随着社会发展、交际需要和普通话推广，文白异读不仅在形式、内容和功能上发生了变化，而且也逐渐与变异现象关联起来，即不同社会属性的群体在文白异读上发生了社会化差异。本书在研究晋语柳林话文白异读性质及其存在状态的基础上，将静态和动态研究结合起来，从社会语言学角度进一步研究不同社会属性的群体对文白异读的认知、态度和使用的差异，进而探讨其演变方式和发展趋势。

本书研究对象是晋语中的柳林话，它的文白异读现象具有系统性、丰富性和传承性特点，对研究北方方言和晋语均有理论和现实的意义。本研究综合采用语言接触理论、变异理论、语音演变理论和词汇扩散理论，以及方言学、社会语言学的田野调查方法，在描写柳林话语音系统的基础上开展文白异读及其变异研究。主要包括以下内容：①柳林话的语音系统；②柳林话的文读音系与白读音系，包括文白异读的语音体现、文白读音在语词中的分布、文白异读的历史来源、文白异读在音节中语音上的体现；③柳林话文白异读的特点，包括文白异读变异的语音分布、文白异读的社会变异分布、文白变异的扩散过程、文白异读对语音格局的影响、文白变异发生的原因及发展的趋势。通过研究文白异读的性质、来源、分布、特点、类型和使用环境，探讨文白异读词的语音体现及其在语词中的分布，并通过社会语言学调查，进一步讨论文白异读词在不同社会属性群体中的变异情况，预测发展趋势，为汉语方言文白异读研究提供重要资料，为确定柳林话在晋语中的地位提供依据，也可以为语言接触理论研究提供参考，加深对语言演变和变异原因、过程、结果、规律和机制的认识。

本研究得出以下结论：

第一，柳林话音系特点。声母方面，只有少部分人区分声母 f

和 x；舌尖前音［z］发音部位比普通话靠前，没有浊音色彩；舌根音 kkhŋ 除可以与开口呼和合口呼相拼外，还可以与细音韵母相拼，如甘 $ki\varepsilon^{35}$、看 $khi\varepsilon^{51}$、安 $\eta i\varepsilon^{35}$，但是舌根音 x 却不能与细音韵母相拼，如拼细音韵母，则声母腭化为 ç，如 $\c{c}i\varepsilon^{51}$。韵母方面，柳林话没有单韵母 o，部分双韵母 uo 相当于北京话的 o，如小学阶段的拼音教学中，o 就读为 uo；柳林话的 iɛə = 普通话的 iou，而柳林话的 iou = 普通话的 iao，所以柳林话的 iou 中的"o"不能省略；前后鼻音不分，均读为后鼻音。声调方面，柳林话的 35 调一般对应北京话的 55 调，33 调对应北京话的 35 调。这些方面不同程度补充和修正了前人的研究。

第二，从"源流用变"四方面构建了柳林话文白异读的研究框架，具体包括：

（1）"源"指文读音和白读音的来源。白读音具有传承性，来源于古代汉语的演变和发展，文读音则因语言的接触，即引进古代汉语以及权威和通用方言并经过当地汉语改造而成，与白读音叠置使用，它不仅具有系统性，与零散的多音字不同，而且受语境、语体和语用的制约还具有功能性。文白异读是就异读音的历史来源而言的，是共时现象，因为无论文读音和白读音在使用中都是共时语音系统中的读音，区分文读音或白读音，只是说明异读音的来源，体现语音系统的层级性和功能性。

文读音通过词汇扩散方式与白读音竞争，并在日常交际中体现出来，也就是说，不同的交际需求是文白异读产生和发展的驱动力。从文读音来源来说，来源的变换也体现了竞争。历史上，柳林话文读音主要来源于中原官话，20 世纪 50 年代后，主要来源于作为民族共同语的普通话。来源的变换增加了文读语音系统乃至文白异读的复杂性。

（2）“流”指文白异读的流动性，即文读和白读并不是固定不变的，而是随着语言的发展变化，白读音可以成为新的文读音，文读音也可以成为新的白读音，而且不同来源的多个文读音或白读音可以并存。一般情况下，文读音多为一个，而与之相应的白读音可以有两个或多个。有时候因文读音来源的变换，新文读音出现，与旧文读音并存并用，形成多个文读音，或者有些旧文读音被排挤出文读音系统，进入白读音系统。文白异读的这种流动性，使得文读和白读音系统发生“错乱”现象，难怪有些学者提出文白读音的概念不适用于语音层次较为复杂的方言。文白异读的流动性还表现在语词上的竞争性，在竞争中，无论去白存文，还是去文存白，都推动了文白异读的变化和发展。

（3）“用”指文白异读的语音体现与语词分布，是进一步揭示语音的层级性和功能性的基础。本研究系统分析了 319 个文白异读字声母、韵母、声调三方面的语音体现及其相关性特点。从异名同实、固定指称或搭配、专名和语域差异等四个方面考察文白异读的功能性，联系语境和文化程度揭示文白异读的固定性和并用性。

（4）“变”指文白异读在应用过程中语音上的竞争性变化和不同社会属性群体的社会化变异。本研究以 15 组声母、34 组韵母和 13 组声调作为变项，考察竞争的过程和结果，揭示了多数白读音处于强势的特点，即在语音体现上白多文少型处于优势，文多白少型次之，文白相持型最少。文白异读竞争和文读音来源变换，对文读音和白读音都产生了深远的影响，大幅度改变了两个系统的语音格局。

文白异读的语音分布具有不平衡性。其中韵母与声调关联度高，声母与韵母关联度较低。多数声母文读占优势，韵母则是白读占优势；少数声母白读占优势，韵母文读占优势；少数声母与韵母在异读中分布相同。如果三个音类同时关联，则第三个音类文读占比高于同步发展的其他两个音类。

第三，社会语言学变异调查研究。在文白异读的变异研究基础上，确定45个语音变项，包括162个语词。结合年龄、性别、文化程度和职业以及外出经历等社会变项，使用一对一访谈式问卷调查法，对92人进行文白异读变异调查，探讨异读字的知晓率、使用率和变异情况，考察文白竞争的起变原因、变异类型、变异特征、发展规律及各变异项之间的关联。

调查表明，柳林话文读音受普通话影响逐渐向普通话音系靠拢，有些经过改造，与普通话的发音存在一定差异，但其演变过程清晰可鉴，比如“硬 nia^{51}→$niəŋ^{51}$→$iəŋ^{51}$”和“蚊 $məŋ^{214}$→$uəŋ^{33}$”，保留中古的鼻音声母→鼻音声母消失→增加介音或调整韵母成分，使之与普通话相同或相近。

文读音和白读音并非一对一关系，一文一白、一文两白和一文多白的异读对应情况及其在语音上的体现，说明异读的不对称性、白读音与文读音发展的不平衡性。这种考察为变异调查提供了准确的区别条件，提高了研究的准确性。

文白异读变异对文读和白读两个系统都发生了重大影响，也预示了这两个系统的变化趋势。特别是文读音系统出现了新的语音组合、新的韵母和音节，声母送气与不送气的转换、零声母化和腭化，入声的消失和平声类别对应的错乱等，导致语音格局发生了重大变化。

文白异读社会变异调查还得出了以下结论：①年龄上中青年是两读的主要人群，老年人是白读的坚守者，青年人是文读的引介者。②性别差异不显著，不同性别被试多数情况下两读，其次是只用白读，只用文读的情况较少。文白两读的女性比例高于男性，只用文读的性别差异不明显，只用白读的男性比例高于女性。③文化程度差别显著，文白两读和只用文读的比例均随文化程度的提高而提高，只用白读的比例却随文化程度的提高而减少。④是否有外出经历有明显差异，即有外出经历者使用文白异读的比例远高于无外出经历者。

上述四个社会变项是交互作用的：立足于年龄与性别结合，老年男性高于老年女性，中青年女性高于中青年男性，青年女性高于青年男性。着眼于年龄与文化程度结合，总体是文化程度较高的异读使用比例高于文化程度较低的，文化程度较低的使用白读的比例高于文化程度较高的。异读比例最高的是大专及以上文化程度的中年人，其次是大专及以上文化程度的青年人，小学及以下文化程度的老年人最低。从年龄与外出经历结合看，有外出经历的两读高于无外出的。除中年有外出经历的文读与无外出经历的持平外，无论老年还是青年均是有外出经历的高于无外出经历的；白读正好与两读情况相反，无外出经历的高于有外出经历的，其中两读比例最高的是有外出经历的青年人，最低的是无外出的老年人；文读比例最高的是有外出经历的青年人，最低的是中年人；白读比例最高的是无外出经历的老年人，最低的是有外出经历的青年人。可见，文白异读仍较好地保留在人们的日常语言中，白读的使用占有优势，变异情况主要体现在年龄和文化程度方面。

第四，变异原因分析和文白异读发展趋势。（1）从变异原因来说，大致可归纳为社会发展、文化提高、语言交流需要、普通话影响、语言认同和态度等因素，并主要通过年龄和文化程度差异体现出来。（2）从文白异读的发展趋势来说，文白异读将长期保留，文读音随词汇扩散进一步融入白读系统，白读系统将逐步向文读的普通话系统靠拢，这与其他汉语方言文白异读发展变化的一般趋势相同。

（二）理论与方法论思考

1. 理论思考

本研究试图从“源流用变”四个维度建构文白异读研究的框架，这其实是结合了传统方言学与社会语言学的研究范式。以往的研究成果讨论了文读音的借入单位与方式、文白异读的词语分布与语体色彩、读书音与口语音是不是两套音系、文读音借入的动因与规模、文读音的来源、文白异读的系统性、新老派读音、文白异读与语音层次等方面问题，笔者认为这些问题都可以分派到“源流用变”四个方面。

传统观念多认为文白异读就是口语与书面语语体的区别，笔者认为不能这样简单区分。语体特点只是文白异读使用中呈现出的现象，而不是文读音与白读音的本质区别或界定依据。

关于文白异读到底是一个系统还是两个系统，笔者认为文读系统不是一套独立于白读系统的音系，也就是说文读不能脱离白读，白读多为本地音，文读多是从权威方言或通用语借入，且是通过词汇借入，从而影响白读音系格局，产生文白异读现象。虽然文读音和白读音是有机结合的一套音系，但我们仍可以不同时期的权威方言或通用语为参照，来分析文读音和白读音的系统性。

关于文读音与白读音的关系，笔者认为非音变关系，而是层次关系。比如“蚊”白读声母 m，文读零声母 ø（w），经研究，m 是古音在柳林话中的遗留，u 是在语言接触影响下，通过借入新词“蚊香、蚊帐”等词引进的介音，二者代表不同的层次，不是音变关系。

关于如何界定判断文读音，刘勋宁（2003）认为任何字都有文读，即使你不认识，但是查字典后，你肯定能读出来，通过查字典读出来的音就是文读音，只是这个文读音你要不要接受的问题。从这个意义上看，刘勋宁认为文读是一个开放的系统。笔者认为承不承认的只是这个字本身，而不是文读音系统。文读音系统无变化，只是辖字数量的变化而已。另外，能读出字典中的音的人都是学过汉语拼音的人，这与文化程度有关，这些字的意思读者并不一定知道，日常口语中也不一定使用。

2. 调查方法思考

（1）调查过程中，应合理使用调控手段，以保证语料的真实性。调查员不能打无准备的仗，不仅要对调查目的和内容了然于心，而且还要考虑可能遇到的各种状况，在调查前、调查中和调查后期适当采用合适的调控手段。

（2）选择发音合作人时需要慎重。笔者认为在理想发音人的各个必备条件中，还需要考虑一个因素，即发音合作人的情怀。深入基层调研时，有被试习惯性认为合作了，会有好处，而且他们多比较敷衍，这样采集的数据不太真实。所以笔者认为情怀很重要，合作人如果内心热爱本地语言文化，他会绞尽脑汁、想方设法站在你的角度帮你想问题。

（3）确定语言变项要层层筛选，数量需适中。为保证在有限的语言变项中找到有代表性的变项，调查前要做预判，剔除一部分，然后再找主要发音合作人及语言变项发音合作人调查，进一步确定调查变项。一般40~50个较合适。在正式调查时，语言变项的问卷可分为被试版和调查员版，这样更加便捷高效。

二、研究不足和努力方向

由于笔者学术积淀不够丰富，时间和精力有限，本研究还存在以下不足，这也是今后努力的方向。

（一）以点推面，探究汉语方言的共性与差异性

1. 增加调查点，摸清语音的地域分布

（1）柳林话内部语音格局。本研究调查了穆村镇9个村委会，其内部可依据古非敷奉母字分化情况、山摄合口一等平声字分合情况、山摄合口一等字分合情况、果摄与山宕摄字分合情况等语音条件划分为东区沙曲、中区二村委和西区三村委三个小片。

在今后的研究中，应扩大调查面，进一步摸清柳林县域内各地的语音面貌。《柳林县志》中曾以山脉河流走向将柳林话分为沿川话、北山话和南山话三类，虽有一定的可行性，但是从理论上来说，方言的分区划片应以语音特点为主要依据，辅以地域、社会等因素。

（2）与周边方言的对比研究。吕梁片分布于山西西部、西南部及陕西北部，共19个市县。在梳理清楚柳林话的特点外，应将其与方言片其他方言做对比分析，以析出该区域内语言特点的共性与差异性，进而从更高的视角探究该片区内语言发展的线性特点。就文白异读现象而言，黑维强（2010）通过对比黄河沿岸的延川、清涧、吴堡、神木等地，初步预测该方言带的文白异读自南而北呈带状分布，但没有进一步详细分析。这一带状分布中各地语音有何异同？又是如何呈现和过渡的？与哪些社会、地理因素有关？在不久的将来将如何演变？这些问题都是笔者后期需要进一步研究的方向。

在本书的撰写过程中，笔者发现了柳林话与其他方言文白异读字的一些联系，如：柳林话“蚊”白读声母为m，其中古声韵地位

相同的“闻”在吴语太湖片毗陵小片丹阳话白读声母也为m①；又如柳林话“揩”白读为$tɕhiɛ^{35}$，吴语太湖片甬江小片的宁波话中该字文读为tɕhiɛ，白读为kha②，在湘语、粤语白读中也读m，这是古无轻唇音的体现；再如柳林话“孝”白读为hou^{33}，文读为$ɕiou^{51}$，吴语太湖片苏沪嘉小片的苏州话“孝子”读作$hæ^{512}tsɿ^{51}$，表示“有父母之丧者”，读作$ɕiou^{51}tsɿ^{51}$，表示“孝顺父母者”。可见，从文白异读现象来看，似乎以柳林话为代表的吕梁片方言与吴语、湘语、粤语有一定的联系，至于是巧合，还是在语言演变中的直接关系，将是笔者今后研究的方向。

2. 增加城市调查点

方言变异的一般规律是城市往农村扩散，农村向城市靠拢。在今后的研究中，可增加本地话与普通话兼用的城市调查点，考察文白异读在城乡不同地域的使用情况及变异格局，探究城乡之间变异的共性与差异性，以及两地变异所呈现的扩散轨迹。

（二）增强理论与方法论分析

写作过程中，因笔者学术素养基础还需加强，遇到有研究价值的问题有时不能及时准确地做出判断，并运用相关理论及方法探讨分析。如调查中发现柳林话中很多有意思的字词，笔者不能准确考证其本字；柳林话语音层次分析不够深入，从历史角度看，文读音先后受中原官话、北方官话、普通话影响，白读音至少也有古白话（说书、弹唱、伞头秧歌等艺术形式为载体）、现

---

① 徐娟娟：《丹阳方言语音层次与历史演变》，南京：南京大学博士学位论文，2009。

② 徐通锵：《历史语言学》，396页，商务印书馆，2014。原文没有标注声调，这里也略去声调。

代白话等不同层次，笔者没能深入挖掘；分析调查数据时发现，有关统计分析的方法有些生疏，只好采用基础的数据分析法等。在以后的研究中，应增强相关理论与方法论的分析能力，以更好分析和解释相关问题。

参考文献

著　作

[1] 陈松岑．语言变异研究．广州：广东教育出版社，1999.

[2] 陈保亚．论语言接触与语言联盟．北京：语文出版社，1996.

[3] 丁声树，李荣．古今字音对照手册．北京：科学出版社，1970.

[4] 郭骏．方言变异与变化：溧水街上话的调查研究．北京：北京大学出版社，2010.

[5] 郭风岚．宣化方言及其时空变异研究．北京：语文出版社，2007.

[6] 郭风岚．语言变异与语言应用研究．北京：北京语言大学出版社，2016.

[7] 侯精一，温端政．山西方言调查研究报告．太原：山西高校联合出版社，1993.

[8] 韩沛玲．山西方言音韵研究．北京：商务印书馆，2012.

[9] 黑维强．绥德方言调查研究．北京：北京师范大学出版社，2016.

[10] 李九林．柳林县志．北京：海潮出版社，1995.

［11］［加］罗纳德·沃德华，社会语言学引论（第五版）．雷红波，译．上海：复旦大学出版社，2009.

［12］乔全生．晋方言语音史研究．北京：中华书局，2008.

［13］王福堂．汉语方言语音的演变和层次．北京：语文出版社，2005.

［14］王远新．语言理论与语言学方法论．北京：教育科学出版社，2006.

［15］王洪君．历史语言学方法论与汉语方言音韵史个案研究．北京：商务印书馆，2014.

［16］徐通锵．历史语言学．北京：商务印书馆，1991.

［17］徐大明．语言变异与变化．上海：上海教育出版社，2006.

［18］项梦冰，曹晖．汉语方言地理学——入门与实践．北京：中国书籍出版社，2013.

［19］邢向东．秦晋两省沿河方言概述．北京：商务印书馆，2012.

［20］游汝杰．汉语方言学导论．上海：上海教育出版社，2018.

［21］张兴权．接触语言学．北京：商务印书馆，2012.

析出文献

［1］陈庆延．晋语特征词说略//李如龙．汉语方言特征词研究．厦门：厦门大学出版社，2001.

［2］丁邦新．汉语方言区分的条件//丁邦新．丁邦新语言学论文集．北京：商务印书馆，1998.

［3］忌浮．十四世纪大都方言的文白异读//《中原音韵新论》

编辑组．中原音韵新论．北京：北京大学出版社，1991.

[4] 侯精一．论晋语的归属//侯精一．现代晋语的研究．北京：商务印书馆，1999.

[5] 刘勋宁．秦晋方言娘日互转例//耿振生．语苑撷英．北京：北京语言文化大学出版社，1998.

[6] 李如龙．关于方言语音历史层次的研究//李如龙．汉语方言研究文集．北京：商务印书馆，2009.

[7] 王洪君．文白异读与叠置式音变//北京大学汉语语言学研究中心《语言学论丛》编委会．语言学论丛（第十七辑）．北京：商务印书馆，1992.

[8] 王福堂．汉语方言语音中的层次//北京大学汉语语言学研究中心《语言学论丛》编委会．语言学论丛（第二十七辑）．北京：商务印书馆，2003.

[9] 王福堂．文白异读中读书音的几个问题//北京大学汉语语言学研究中心《语言学论丛》编委会．语言学论丛（第三十二辑）．北京：商务印书馆．2006.

[10] 杨秀芳．论文白异读//丁邦新．历史层次与方言研究．上海：上海教育出版社，2007.

[11] 张光宇．论汉语方言的层次分析//北京大学汉语语言学研究中心《语言学论丛》编委会．语言学论丛（第三十三辑）．北京：商务印书馆，2006.

期刊论文

[1] 包智明，曹栌文．汉语声调和生成音系学理论．当代语言学，2014（3）．

[2] 白静茹．从吕梁方言一二等韵对立看晋语的保守与创新．

山西大学学报（哲学社会科学版），2019（3）.

[3] 曹瑞芳．山西阳泉方言入声舒化的初步分析．语文研究，1996（3）.

[4] 陈忠敏．重论文白异读与语音层次．语言研究，2003（3）.

[5] 陈庆延．山西西部方言白读层的元音高化．中国语文，1990（6）.

[6] 方青．从现代汉语方言的文白异读和新老异读看普通话对方言的影响．语文建设，1963（8）.

[7] 范慧琴．从山西定襄方言看晋语入声的演变．西南民族大学学报（人文社科版），2004（4）.

[8] 高晓虹．北京话入声字文白异读的历史层次．语文研究，2001（2）.

[9] 侯精一．平遥方言的文白异读．语文研究．1988（2）.

[10] 侯精一，杨平．山西方言的文白异读．中国语文，1993（1）.

[11] 贺巍．晋语舒声促化的类别．方言，1996（1）.

[12] 黑维强．陕北绥德河底方言的文白异读．方言，2010（4）.

[13] 黑维强．绥德方言的语音演变及其历史层次．咸阳师范学院学报，2016（5）.

[14] 靳光瑾．北京话文白异读的形成与消长．语文建设，1991（5）.

[15] 靳光瑾．北京话的文白竞争和普通话的正音原则．语文建设，1991（6）.

[16] 李荣．方言里的文白异读．中国语文，1957（4）.

[17] 李守秀．榆次方言的文白异读．中国语文，1980（3）．

[18] 刘勋宁．陕北清涧方言的文白异读．中国语文，1983（1）．

[19] 刘勋宁．文白异读与语音层次．语言教学与研究，2003（4）．

[20] 刘勋宁．“支微入鱼”的地理分布及其成因．陕西师范大学学报（哲学社会科学版），2012（1）．

[21] 李蓝．毕节方言的文白异读．贵州大学学报．1991（3）．

[22] 李如龙．厦门话的文白异读．厦门大学学报（哲学社会科学版），1963（2）．

[23] 李如龙．晋语读书札记．语文研究，2004（1）．

[24] 李如龙．论汉语方音异读．语言教学与研究，1999（1）．

[25] 刘津．乡宁方言的文白异读．语文研究，2001（1）．

[26] 李小平．山西临县方言舒声促化现象分析．山西师大学报（社会科学版），1998（4）．

[27] 李建校．陕北晋语咸山摄舒声一二等见系字的读音．晋中学院学报，2017（6）．

[28] 马文忠．大同方言舒声字促变．语文研究，1985（3）．

[29] 瞿霭堂．语音演变的理论和类型．语言研究，2004（6）．

[30] 瞿霭堂．“叠置式音变”献疑．语言研究，2008（4）．

[31] 潘耀武．清徐（清源）话的文白异读字．语文研究增刊，1989.

[32] 潘悟云．词汇扩散理论评介．温州师专学报（社会科学

版)，1985（3）.

［33］潘悟云．历史层次分析的若干理论问题．语言研究，2010（2）.

［34］乔全生．晋语与官话非同步发展（一）．方言，2003（2）.

［35］乔全生．晋语与官话非同步发展（二）．方言，2003（3）.

［36］乔全生．现代晋方言与唐五代西北方言的亲缘关系．中国语文，2004（3）.

［37］乔全生，周怡帆．论晋语语音研究在汉语音韵学中的重要价值．山西大学学报，2017（11）.

［38］乔全生．论晋语语音研究在汉语音韵学中的重要价值．山西大学学报，2018（9）.

［39］孙玉卿，王茂林．大同方言“舒声促化”与轻声音节的关系．山西大学学报（哲学社会科学版），2006（3）.

［40］孙玉卿．山西晋语入声舒化情况分析．山西师大学报（社会科学版），2005（4）.

［41］沈明．山西方言宕江两摄的白读．语文研究，2006（4）.

［42］沈明，［日］秋谷裕幸．吕梁片晋语的过渡特征．中国语文，2018（4）.

［43］田希诚．文白异读和语音的对应规律．语文现代化，1985.

［44］王立达．太原方言中的“文白异读”现象．中国语文，1958（1）.

［45］温端政．晋语区的形成和晋语入声的特点．山西师大学

报（社会科学版），1997（4）.

［46］王福堂．文白异读和层次区分．语言研究，2009（1）.

［47］王洪君．入声韵在山西方言中的演变．语文研究，1990（1）.

［48］王洪君．阳声韵在山西方言中的演变（上）．语文研究，1991（4）.

［49］王洪君．阳声韵在山西方言中的演变（下）．语文研究，1992（1）.

［50］王洪君．文白异读、音韵层次与历史语言学．北京大学学报（哲学社会科学版），2006（2）.

［51］王远新．社会语言学的语言观和方法论．中央民族大学学报，2005（2）.

［52］王临惠．秦晋沿黄河方言声调的演变及其自然人文背景．方言，2011（3）.

［53］王临惠．从入声字的归派看《中原音韵》的基础方言．方言，2015（3）.

［54］王琼．晋语并州片宕江摄阳声韵今读研究．晋中学院学报，2012（4）.

［55］王晓婷．论太原城区方言不能作为晋语的核心方言．汉语学报，2016（2）.

［56］王希哲．左权方言古入声字今舒化现象．语文研究，1996（2）.

［57］王利．晋东南晋语的入声舒化现象．语文研究，2008（3）.

［58］王利．晋东南晋语的舒声促化现象．吕梁学院学报，2017（5）.

[59] 五臺．关于“连读变调”的再认识．语言研究，1986（1）．

[60] 吴永焕．汉语方言连调研究中的几个问题．方言，2014（3）．

[61] 王临惠．论山西临猗方言曾开一入声字韵母的文白异读．语文研究，2006（3）．

[62] 汪化云．武汉方言中残存的白读与黄冈方言．湖北师范学院学报（哲学社会科学版），2000（3）．

[63] 徐通锵，王洪君．说“变异”——山西祁县方言音系的特点及其对音变理论研究的启示．语言研究，1986（1）．

[64] 邢向东．陕北吴堡话的文白异读与语音层次．语言研究，2007（1）．

[65] 邢向东．小议部分“舒声促化字”．语文研究，2000（2）．

[66] 邢向东，孟万春．陕北甘泉、延长方言入声字读音研究．中国语文，2006（5）．

[67] 邢向东．神木方言的两字组连读变调和轻声．语言研究，1999（2）．

[68] 熊正辉．南昌方言的文白异读．方言，1985（3）．

[69] 杨述祖．山西方言入声的现状及其发展趋势．语文研究，1982（1）．

[70] 叶宝奎，郑碧娇．《中原音韵》的文白异读语入声韵的演化．厦门大学学报（哲学社会科学版），2008（6）．

[71] 张益梅．介休方言的文白异读．语文研究，1988（4）．

[72] 郑张尚芳．晋东南晋语的舒声促化现象．语文研究，1990（2）．

[73] 赵秉璇．晋中文白异读在地名读音上的反映．语文研究，

1994（1）.

［74］张维佳.秦晋之交南部方言宕摄舒声字白读音的层次.语言研究，2004（6）.

［75］张清常.唐五代西北方言一项参考资料《天城梵书金刚经戏音残卷》.内蒙古大学学报，1963（2）.

［76］张盛裕.朝阳方言的文白异读.方言，1979（4）.

［77］张振兴.漳平（永福）方言的文白异读（一）.方言，1989（3）.

［78］张振兴.漳平（永福）方言的文白异读（二）.方言，1989（4）.

［79］张振兴.漳平（永福）方言的文白异读（三）.方言，1990（1）.

［80］张光宇.汉语见系二等文白异读的几种类型.语文研究，1993（2）.

［81］张光明.忻州方言的舒声促化现象.语文研究，2006（2）.

［82］张玉来.汉语方言文白异读现象的再认识.语文研究，2017（3）.

［83］张燕.山西省孝义市西泉村方言的文白异读研究.吉首大学学报（社会学科版），2015（6）.

［84］赵秉璇.晋中文白异读在地名读音上的反映.语文研究，1994（1）.

［85］Milroy J.，Milroy L. Mechanisms of Change in Urban Dialects：The Role of Class，Social Network and Gender，Internaional Journal of Applied Linguistics，1993（1）.

学位论文

［1］白静茹.吕梁方言语音研究.北京：北京大学博士学位论

文，2009.

［2］崔娜娜．兴县方言语音研究．西安：陕西师范大学硕士学位论文，2010.

［3］陈改红．山西柳林方言单字调实验研究．大连：辽宁师范大学硕士学位论文，2018.

［4］姜燕．青岛话文白异读变异研究．北京：中央民族大学博士学位论文，2018.

［5］林颂育．论汉语方言的文白异读．福州：福建师范大学博士学位论文，2011.

［6］李庐静．福建永安地方普通话共时变异研究．北京：中央民族大学博士学位论文，2013.

［7］马楠．现代汉语语音变异的社会语言学研究．北京：中国人民大学博士学位论文，2011.

［8］秦晔．《蒙古字韵》声母及介音的几个问题．北京：北京大学硕士学位论文，2006.

［9］孙小花．山西方言语音历史层次研究．上海：上海师范大学博士学位论文，2006.

［10］王琼．并州片晋语语音研究．北京：北京大学博士学位论文，2012.

［11］徐娟娟．丹阳方言语音层次与历史演变．南京：南京大学博士学位论文，2009.

［12］闫克．南阳城区话语音变异研究．北京：中国人民大学博士学位论文，2017.

［13］贺玉龄．近百年晋语方音研究综述．长春：吉林大学硕士学位论文，2017.

附录1　柳林居民语言使用调查问卷

尊敬的朋友：

您好！我正在做一项有关柳林话语音变异的研究。请您不要担心，本调查只是为了解柳林话的语音情况。您的回答只作为研究资料使用，不会用于其他目的。恳请您能抽出宝贵的时间，如实回答所提问题，十分感谢您的真诚合作！

编号：　　日期：　　姓名：　　联系方式：

A. 基本情况

A1. 性别：1. 男　　2. 女

A2. 年龄：　　周岁

A3. 住址：

A4. 出生地（具体到村组或小区）：

A5. 您是何年迁入本地的（本地人不须回答此题）：

A6. 您是否在外地待过一年以上：

1. 是（时间地点原因：①做生意②打工③上学④其他）

2. 否

A7. 您家庭成员的出生地：

父亲：　　母亲：　　配偶：　　子女：

A8. 您的受教育程度：

1. 没上过学
2. 小学
3. 初中
4. 高中（含中专、技校、职高）
5. 大专及以上

B. 语言习得和能力

B1. 您小时候（上学前或 5 周岁前）最先学会哪种语言或方言？（可多选）

1. 本地话
2. 普通话
3. 其他（请注明）

B2. 您现在能用哪些语言或方言与人交谈？（可多选）

1. 本地话
2. 普通话
3. 其他（请注明）

B3. 您的语言掌握程度（在相应空格处打“√”）：

指标＼语言变项		本地话	普通话	其他语言或方言
听	完全能听懂（95%—100%）			
	大部分能听懂（85%—94%）			
	基本能听懂（40%—84%）			
	能听懂日常用语（10%—39%）			

续表

指标 \ 语言变项		本地话	普通话	其他语言或方言
	基本听不懂（1%—9%）			
	完全听不懂			
说	能熟练交谈，没有任何障碍（95%—100%）			
	能熟练交谈，个别时候有障碍（85%—94%）			
	基本能交谈（40%—84%）			
	会说日常用语（10%—39%）			
	基本不会说（1%—9%）			
	完全不会说			

C. 语言使用

C1. 与下列对象交流，您说什么语言或方言？（可多选）（在相应的空格处打“√”）

交际对象 \ 语言变项	本地话	普通话	其他语言或方言	无此情况
1. 父亲（或男性抚养人）				
2. 母亲（或女性抚养人）				
3. 同辈（配偶、兄弟姐妹等）				
4. 爷爷				
5. 奶奶				
6. 晚辈				
7. 邻居				

续表

语言变项 交际对象	本地话	普通话	其他语言或方言	无此情况
8. 朋友				
9. 陌生人				

C2. 在下列场合，您说什么语言或方言？（在相应的空格处打“√”）（可多选）

语言变项 交际对象	本地话	普通话	其他语言或方言	无此情况
1. 家里				
2. 工作时				
3. 去银行、邮局、医院时				
4. 去政府部门办事时				
5. 去逛街、超市或集贸市场买东西时				
6. 想问题或自言自语时				

D. 语言态度和行为倾向

D1. 您觉得本地话怎么样，谈谈您的评价。（可多选）

1. 非常有用，交流方便
2. 亲切
3. 影响交流
4. 很土
5. 体现本地人的身份和柳林话的特点
6. 其他（请注明）
7. 无法回答

D2. 您觉得普通话怎么样，谈谈您的评价。(可多选)
1. 非常有用，交流方便
2. 听着舒服
3. 影响交流
4. 听着别扭
5. 是有文化、有教养的体现
6. 其他（请注明）
7. 无法回答

D3. 您对本地人在本地讲普通话有什么看法？
1. 有文化、素质高
2. 无所谓，没什么感觉
3. 听着不舒服
4. 其他（请注明）
5. 无法回答

D4. 您希望本地话有何发展？
1. 有很大发展
2. 在一定范围内发展
3. 任其自然发展
4. 不久的将来不再使用
5. 无法回答

D5. 您希望普通话有何发展？
1. 有很大发展
2. 在一定范围内发展
3. 任其自然发展
4. 不久的将来不再使用
5. 无法回答

D6. 您希望自己的后代学会哪几种语言或方言？（可多选，排序）

1. 本地话

2. 普通话

3. 英语、日语等其他语言（请注明）

4. 无法回答

D7. 您平时听什么语言或方言的广播节目？（可多选）

1. 汉语方言（请注明）

2. 普通话

3. 英语等其他语言（请注明）

4. 无此情况

D8. 您平时看什么语言或方言的电视节目或视频？（可多选）

1. 汉语方言（请注明）

2. 普通话

3. 英语、日语等其他语言（请注明）

4. 无此情况

E. 普通话专项调查

E1. 您是什么时候开始学习普通话的？

1. 学前或小学

2. 初中

3. 高中（含中专、技校、职高）

4. 大学

5. 走上社会后

6. 无此情况

E2. 您学（说）或接触普通话的主要途径是什么？（可多选）

1. 学校学习（请注明）

2. 社会交往（请注明）
3. 看电视、听广播、上网
4. 在外地学的（请注明地点和原因）
5. 受家人影响
6. 其他方式（请注明）
7. 无此情况

E3. 您学（说）普通话的动机是什么？（可多选）
1. 为了与其他人更好地交往
2. 工作需要
3. 学校要求
4. 为了找到更好的工作
5. 其他（请注明）
6. 个人兴趣
7. 无法回答
8. 无此情况

E4. 您学（说）普通话遇到的主要问题是什么？（可多选）
1. 周围人不说，说的机会少
2. 受方言影响，不好改口音
3. 说普通话怕人笑话
4. 与家人沟通有障碍
5. 其他（请注明）
6. 无此情况

E5. 您希望自己普通话达到的程度为：
1. 能流利准确地使用，没有本地口音
2. 能流利熟练地使用，有点儿口音没关系
3. 没什么要求

4. 其他（请注明）
5. 无法回答

附记：
（1）凭您的经验，外地人能听懂柳林话吗？
1. 完全能听懂 2. 基本能听懂 3. 听不懂
（2）凭您的感觉，认为柳林话与哪种话相对来说较为接近？
陕北：
山西吕梁：
（3）凭您的感觉，您认为柳林话是否在发生着变化？（请举一例）
从总体上来说，变化速度如何？
1. 较快 2. 一般 3. 较慢

附录 2　《方言调查字表》中的入声字在柳林话中的声调状况

笔者统计了《方言调查字表》中入声共 607 个字，其中清入 339 个（包括字表前三页中的“国”及笔者加的“这”），全浊入 145 个，次浊入 123 个。[①]

一、古入声在柳林话中读阴入的字（288 个）

清入（258 个）：答搭踏搨$_{\text{搨本}}$蛤$_{\text{蛤蜊}}$鸽喝$_{\text{喝酒}}$塔榻塌溻$_{\text{汗溻湿了}}$磕劄$_{\text{用针劄}}$插夹裌$_{\text{裌衣}}$恰掐甲胛$_{\text{肩胛}}$鸭押接摺$_{\text{折叠}}$褶$_{\text{褶子,皱纹}}$摄劫怯$_{\text{畏怯}}$脅跌帖$_{\text{碑帖,请帖}}$贴挟$_{\text{挟菜}}$法$_{\text{方法,法子}}$缉$_{\text{缉鞋口}}$涩执汁湿急级㬤[②]吸獭$_{\text{水獭}}$擦撒$_{\text{撒手,撒种}}$萨割葛喝$_{\text{喝彩,吆喝}}$八札扎察杀擖$_{\text{用刀刮}}$轧$_{\text{被车轧,轧棉花}}$瞎别$_{\text{区别}}$鳖薛哲蛰$_{\text{蝎子蜇人}}$徹撤折$_{\text{折断}}$浙设揭歇憋（闭）铁节切$_{\text{切开}}$结洁噎$_{\text{噎住了}}$钵拨泼掇$_{\text{拾掇}}$掇$_{\text{掂掇}}$脱撮$_{\text{一撮米}}$括$_{\text{包括}}$聒$_{\text{聒耳朵}}$阔豁$_{\text{豁然,豁嘴,豁口}}$刷雪缩说$_{\text{说话}}$髪發厥噘$_{\text{脾气噘}}$决诀缺血毕必匹$_{\text{一匹布,一匹马}}$七漆悉膝虱质失室吉乙一不猝$_{\text{仓猝}}$骨$_{\text{筋骨,骨头}}$窟$_{\text{窟窿}}$忽出橘屈博泊$_{\text{梁山泊}}$讬托（拓）$_{\text{手承物}}$作$_{\text{作坊,工作}}$各阁搁胳$_{\text{胳膊}}$郝$_{\text{姓}}$蠚$_{\text{蜂蠚人}}$恶$_{\text{善恶}}$

---

① 说明：尽量录入简体字，但是没有相应简体字的字，我们仍用繁体字，如：鑞$_{\text{锡鑞}}$、劄$_{\text{用针劄}}$等。“（　）”内的字和注解的小字不算。一字有两意的，认为是两个字，用外加边框□标示，如“核$_{\text{审核}}$”“核$_{\text{果子核}}$”“别$_{\text{区别}}$”“别$_{\text{离别}}$”。

② 㬤，《广韵》去急切，《集韵》乞及切，《博雅》曝也，《玉篇》欲干也。柳林话有类似音义，如：把馍馍（红薯等）放在火炉子上 çiəʔ^{21}一挂$_{\text{把馒头(或者红薯等)放在火炉子上烤一下}}$。

爵雀$_{\text{麻雀}}$鹊$_{\text{喜鹊}}$削着$_{\text{睡着，附着}}$郭廓扩$_{\text{扩充}}$霍藿$_{\text{藿香}}$劐$_{\text{用刀劐开}}$剥驳樸朴桌卓琢啄戳捉觉$_{\text{知觉}}$角饺$_{\text{饺子}}$确握北得德塞刻$_{\text{时刻}}$刻$_{\text{用刀刻}}$克黑逼即鲫息熄侧测啬$_{\text{吝啬}}$织职识式饰忆亿抑百柏伯迫拍拆$_{\text{开}}$窄格赫摘责策册革扼僻积跡脊惜昔只赤斥尺适释益壁劈的$_{\text{目的}}$滴嫡踢剔绩戚锡析击激国吃卜扑仆$_{\text{倒}}$秃速榖谷哭屋督福幅蝠$_{\text{蝙蝠}}$腹覆$_{\text{反覆}}$肃竹筑祝叔菊掬$_{\text{一掬，一捧}}$麴$_{\text{酒麴}}$畜$_{\text{畜牧}}$蓄$_{\text{储蓄}}$促烛触束锔$_{\text{锔碗}}$曲$_{\text{曲折，歌曲}}$

全浊入（19个）：捷涉蝶谍集辑$_{\text{编辑}}$袭蛰$_{\text{惊蛰}}$辙及达辖$_{\text{管辖}}$别$_{\text{离别}}$疾秩勃垺饽$_{\text{面饽}}$突

次浊入（11个）：律率$_{\text{速率}}$物莫幕寞陌$_{\text{陌生}}$木牧陸録

二、古入声在柳林话中读阳入的字（148个）

全浊入（82个）：沓$_{\text{一沓纸}}$雜合盒$_{\text{烟盒}}$闸炸$_{\text{用油炸}}$狭峡洽匣$_{\text{箱匣}}$叠碟乏习拾$_{\text{拾起来}}$十拔铡$_{\text{铡刀}}$舌折$_{\text{弄折了}}$傑截楔$_{\text{楔子}}$夺活滑猾$_{\text{狡猾}}$绝伐筏罚掘$_{\text{山合三月韵}}$橛$_{\text{橛子}}$穴侄实核术$_{\text{白术，仓术}}$述佛掘$_{\text{臻合三物韵}}$薄缚浊镯$_{\text{镯子}}$特直值食蚀殖植极白泽择$_{\text{择菜，选择}}$宅核$_{\text{审核}}$核$_{\text{果子核}}$鬬籍藉$_{\text{狼藉}}$席石笛敌获仆瀑$_{\text{瀑布}}$独读族毒服伏復$_{\text{復原}}$逐熟$_{\text{煮熟，熟悉}}$俗赎属局

次浊入（66个）：纳拉腊蜡聂$_{\text{姓}}$镊$_{\text{镊子}}$叶页业立入辣灭列烈热孽捏沫抹劣悦阅袜月越密蜜日摸落烙骆酪洛络乐略掠虐药钥$_{\text{钥匙}}$獄岳乐$_{\text{音乐}}$默匿力拓$_{\text{打}}$额麦脉逆$_{\text{顺逆，逆风}}$译溺$_{\text{溺死}}$歷曆疫禄目穆育辱褥狱浴

三、已舒化的入声字（71个）

清入（24个）：眨$_{\text{眨眼}}$压妾腌泄$_{\text{泄漏}}$撇①$_{\text{撇捺，撇开}}$屑$_{\text{不屑}}$屑$_{\text{木屑}}$鍥$_{\text{镰刀}}$挖焯$_{\text{把菜放在开水里焯焯}}$却魄栅$_{\text{栅栏}}$碧璧炙酷沃畜$_{\text{畜牲}}$粥郁粟嘱

全浊入（21个）：恨弼倔$_{\text{倔强}}$泊鑿昨鹤嚼雹贼剧$_{\text{剧烈}}$剧$_{\text{戏剧}}$夕掷射

---

① 中老年人偶尔还会读作阴入。

寂划曝栿$_{\text{梁}}$淑蜀

次浊入（26 个）：蹑$_{\text{蹑脚走}}$捺$_{\text{撇捺}}$癞裂拽$_{\text{拖}}$粤逸勿膜诺鄂若弱瘧$_{\text{瘧疾,发瘧子}}$肋勒翼亦易$_{\text{交易}}$液腋役六肉玉欲

四、不使用的入声字（72 个）

清入（43 个）：合$_{\text{十合一升}}$餂$_{\text{酒餂}}$泣揖$_{\text{作揖}}$螫拙哕$_{\text{干哕}}$瑟讫乞卒$_{\text{兵卒}}$焌$_{\text{火焌手了}}$黢$_{\text{黢黑}}$戌恤率$_{\text{率领}}$蟀佛$_{\text{仿佛}}$错$_{\text{错杂}}$索$_{\text{绳索}}$着$_{\text{着衣}}$酌绰$_{\text{宽绰}}$豰$_{\text{豰起棍子}}$钁$_{\text{钁头,大锄}}$涿$_{\text{涿县,涿鹿}}$搉$_{\text{击,搉蒜}}$彀忒$_{\text{忒杀,忒好}}$媳稙$_{\text{早稙禾}}$饬皴$_{\text{皴}}$䟶$_{\text{豆䟶子,破豆}}$吓$_{\text{恐吓}}$擘$_{\text{用手擘开}}$檗$_{\text{黄檗,药名}}$轭戟虢$_{\text{虞虢}}$醭$_{\text{醋生白醭}}$笃複

全浊入（16 个）：牒什$_{\text{什物}}$钹秫铎踱柞$_{\text{橡树}}$芍$_{\text{芍药花}}$镬$_{\text{锅}}$浞$_{\text{水湿}}$帛屐$_{\text{木屐}}$狄糴牍斛

次浊入（13 个）：鑞$_{\text{锡鑞}}$茶$_{\text{发茶}}$笠粒抹$_{\text{抹布,抹桌子}}$篾$_{\text{竹篾}}$捋$_{\text{捋袖}}$曰栗杌$_{\text{杌子,杌凳}}$籰$_{\text{收丝器}}$觅慾

五、舒入两读的字（28 个）

清入（14 个）：刮则足隔给$_{\text{给你,供给}}$客渴①笔宿朔这脚约色

全浊入（7 个）：犊$_{\text{牛犊子}}$续術轴勺$_{\text{勺子}}$协学

次浊人（7 个）：墨末没$_{\text{沉没,没有}}$鹿绿跃域

① 渴，“渴望”一词中，柳林中老年人读入声，是白读音，这是当时曾经流行的一首歌名，在其他场合表达该意思时，用“可想、想要、希望”等词。“如饥似渴”中，“渴”文读，上声。在表达口渴之意时，柳林话用“干 kiɛ^{35}”。

附录3　本书文白异读字汇总表（319字）

序号	例字	文读音	文读词①	白读音	白读词	中古音韵
1	鼻	piɛ	鼻青脸肿	$phiɛʔ^{213}$	鼻子	止开三去至并
2	避	pi^{51}	躲避	phi^{214}	避伏避暑	止开三去实并
3	耙	pa^{51}	耙地	pha^{33}	耙子	假开二去麻并
4	别	$piəʔ^{21}$	区别	$phiəʔ^{213}$	别个的其他的 写别字写错字	山开三入薛并
5	拔	$paʔ^{21}$	选拔	$phaʔ^{213}$	拔尖	山开二入黠并
6	饽	puo^{35}	香饽饽	$phəʔ^{21}$	面饽	臻合一入没并
7	白	$pɛi^{35}$	白菜	$phiəʔ^{21}$	白生生白色	梗开二入陌并
8	稗稗草	pai^{51}	稗草	$phiɛ^{51}$	（单用）	蟹开二去挂并
9	便	$piɛ^{51}$	方便	$phiɛ^{33}$、 phi^{33}	方便面	山开三去线并
10	稻	tou^{51}	水稻	$thou^{51}$	稻黍	效开一上皓定

① 李如龙（1963：90）：“把以字的文读音构成的词叫文读词，以字的白读音构成的词叫白读词。”本书从之。

续表

序号	例字	文读音	文读词	白读音	白读词	中古音韵
11	笛	tiəʔ²¹	竖笛	thiəʔ²¹³	媒笛笛子	梗开四入锡定
12	独	tuəʔ²¹	独立	thuəʔ²¹	独户户蒜没有分瓣的蒜	通合一入屋定
13	犊	tu³⁵	初生牛犊不怕虎	thuəʔ	牛犊子小牛	通合一入屋定
14	毒	tuəʔ²¹³	毒气有毒的气体	thuə²¹³	毒气不好的气体或情绪	通合一入沃定
15	夺	tuəʔ	夺命断送性命	thuəʔ	夺下	山合一入末定
16	碟	tiəʔ²¹	碟子	thiəʔ²¹	碟碟碟子	咸开四入帖定
17	沓	thaʔ²¹	拉沓不爱干净	thaʔ²¹	一沓沓钱	咸开一入合定
18	叠	tiɛʔ²¹³	重叠	thiɛʔ²¹³	叠被子	咸开四入帖定
19	渡	tu⁵¹	军渡地名	phu⁵¹	军渡地名	遇合一去暮定
20	集	tɕi³⁵	集合	tɕhiəʔ²¹、tɕiəʔ²¹³	赶集上会	深开三入缉从
21	截	tɕiɛʔ²¹	截屏	tɕhiɛʔ²¹	截住拦住	山开四入屑从
22	造	tsou⁵¹	作造做作	tshou⁵¹	制造	效开一上皓从
23	杂	tsaʔ²¹	复杂	tshaʔ²¹	杂割词	咸开一入合从
24	着	tsəʔ²¹	做着	tshəʔ²¹	睡着	宕开三入药澄
25	妯	tsou³⁵	妯娌	tshuəʔ²¹	妯娌	通合三入屋澄
26	轴	tsou²¹⁴	轴承	tshuəʔ²¹	轴轴	通合三入屋澄
27	撞	tsuo⁵¹	顶撞	tshuaʔ²¹	撞了一下	江开三去绛澄
28	直	tsəʔ²¹	直线	tshəʔ²¹	直□tuo³⁵照直	曾开三入职澄
29	侄	tsəʔ²¹	侄儿子	tshəʔ²¹	侄儿	臻开三入质澄

续表

序号	例字	文读音	文读词	白读音	白读词	中古音韵
30	宅	ʦai^{35}	宅院	ʦhaʔ^{21}	宅基地	梗开二入陌澄
31	值	ʦəʔ^{21}	价值	ʦhəʔ^{21}	值钱	曾开三入职澄
32	炸	ʦa^{21}	爆炸	ʦhaʔ^{21}	炸油糕	咸开二入洽崇
33	镯	ʦuo^{35}	手镯	ʦhuaʔ^{21}	手镯	江开二入觉崇
34	铡	ʦaʔ^{21}	铡刀	ʦhaʔ^{21}	铡刀	山开二入辖崇
35	跪	kuɛi^{51}	跪下	khuɛi^{51}	跪搂失地	止合三上纸群
36	强	ʨhiɔŋ^{35}	比你强 比你好	ʨhiɔ^{33}、ʨiɔ^{51}	强家塔地名	宕开三平阳群
37	爬	pha^{33}	爬山	pa^{35}	爬明不早	假开二平麻并
38	刨	phou^{35}	狗刨	pou^{33}	刨山药挖土豆	效开二平肴并
39	榜	pɔ^{214}	榜单	pou^{214}	榜样	宕开一上荡帮
40	楂	ʦa^{33}	山楂	ʦha^{33}	山楂	假开二平麻庄
41	波	po	波纹	pho	波浪	果合一平戈帮
42	胞	pou^{33}	双胞胎	phou^{35}	同胞	效开二平肴帮
43	痹	pi^{214}	麻痹	phi^{33}	麻痹	止开三去至帮
44	蝙	piɛ^{214}	蝙蝠	phiɛ^{35}	蝙蝠	山开四平先帮
45	掰	piɛʔ^{21}	掰下	phia^{214}	掰烂	梗开二入麦帮
46	卜	puo^{33}	萝卜	phəʔ^{21}	萝卜	果合一入屋帮
47	堡	pou^{214}	城堡	phu^{214}、pu^{214}	吴堡/堡上地名	效开一上晧帮
48	鞠	ʨyɛʔ^{213}	鞠躬	ʨhyɛʔ^{213}	鞠躬	通合三入屋见
49	菊	ʨyɛʔ^{213}	菊花	ʨhyɛʔ^{213}	菊花	通合三入屋见

续表

序号	例字	文读音	文读词	白读音	白读词	中古音韵
50	挂	kua^{51}	挂起	khua^{51}	挂挡	蟹合二去卦见
51	窟	khu^{33}	狡兔三窟	kuəʔ^{21}	窟窿	臻合一入没溪
52	帚	ʦou^{214}	扫帚	ʦhu^{51}	扫帚	流开三上有章
53	触	ʦhu^{51}	接触/触电	ʦuəʔ^{21}	接触	通合三入烛昌
54	焯	ʦou^{51}	焯一下	ʦou^{51}	焯一下	宕合三入药昌
55	颜	iɛ^{33}	颜色	niɛ^{33}	颜色	山开二平删疑
56	言	iɛ^{33}	语言	niɛ^{33}	言语	山开三平元疑
57	眼	iɛ^{214}	另眼相看	niɛ^{214}	眼水$_{\text{眼光}}$	山开二上产疑
58	砚	iɛ^{51}	笔墨纸砚	ŋiɛ^{51}	砚瓦	山开四去霰疑
59	语	y^{214}	语文	ny^{33}、niɛ^{33}	言语	遇合三上语疑
60	鱼	y^{33}	鲶鱼	ny^{51}	捉鱼	遇合三平鱼疑
61	碍	ai^{214}	碍事	ŋai^{51}	妨碍	蟹开一去代疑
62	捱	ai^{35}	捱打	nɛi^{33}、ni^{33}	捱打	蟹开二平佳疑
63	崖	ia^{33}	悬崖	ni^{51}	跌的崖$_{\text{掉下悬崖}}$	蟹开二平佳疑
64	银	iəŋ^{33}	银行	niəŋ^{33}	银钱	臻开三平真疑
65	硬	iəŋ^{51}	软硬	niəŋ^{51}、nia^{51}	硬米$_{\text{糙米}}$	梗开二去映疑
66	仰	iɔ^{214}	人仰马翻	niɔ^{214}	仰一下	宕开三上养疑
67	严	iɛ^{51}	严肃	ŋiɛ^{214}	盖严	咸开三平严疑
68	牙	ia^{33}	蛀牙	nia^{35}	乳牙	假开二平麻疑
69	芽	ia^{35}	发芽	nia^{33}	出芽	假开二平麻疑
70	爱	ai^{51}	可爱	ŋai^{51}	爱护	蟹开一去代影

续表

序号	例字	文读音	文读词	白读音	白读词	中古音韵
71	哑	ia^{214}	哑巴	nia^{214}	子哑巴	假开二上马影
72	淹	$iɛ^{35}$	淹没	$ŋiɛ^{35}$	淹死	咸开三平监影
73	掩	$iɛ^{51}$	掩护	$ŋiɛ^{214}$、$niɛ^{214}$	掩盖	咸开三上琰影
74	鸭	ia^{33}	鸭绿江	$niaʔ^{21}$	鸭子	咸开二入狎影
75	押	ia^{33}	关押	$niaʔ^{21}$	押住	咸开二入狎影
76	安	$æ^{33}$	安全	$ŋiɛ^{35}$、$ŋæ^{35}$	平安	山开一平寒影
77	夏	$ɕia^{51}$	春夏秋冬	xa^{51}	夏晌天	假开二去祃匣
78	下	$ɕia^{51}$	下棋	xa^{51}	下车/下庄地名	假开二上马匣
79	吓	$ɕia^{51}$	惊吓	xa^{51}	吓了一跳	假开二去祃晓
80	鞋	$ɕiɛ^{33}$	鞋帽社/鞋城	$xɛi^{33}$	穿鞋	蟹开二平佳匣
81	咸	$ɕiɛ^{33}$、$ɕiæ^{33}$	咸鱼	$xæ^{33}$	咸菜	咸开二平咸匣
82	馅	$ɕiɛ^{51}$	馅饼	$xæ^{51}$	馅子饺子馅儿	咸开二去陷匣
83	陷	$ɕiɛ^{51}$	陷阱	$zæ^{51}$、$xæ^{51}$	陷进去	咸开二去陷匣
84	匣	$ɕia^{35}$	匣子	$xaʔ^{213}$	风匣	咸开二入狎匣
85	瞎	$ɕia^{33}$	瞎子	$xaʔ^{213}$	瞎子	山开二入辖晓
86	孝	$ɕiou^{51}$	孝子	xou^{33}	孝帽	效开二去效晓
87	巷	$ɕiɔ^{51}$	大街小巷、柳巷地名	$xɔ^{51}$	圪巷巷小巷子	江开三去绛匣
88	项	$ɕiɔ^{51}$	项目	$xɔ^{33}$	几项项几样	江开三上讲匣

续表

序号	例字	文读音	文读词	白读音	白读词	中古音韵
89	解晓也	tɕiɛ^{214}	理解	xɛi^{51}	解下啦明白了	蟹开二上蟹见 蟹开二上蟹匣
90	孩	xɛi^{33}	孩子	ɕi^{51}	孩每孩子	蟹开一平咍匣
91	械	ɕiɛ^{51}	机械	tɕiɛ^{51}	机械	蟹开二去怪匣
92	旱	xæ^{51}	干旱	ɕiɛ^{51}	天旱	山开一上旱匣
93	汗	xæ^{51}	汗马功劳	ɕiɛ^{51}	汗水	山开一去翰匣
94	汉	xæ^{51}	汉族	ɕiɛ^{51}	老汉汉老头	山开一去翰晓
95	横蛮横	xəŋ^{51}	横行霸道	ɕya^{33}	霸横霸道	梗合二去映匣
96	粽	tɕyəŋ^{51}	粽子	tsuəŋ^{51}	粽子	通合一去送精
97	足	tɕyəʔ^{21}、tsuəʔ^{21}	足意满意/足球	tsu^{35}	足球	通合三入烛精
98	脊	tɕi^{214}、tɕi^{35}	屋脊	tɕiəʔ^{21}、tsəʔ^{21}	脊梁骨腰椎、脊背后背	梗开三入昔精
99	蛆	tshu^{0}	茅蛆厕所的蛆	tɕhy^{0}	茅蛆厕所的蛆	遇合三平鱼清
100	就	tɕiɛe^{214}	成就	tsɛi^{51}	就不偏不要	流开三去宥从
101	匠	tsɔ^{51}	木匠	tɕiɔ^{51}	匠人	宕开三去漾从
102	寻	səŋ^{33}	寻东西	ɕyəŋ^{33}	寻人	深开三平侵邪
103	供	kuəŋ^{35}	口供	tɕyəŋ^{35}	供不起	通合三平锺见
104	隔	kə^{35}	隔壁	tɕiaʔ^{21}、kəʔ^{21}	隔开	梗开二入麦见
105	港	kɔ^{214}	香港	tɕiɔ^{214}	杨家港地名	江开三上讲见
106	客	khə^{51}	客车	tɕhiaʔ^{21}、khəʔ	看客招呼客人	梗开二入陌溪

续表

序号	例字	文读音	文读词	白读音	白读词	中古音韵
107	揩	$\mathrm{kh\varepsilon i^{214}}$	揩油	$\mathrm{t\!\!\!\!\!\!\!\!\!\!\!\!ɕhi\varepsilon^{35}}$	揩桌子擦桌子	蟹开二平皆溪
108	虹	$\mathrm{xuə\eta^{33}}$	彩虹	$\mathrm{tɕiɔ^{51}}$	虹	通合一平东匣 江开三去绛见
109	购	$\mathrm{kou^{51}}$	购物	$\mathrm{\eta\,ɤ^{51}}$	采购	流开一去候见
110	给	$\mathrm{k\varepsilon i^{214}}$	送给	jiəʔ	给了	深开三入缉见
111	成	$\mathrm{tshə\eta^{33}}$	成绩	$\mathrm{s\varepsilon i^{33}}$	成家庄地名、 大成垣地名	梗开三平清禅
112	仇	$\mathrm{tshou^{33}}$	报仇	$\mathrm{s\,ɤ^{33}}$、 $\mathrm{tsh\,ɤ^{33}}$	仇人	流开三平尤禅
113	上	$\mathrm{sɔ^{51}}$	上坡	$\mathrm{xɔ^{51}}$、$\mathrm{sɔ^{51}}$	荷上拿上	宕开三上养禅
114	蝉	$\mathrm{tshæ^{35}}$	蝉	$\mathrm{s\varepsilon i^{33}}$	秋蝉蝉蝉	山开三平仙禅
115	馋	$\mathrm{tshæ^{33}}$	嘴馋	$\mathrm{sæ^{33}}$	嘴馋	咸开二平咸祟
116	盛	$\mathrm{tshə\eta^{33}}$	盛饭	$\mathrm{s\varepsilon i^{33}}$	盛饭	梗开三平清禅
117	宬	$\mathrm{sə^{33}}$	宬下住下，待着	——	——	宕开三平阳禅
118	常	$\mathrm{tshɔ\eta^{35}}$	经常	$\mathrm{sɔ^{33}}$	地名/（姓氏）	宕开三平阳禅
119	碜	$\mathrm{tshə\eta^{214}}$	寒碜	$\mathrm{sə\eta^{214}}$	食物中杂 有沙子	深开三上寝初
120	术	$\mathrm{su^{51}}$	手术	$\mathrm{suʔ^{21}}$	手术	臻合三入術澄 臻合三入術船
121	专	$\mathrm{tsuæ^{35}}$	专门	$\mathrm{læ^{35}}$	专门	山合三平仙章
122	在	$\mathrm{ts\varepsilon i^{51}}$	现在	$\mathrm{t\varepsilon i^{51}}$	就在	蟹开一上海从
123	饷	$\mathrm{ɕiɔ^{214}}$	军饷	$\mathrm{sɔ^{214}}$	领饷	宕开三去漾书

续表

序号	例字	文读音	文读词	白读音	白读词	中古音韵
124	碾	niɛ^{214}、niæ^{214}	碾压	zɣ^{214}、zɛi^{214}	碾子 磨粉的石质工具	山开三上狝泥
125	黏	niæ^{33}	黏糊糊	zɣ^{33}	（魔术贴）不黏粘不住	咸开三平监泥
126	腻	ni^{51}	油腻腻	zʅ^{214}	油腻	止开三去至泥
127	喃	næ^{35}	呢喃	zæ^{51}	喃喃的 说没用的话	咸开二平咸泥
128	扭	niɛə^{214}	扭秧歌	zɣ^{214}	（胃）扭住疼	流开三上有泥
129	糯	nuo^{51}	糯米	zuo^{214}	糯米子	果合一去过泥
130	女	ny^{214}	女生	zu^{214}	女子	遇合三上语泥
131	肥	fɛi^{33}	肥料	ɕi^{33}、xuɛi^{33}	肥猪	止合三平微奉
132	费	fɛi^{51}	浪费	ɕi^{51}、xuɛi^{51}	费水	止合三去未敷
133	废	fɛi^{51}	残废	xuɛi^{51}	残废	蟹合三去废非
134	肺	fɛi^{51}	肺结核	xuɛi^{51}	肺子肺	蟹合三去废敷
135	尾	uɛi^{214}	尾气	i^{214}	尾巴	止合三上尾微
136	蚊	uəŋ^{33}	蚊帐	məŋ^{214}	蚊子	臻合三平文微
137	挽	uæ^{214}	挽起	piɛ^{214}	挽起	山合三上阮微
138	容	zuəŋ^{33}	容纳	yəŋ^{33}	容易	通合三平锺喻以
139	荣	zuəŋ^{33}	光荣	yəŋ^{33}	荣誉	梗合三平庚喻云
140	嘴	tsuɛi^{214}	围嘴	tɕy^{214}	嘴巴骨嘴巴	止合三上纸精
141	脆	tshuɛi^{51}	干脆	tɕhy^{51}	干脆	蟹合三去祭清

续表

序号	例字	文读音	文读词	白读音	白读词	中古音韵
142	岁	suɛi^{51}	岁数	ɕy^{51}、tsuɛi^{51}	岁数 百岁 新生儿百天	蟹合三去祭心
143	绥	suɛi^{35}	绥德	sy^{35}	绥德	止合三平脂心
144	虽	suɛi^{35}	虽然	sy^{35}	虽然	止合三平脂心
145	缀	tsuɛi^{51}	点缀	tɕy^{51}	缀扣扣 缝扣子	蟹合三去祭知
146	税	suɛi^{51}	交税、收税	ɕy^{51}	税收	蟹合三去祭审 书
147	吹	tshuɛi^{35}	风吹日晒、吹牛	tɕhy^{35}	吹风机	止合三平支穿 昌
148	炊	tshuɛi^{35}	炊事员	tɕhy^{35}	炊事班	止合三平支穿 昌
149	锥	tsuɛi^{51}	圆锥	tɕy^{51}	锥子	止合三平脂照 章
150	坠	tsuɛi^{51}	脸坠下 吃胖了、坠毁	tɕy^{51}	耳坠	止合三去至澄
151	水	suɛi^{214}	白开水	ɕy^{214}	滚水 开水	止合三上旨书
152	垒	luɛi^{214}、lɛi^{214}	垒起、堡垒	ly^{214}	垒火炉子 用煤块垒的塔状旺火	止合三上旨来
153	类	luɛi^{51}、lɛi^{51}	类型	ly^{51}	一类	止合三去至来
154	泪	luɛi^{51}、lɛi^{51}	眼泪	ly^{51}	眼泪	止合三去至来
155	累	luɛi^{214}、lɛi^{214}	连累、累积	ly^{51}	连累	止合三上纸来

续表

序号	例字	文读音	文读词	白读音	白读词	中古音韵
156	喂	uɛi^{51}	喂饭	y^{51}	喂饭	止合三去寘影
157	围	uɛi^{33}	周围	y^{33}	围住	止合三平微云
158	咨	ʦɿ^{35}	咨询	ʦɛi^{35}	咨询	止开三平脂精
159	智	ʦɿ^{51}	智慧	ʦɛi^{51}	智力	止开三去寘知
160	知	ʦɿ^{35}	知识	ʦɛi^{35}	知识	止开三平支知
161	痴	ʦhɿ^{33}	痴呆	ʦhɛi^{35}	痴痴瞪瞪	止开三平之彻
162	持	ʦhɿ^{33}	支持	ʦhɛi^{33}	支持	止开三平之澄
163	迟	ʦhɿ^{33}	迟到	ʦhɛi^{33}	迟到	止开三平脂澄
164	池	ʦhɿ^{33}	池塘	ʦhɛi^{33}	池池	止开三平支澄
165	制	ʦɿ^{51}	制造	ʦɛi^{51}	制造	蟹开三去祭照章
166	势	sɿ^{51}	姿势	sɛi^{51}	势力	蟹开三去祭审书
167	世	sɿ^{51}	世界	sɛi^{51}	世上	蟹开三去祭审书
168	灰	xuɛi^{35}	灰的	xuo^{33}	灰尘	蟹合一平灰晓
169	雷	lɛi^{33}	雷电	luɛi^{33}	打雷	蟹合一平灰来
170	儡	lɛi^{214}	傀儡	luɛi^{214}	傀儡	蟹合一上贿来
171	揩	khɛi^{214}	揩油	ʨhiɛ^{35}	揩桌子擦桌子	蟹开二平皆溪
172	秸	ʨiɛ^{33}	秸秆	ʨi^{35}	麦秸	蟹开二平皆见
173	芦	lu^{33}	西葫芦	lɤ^{35}、ly^{35}	kuəʔ^{21}芦西葫芦	遇合一平模来
174	阻	ʦu^{214}	阻碍	ʦuəʔ^{21}	阻住	遇合三上语庄
175	抱	pou^{51}	拥抱	pu^{51}	圪抱抱的舍不得	效开一上晧并
176	跑	phou^{214}	跑步	kɔ^{51}	跑得快	效开二平肴并
177	毛	mou^{33}	毛绒玩具	mu^{33}	狗毛	效开一平豪明

续表

序号	例字	文读音	文读词	白读音	白读词	中古音韵
178	谋	mou^{33}	谋划	mu^{33}	思谋打算	流开三平尤明
179	扭	$ni\varepsilon ə^{214}$	扭秧歌	$zɣ^{214}$	扭住疼痉挛	流开三上有泥
180	干	$kæ^{33}$	干旱	$ki\varepsilon^{33}$	干巴巴干，没感情	山开一平寒见
181	竿	$kæ^{33}$	鱼竿	$ki\varepsilon^{33}$	电线竿子	山开一平寒见
182	感	$kæ^{214}$	感动	$ki\varepsilon^{214}$	感想	咸开一上感见
183	扁	$pi\varepsilon^{214}$、$piæ^{214}$	看扁小瞧人	$pæ^{214}$	压扁	山开四上铣帮
184	匾	$pi\varepsilon^{214}$、$piæ^{214}$	牌匾	$pæ^{214}$	牌匾	山开四上铣帮
185	联	$li\varepsilon^{33}$、$liæ^{51}$	联系	$luæ^{33}$、luo^{33}	联校、妇联主任	山开三平仙来
186	恋	$li\varepsilon^{33}$、$liæ^{51}$	恋爱	luo^{33}	恋爱	山合三去线来
187	冠	$kuæ^{51}$	冠军	kuo^{35}	鸡冠冠鸡冠儿	山合一去换见
188	判	$p^hæ^{33}$	判断	p^hou^{51}	判卷子判卷儿	山合一去换滂
189	然	$zæ^{33}$	然后	$zɣ^{33}$、$z\varepsilon i^{33}$	安然/然后	山开三平仙日
190	展	$tsæ^{214}$	展览	$tsɣ^{214}$、$ts\varepsilon i^{214}$	展展的平整 展开	山开三上弥知
191	扇	$sæ^{33}$	扇子	$sɣ^{51}$、$s\varepsilon i^{51}$	扇子	山开三去线审书
192	陕	$sæ^{214}$	陕北	$sɣ^{214}$、$s\varepsilon i^{214}$	陕西	咸开三上琰审书

续表

序号	例字	文读音	文读词	白读音	白读词	中古音韵
193	闪	sæ^{214}	闪亮	s ɤ^{214}、sɛi^{214}	打闪$_{打雷}$ 闪一下	咸开三上琰审$_{书}$
194	缠	tshæ^{33}	纠缠	tsh ɤ^{33}、tshɛi^{33}	缠足、缠线	山开三平仙澄
195	粘	tsæ^{33}	粘上	tsɔ^{214}、tsɛi^{35}	粘住、粘上	咸开三平监知
196	渴	khə^{214}	口渴	khəʔ^{21}、khɔ^{51}	渴望、渴死了	山开一入曷溪
197	末	muo^{51}	末尾	məʔ^{21}、ma^{33}	期末、末tuəʔ^{21}子$_{末尾}$	山合一入末明
198	这	tsə^{51}、t ʂə^{51}	这里	tsəʔ^{21}、tsɛi^{35}	这骨$_{这个}$、这搭$_{这里}$	山开三入薛章
199	薛	ɕyɛ^{33}	姓	ɕiəʔ^{21}、ɕyəʔ^{21}	姓	山开三入薛心
200	舌	sə^{35}	舌头	saʔ^{21}、səʔ^{21}	舌头	山开三入薛床$_{船}$
201	捏	niɛ^{33}	捏住	niaʔ^{21}、niəʔ^{21}	捏住、拿捏	山开四入屑泥$_{娘}$
202	协	ɕiɛ^{33}	协会	ɕiaʔ^{21}、ɕiəʔ^{21}	协会、协调	咸开四入帖匣
203	爹	tiɛ^{33}	爹娘	tia^{214}	爹妈	假开三平麻知
204	借	tɕiɛ^{51}	借贷	tɕia^{51}	借东西	假开三去祃精
205	姐	tɕiɛ^{214}	姐姐	tɕia^{214}	姐姐	假开三上马精
206	写	ɕiɛ^{214}	书写	ɕia^{214}	写字	假开三上马心

续表

序号	例字	文读音	文读词	白读音	白读词	中古音韵
207	泻	ɕiɛ^{51}	腹泻	ɕia^{51}	泻火	假开三去禡心
208	斜	ɕiɛ^{33}	斜视	ɕya^{33}、ɕia^{33}	斜转 斜着放	假开三平麻邪
209	爷	iɛ^{33}	爷爷	ia^{33}	爷爷	假开三平麻以
210	夜	iɛ^{51}	夜来 昨天	ia^{51}	更深夜半 深更半夜	假开三去禡以
211	野	iɛ^{214}	田野	ia^{214}	野地	假开三上马以
212	社	sə^{33}	社会	sa^{51}	公社	假开三上马禅
213	蛇	sə^{33}	打草惊蛇	sa^{33}	蛇蛋	假开三平麻船
214	舍	sə^{214}	舍弃	sa^{214}	舍不得	假开三上马书
215	遮	ʦə^{33}	遮挡	ʦa^{33}	遮住	假开三平麻章
216	惹	zə^{214}	招惹	za^{214}	惹事	假开三上马日
217	锣	luo^{33}	锣鼓	lɔ^{33}	敲锣打鼓	果开一平歌来
218	箩	luo^{33}	箩筐	lɔ^{33}	筐箩	果开一平歌来
219	阿	a^{33}	阿姨	ɔ^{35}	阿诗玛 香烟牌子	果开一平歌影
220	他①	tha^{35}	代词	nɔ^{214}/uo^{214}	代词	果开一上歌透
221	左	ʦuo^{214}	左手	ʦɔ^{51}	左刮则 左撇子	果开一上哿精
222	哪	na^{214}	哪里	ia^{51}	哪家了 哪里的	果开一上哿泥
223	挲	suo^{33}	摩挲	saʔ^{21}	卜挲 抚摸	果开一平歌心
224	那	na^{51}	那里	uəʔ^{21}/uɛi^{35}	那搭 那里/那个	果开一去箇泥

① 小明好说话了不遇事好沟通？他［nɔ^{214}］不好说话。他［uo^{214}］可厉害了。

续表

序号	例字	文读音	文读词	白读音	白读词	中古音韵
225	个	kə^{51}	一个	kuəʔ^{21}/kɔ^{51}	一个	果开一去箇见
226	唆	suo^{33}	教唆	suəʔ^{21}	教唆	果合一平戈心
227	隋	suɛi^{35}	隋朝	ɕy^{33}	隋朝	果合一上果透
228	茄	tɕhiɛ^{33}	茄子	tɕhia^{33}	茄子	果开三平戈群
229	瘸	tɕhyɛ^{35}	瘸子	tɕhya^{33}	瘸子	果合三平戈群
230	靴	ɕyɛ^{35}	靴子	ɕya^{35}	靴子	果合三平戈晓
231	索	suo^{0}	利索	saʔ^{21}、suəʔ^{21}	利索	宕开一入铎心
232	落	luo^{51}	降落伞	laʔ^{21}、luəʔ^{21}	落花生	宕开一入铎来
233	洛	luo^{51}	洛阳	laʔ^{21}、luəʔ^{21}	洛阳	宕开一入铎来
234	脚	tɕiou^{214}	手脚	tɕiəʔ^{21}、tɕiɛ^{214}	赤脚打片(光脚丫)	宕开三入药见
235	勺	sou^{35}	勺子	suəʔ^{21}	勺子	宕开三入药禅
236	约	yɛ^{33}	约会	iaʔ^{21}、iou^{35}	约会、约摸	宕开三入药影
237	跃	yɛ^{51}	大跃进	yəʔ^{21}、iou^{51}	大跃进	宕开三入药喻(以)
238	觉	tɕyɛ^{35}	感觉	tɕiaʔ^{21}、tɕyəʔ^{21}	觉意(觉得)	江开二入觉见
239	角	tɕiou^{214}	角度	tɕiaʔ^{21}、tɕyəʔ^{21}	角色	江开二入觉见

续表

序号	例字	文读音	文读词	白读音	白读词	中古音韵
240	学	ɕyɛ³⁵	学习	ɕyəʔ²¹、ɕiou³³、ɕiɛ²¹⁴	学霸	江开三入觉匣
241	朔	suo⁵¹	朔州	suaʔ²¹	朔州	江开三入觉审生
242	缩	suo³³	萎缩	suaʔ²¹	缩脖子	通合三入屋审生
243	饷	ɕiɔ²¹⁴	军饷	sɔ²¹⁴	领饷	宕开三去漾审书
244	桑	sɔ³⁵	桑叶	suo³⁵	桑叶	宕开一平唐心
245	榜	pɔŋ²¹⁴	封神榜	pou²¹⁴	榜样	宕开一上荡帮
246	忙	mɔŋ³³	帮忙	mou³³	忙甚了忙什么	宕开一平唐明
247	碜	tshəŋ²¹⁴	寒碜	səŋ²¹⁴	食物中杂有沙子	深开三上寝初
248	嫩	nəŋ⁵¹	嫩绿	nuəŋ⁵¹	嫩苗	臻合一去慁泥娘
249	匀	yəŋ³³	均匀	iəŋ³³	匀开、匀公平均分配	臻合三平谆喻以
250	允	yəŋ²¹⁴	允许	iəŋ⁵¹	允承答应	臻合三上準喻以
251	没	mou⁵¹	没地浇地	məʔ	没啦没有	臻合一入没明
252	迸	pəŋ⁵¹	迸发	pia⁵¹	迸火星迸火花	梗开二去诤帮
253	掰	pæ³⁵	掰玉米	piɛʔ²¹、phia²¹⁴	掰下/掰烂	梗开二入麦帮
254	棚	phəŋ³⁵	车棚	phia³³	棚棚小棚子	梗开二平耕并
255	蒙	məŋ³³	蒙面	mia³³	蒙眉捂骨不爱说话	通合一平东明
256	猛	məŋ²¹⁴	凶猛	mia²¹⁴	猛不防突然	梗开二上梗明

续表

序号	例字	文读音	文读词	白读音	白读词	中古音韵
257	更	$kəŋ^{35}$、$kəŋ^{214}$	更换	$tɕia^{35}$	深更半夜	梗开二平庚见
258	耕	$kəŋ^{35}$	耕地	$tɕia^{35}$	耕地	梗开二平耕见
259	坑	$khəŋ^{33}$	坑人	$tɕhia^{35}$	大坑	梗开二平庚溪
260	冷	$ləŋ^{214}$	寒冷	lia^{214}	冷一下	梗开二上梗来
261	杏	$ɕiəŋ^{51}$	杏仁	$ɕia^{51}$	杏$_{杏儿}$	梗开二上梗匣
262	饼①	$piəŋ^{214}$	月饼	pi^{214}	饼子	梗开三上静帮
263	坪	$phiəŋ^{33}$	草坪	phi^{51}	杨家坪$_{地名}$	梗开三平庚并
264	平	$piəŋ^{33}$	平安	phi^{33}	平平的$_{平坦}$	梗开三平庚并
265	病	$piəŋ^{51}$	病房	pi^{51}	害上病$_{得病}$	梗开三去映并
266	瓶	$phiəŋ^{33}$	瓶子	phi^{33}	瓶瓶$_{瓶子}$	梗开四平青并
267	明	$miəŋ^{33}$	明显、明明	mi^{51}	明$_{明天}$	梗开三平庚明
268	鸣	$miəŋ^{33}$	打鸣	mi^{51}	叫鸣$_{打鸣}$	梗开三平庚明
269	名	$miəŋ^{33}$	姓名	mi^{33}	名字	梗开三平清明
270	命	$miəŋ^{51}$	命运	mi^{51}	要命	梗开三去映明
271	钉	$tiəŋ^{35}$	钉子	ti^{35}	钉钉$_{钉子}$	梗开四平青端
272	靪	$tiəŋ^{35}$	靪鞋	ti^{35}	补靪	梗开四平青端

① 参见李小平：《临县方言志》，10页，太原，山西高校联合出版社，1991。记载，“饼”文读为［$piŋ^{214}$］，指集市上买的饼子，一般呈半圆形。白读为［pi^{214}］，指自己家里做的饼子，一般是圆形的。笔者调查发现柳林人是以做饼子的火源及制作方法来区分的，文读词［$piŋ^{214}$］是指在焦炭上烤制而成的饼子，一般是可以售卖的；白读词［pi^{214}］是指自己家里蒸或烧（铁饼上烤饼谓之“烧饼$_{白读}$子”）的饼子。

续表

序号	例字	文读音	文读词	白读音	白读词	中古音韵
273	顶	$tiəŋ^{214}$	房顶	ti^{214}	顶针	梗开四上迥端
274	听	$thiəŋ^{35}$	听力	thi^{35}	听说听话	梗开四平青透
275	停	$tiŋ^{33}$	停车	thi^{35}	停停的不要乱动	梗开四平青定
276	定	$tiəŋ^{51}$	决定	ti^{51}	定息缓一下	梗开四去径定
277	零	$liəŋ^{33}$	零里八碎零碎	li^{33}	零头	梗开四平青来
278	灵	$liəŋ^{33}$	灵活	li^{33}	灵堂	梗开四平青来
279	铃	$liəŋ^{33}$	风铃	li^{33}	铃铃铃铛	梗开四平青来
280	领	$liəŋ^{214}$	领导	li^{214}	领口	梗开三上静来
281	睛	$jiəŋ^{35}$	（和某人）没眼睛不喜欢	ji^{35}	眼睛	梗开三平清精
282	井	$tɕiəŋ^{214}$	矿井	$tɕi^{214}$	打井	梗开三上静精
283	清	$tɕiəŋ^{35}$	清洁工	$tɕhi^{35}$	清水	梗开三平清清
284	青	$tɕiəŋ^{35}$	青少年	$tɕhi^{35}$	青蛋子未成熟的瓜果	梗开四平青清
285	净	$tɕiəŋ^{51}$	洗洁净	$tɕi^{51}$	干净	梗开三去劲从
286	星	$ɕiəŋ^{33}$	星期	$ɕi^{35}$	星宿星星	梗开四平青心
287	经	$tɕiəŋ^{35}$	经过	$tɕi^{35}$	经线子织布机的经线	梗开四去径见
288	镜	$tɕiəŋ^{51}$	墨镜	$tɕi^{51}$	镜子	梗开三去映见
289	轻	$tɕiəŋ^{35}$	年轻	$tɕhi^{35}$	轻松	梗开三平清溪
290	影	$jiəŋ^{214}$	电影	ji^{51}	影虎子影子	梗开三上梗影

续表

序号	例字	文读音	文读词	白读音	白读词	中古音韵
291	赢	jiəŋ^{35}	双赢	ji^{35}	输赢	梗开三平清喻以
292	营	jiəŋ^{33}	军营	ji^{33}	营生	梗合三平清喻以
293	蝇	jiəŋ^{33}	蝇头小利	ji^{33}	蝇子苍蝇	曾开三平蒸喻以
294	整	ʦəŋ^{214}	整齐	ʦɛi^{214}	整掇整理	梗开三上静照章
295	正	ʦəŋ^{51}	正能量	ʦɛi^{51}	正面	梗开三去劲照章
296	声	səŋ^{35}	声音	sɛi^{35}	声气声音特色	梗开三平清审书
297	蒸	ʦəŋ^{35}	水蒸气	ʦɛi^{35}	蒸馍馍	曾开三平蒸照章
298	绳	səŋ^{33}	跳绳绳	sɛi^{33}	大绳粗绳子	曾开三平蒸床船
299	称	ʦhəŋ^{35}、ʦhəŋ^{51}	称重	ʦhɛi^{35}	称鸡蛋	曾开三平蒸穿昌
300	秤	ʦhəŋ^{51}	公斤秤	ʦhɛi^{51}	秤盘盘秤盘	曾开三去证穿昌
301	剩	səŋ^{51}	剩女	sɛi^{51}	剩饭	曾开三去证床船
302	症	ʦəŋ^{51}	症状	ʦɛi^{51}	症状	曾开三去证照章
303	甥	səŋ^{35}	外甥	saʔ^{21}	外甥	梗开二平庚审生
304	生	səŋ^{35}、ʂəŋ^{33}	生日	saʔ^{21}、sa^{35}	辈生好朋友、生火	梗开二平庚审生
305	色	sai^{214}、sə^{51}	色子、颜色	saʔ^{21}	色气	曾开三入职审生
306	则	ʦə^{35}	规则	ʦaʔ^{21}、ʦəʔ^{21}	规则	曾开一入德精
307	郝	xou^{214}	姓氏	xəʔ^{21}	姓氏	梗合三平庚晓
308	域	y^{51}	西域	yəʔ	西域	曾合三入职喻云
309	墨	muo^{51}	墨迹	miəʔ^{21}	墨汁	曾开一入德明

续表

序号	例字	文读音	文读词	白读音	白读词	中古音韵
310	壅	——	——	tɕy^{35}	壅肥料	通合三去用影
311	兄	ɕyəŋ^{35}	师兄	ɕy^{35}	兄弟	梗合三平庚晓
312	笼	luəŋ^{214}	笼络	l ɤ^{51}	灯笼	通合一平东来
313	宿$_{1}$①	su^{51}	住宿	ɕyəʔ^{21}	宿舍	通合三入屋心
314	续	ɕy^{51}	续集	ɕyəʔ^{21}	连续	通合三入烛邪
315	绿	ly^{51}	绿色	luəʔ^{21}	绿灯	通合三入烛来
316	六	liu^{51}	六个	luəʔ^{21}	六畜兴旺	通合三入屋来
317	肉	z ɤ^{51}	猪肉	zuəʔ^{21}	肉桂$_{中药名}$	通合三入屋日
318	鹿	lu^{51}	长颈鹿	luəʔ^{214}	梅花鹿	通合一入屋来
319	刮	kua^{35}	刮胡子	kuaʔ^{21}	刮风	宕开一入铎晓

① 宿$_{2}$: 白 ɕiɛ^{51}/文 ɕiu^{51} 星宿，中古音韵：流开三去宥心

附录 4 文白异读变异专项调查问卷

（A）柳林话文白异读变异情况调查表（被试版本）

请用您日常所说的柳林话和读书面文字的音读下面词语，谢谢合作！

[白]：白菜、白富美、白眼狼、白生生、白脸奸臣 | [爬]：爬山、爬坡、爬山（墙）溜瓦$_{上山(墙)下沟}$、爬明不早$_{天不亮就起床}$、爬起失坐$_{坐卧不安}$ | [触]：触角、接触、触电 | [硬]：硬度、软硬、硬茬茬、硬米 | [安]：安全、一路平安、安安然然$_{不惹事}$ | [夏]：春夏秋冬、夏天、立夏、夏晌天$_{夏天}$ | [巷]：巷子、柳巷$_{太原市的购物地名}$圪巷巷$_{小巷子}$ | [孩]：孩子、男孩、孩每$_{孩子们}$ | [横]$_{蛮横}$：横行霸道、横竖、霸横$_{霸道}$、横懒十字 | [足]：举手投足、足球、足意$_{满足}$ | [供]：口供、供销社、供不起、供管$_{养活}$ | [仇]：报仇、仇人、记仇、仇了$_{不和睦}$ | [碾]：碾子$_{磨粉的石质工具}$、碾压、碾则山$_{柳林县地名}$ | [肥]：肥料、肥猪、肥胖蛋 | [尾]：尾巴、尾气、追尾 | [蚊]：蚊帐、蚊子、蝇蚊圪蚤 | [荣]：荣华富贵、光荣 | [岁]：长命百岁、岁数、几岁、百岁$_{百天}$ | [坠]：坠落、坠毁、脸坠下$_{吃胖了}$、耳坠 | [迟]：尉迟恭$_{门神}$、迟早、迟到 |

世：世人、世界、世上 | 堡：城堡、碉堡、堡上地名、吴堡地名 | 购：网购、购物、采购 | 联：联系、联校、妇联主任 | 恋：恋恋不舍、依恋、恋爱 | 然：然而、然后、安然、自然 | 闪：闪亮、闪电、打闪打雷、闪了一下 | 末：末尾、期末、末□tuəʔ^{21}子末尾 | 协：协助、协会、协调 | 写：书写、写字、写作业、写下 | 舍：舍命陪君子、舍弃、舍得、宿舍 | 左：左派、左右、左手、左刮子左撇子 | 个：几个、个数、个别、个子身高 | 落：家道中落、日落、降落伞、落花生 | 约：约会、约好、约定、约摸 | 学：鹦鹉学舌、学校、学霸、学会 | 匠：匠人、木匠、泥匠泥瓦匠 | 桑：沧海桑田、沧桑、桑叶 | 寻：寻找、寻人启事、寻东西 | 集：集合、集中、赶集上会 | 棚：车棚、雨棚、搭棚棚、猴棚棚小棚子 | 正：正直、真正、正月、翻正正反 | 生：生日、陌生、生巴巴陌生、过生、生月、辈生好朋友 | 宿：夜宿山寺、住宿、宿舍、隔了一宿住了一晚 | 刮：刮胡子、刮风、刮嗒出门(串门)

(B)柳林话文白异读变异情况调查表(调查员版本)

被试编号:调查时间:20　　年　　月　　日

性别:　　　出生年月:　　　文化程度:　　　职业:

白:白菜、白富美、白眼狼、白生生、白脸奸臣(①pεi^{35} ②phiəʔ^{21})丨爬:爬山、爬坡、爬山(墙)溜瓦上山(墙)下沟、爬明不早天不亮就起床、爬起失坐坐卧不安(①pha^{33} ②pa^{35})丨触:触角、接触、触电(①tshu^{51} ②tsuəʔ^{21} ③tshuəʔ^{21})丨硬:硬度、软硬、硬茬茬、硬米(①iŋ^{51} ②niŋ^{51} ③nia^{51})丨安:安全、一路平安、安安然然不惹事(①æ^{33} ②ŋæ^{35} ③ŋiε^{35})丨夏:春夏秋冬、夏天、立夏、夏晌天夏天(①ɕia^{51} ②xa^{51})丨巷:巷子、柳巷太原市的购物地名 圪巷巷小巷子(①ɕiɔ^{51} ②xɔ^{33})丨孩:孩子、男孩、孩每孩子们(①xεi^{33} ②ɕi^{51})丨横蛮横:横行霸道、横竖、霸横霸道、横懒十字(①xəŋ^{33} ②ɕya^{33})丨足:举手投足、足球、足意满足(①tsu^{35} ②tsuəʔ^{21} ③tɕyəʔ^{21})丨供:口供、供销社、供不起、供管养活(①kuəŋ^{35} ②tɕyəŋ^{35})丨仇:报仇、仇人、记仇、仇了不和睦(①tshou^{33} ②tsh ɤ^{33} ③s ɤ^{33})丨碾:碾子磨粉的石质工具、碾压、碾则山柳林县地名(①z ɤ^{214} ②zεi^{214} ③niε^{214} ④niæ^{214} ⑤iε^{51})丨肥:肥料、肥猪、肥胖蛋(①fεi^{33} ②xuεi^{33} ③ɕi^{33})丨尾:尾巴、尾气、追尾(①uεi^{214} ②i^{214})丨蚊:蚊帐、蚊子、蝇蚊圪蚤(①uəŋ^{33} ②məŋ^{214})丨荣:荣华富贵、光荣、荣誉(①zuəŋ^{33} ②yəŋ^{33})丨岁:长命百岁、岁数、几岁、百岁百天(①suεi^{51} ②ɕy^{51} ③tsuεi^{51})丨坠:坠落、坠毁、脸坠下吃胖了、耳坠(①tsuεi^{51} ②tʂuεi^{51} ③tɕy^{51})丨迟:尉迟恭、迟早、迟到(①tshʅ^{33} ②tshεi^{33})丨世:世人、世界、世上(①sʅ^{51} ②sεi^{51})丨堡:城堡、碉堡、堡上地名、吴堡地名(①pou^{214} ②phu^{214} ③pu^{214})丨购:网购、购物、采购(①kou^{51} ②ŋ ɤ^{51})丨联:联系、联校、妇联主任(①liε^{33} ②liæ^{51}

③luæ^{33}④luo^{33}）丨恋：恋恋不舍、依恋、恋爱（①liɛ^{51}②liæ^{51}③luo^{33}）丨然：然而、然后、安然、自然（①zæ^{33}②zɤ^{33}③zɛi^{33}）丨闪：闪亮、闪电、打闪$_{\text{打雷}}$、闪了一下（①sæ^{214}②sɤ^{214}③sɛi^{214}）丨末：末尾、期末、末□tuəʔ^{21}子$_{\text{末尾}}$（①məʔ^{21}②muo^{51}③ma^{33}）丨协：协助、协会、协调（①ɕiɛ^{33}②ɕiaʔ^{21}③ɕiəʔ^{21}）丨写：书写、写字、写作业、写下（①ɕiɛ^{214}②ɕia^{214}）丨舍：舍命陪君子、舍弃、舍得、宿舍（①sə^{214}②sa^{214}）丨左：左派、左右、左手、左刮子$_{\text{左撇子}}$（①tsuo^{214}②tsɔ^{51}）丨个：几个、个数、个别、个子$_{\text{身高}}$（①kə^{51}②kuəʔ^{21}③kɔ^{51}）丨落：家道中落、日落、降落伞、落花生（①luo^{51}②laʔ^{21}③luəʔ^{21}）丨约：约会、约好、约定、约摸（①yɛ^{33}②iaʔ^{21}③iou^{35}）丨学：鹦鹉学舌、学校、学霸、学会（①ɕyɛ^{35}②ɕyəʔ^{21}③ɕiou^{33}④ɕiɛ^{214}⑤ɕiəʔ^{21}）丨匠：匠人、木匠、泥匠$_{\text{泥瓦匠}}$（①tɕiɔ^{51}②tsɔ^{51}）丨桑：沧海桑田、沧桑、桑叶（①sɔ^{35}②suo^{35}）丨寻：寻找、寻人启事、寻东西（①ɕyəŋ^{33}②səŋ^{33}③ɕiŋ^{33}）丨集：集合、集中、赶集上会（①tɕi^{35}②tɕhiəʔ^{21}③tɕiəʔ^{213}）丨棚：车棚、雨棚、搭棚棚、猴棚棚$_{\text{小棚子}}$（①phəŋ^{35}②phia^{33}③phəŋ^{33}）丨正：正直、真正、正月、翻正$_{\text{正反}}$（①tsəŋ^{51}②tsɛi^{51}）丨生：生日、陌生、生巴巴$_{\text{陌生}}$、过生、生月、辈生$_{\text{好朋友}}$（①səŋ^{35}②saʔ^{21}③sa^{35}）丨宿：夜宿山寺、住宿、宿舍、隔了一宿$_{\text{住了一晚}}$（①su^{51}②ɕyəʔ^{21}③suəʔ^{21}）丨刮：刮胡子、刮风、刮嗒$_{\text{出门(串门)}}$（①kuaʔ^{21}②kua^{35}）

附录5　调查被试情况详表

编号	性别	年龄	出生地①	迁入时间	外出经历	文化程度	职业
001	女	66岁	一村委	——	——	初中（函授专科）	退休小学教师
002	女	60岁	二村委	——	——	高中	家庭主妇
003	男	58岁	二村委	——	——	大专及以上	教师
004	女	26岁	二村委	——	2012年9月—2015年3月在太原上学；	大专及以上	教师
005	女	52岁	二村委	——	1982—1985年在汾阳上学	大专及以上	初中英语教师
006	男	75岁	三村委	——	1984年去太谷进修一年	初中	农技员
007	女	57岁	柳林镇薛家湾	1981年嫁入	——	初中	家庭主妇

① 出生地隶属穆村镇的直接写村名，非穆村镇的在其前注明同级的乡镇名。

续表

编号	性别	年龄	出生地	迁入时间	外出经历	文化程度	职业
008	男	47岁	三村委	——	1991—1994年在太原上学	大专及以上	银行工作人员
009	女	31岁	沙曲村	——	2004—2010年在西安上学、在北京打工	高中	司药员
010	女	52岁	陈家湾赵家山	1988年嫁入	——	高中	医师
011	男	32岁	一村委	——	2002—2007年在临汾上学3年，在太原打工4年	大专及以上	村委电脑技术人员
012	男	66岁	一村委	——	1973—1977年在陕西安康当兵	小学	农民
013	男	50岁	一村委清泉沟	——	——	初中	村支部委员
014	女	35岁	高家沟乡贺家坡郝家庄	2005年嫁入	——	初中	家庭主妇
015	女	47岁	杨家坪旧街	1994年嫁入	——	初中	家庭主妇
016	男	22岁	沙曲村	——	2016—2019年在太原上学	大专及以上	快递员

续表

编号	性别	年龄	出生地	迁入时间	外出经历	文化程度	职业
017	男	47岁	沙曲村	——	——	初中	货车司机
018	女	52岁	柳林镇薛家湾	1987年嫁入	1986—1987年在太原打工	高中	家庭主妇
019	男	62岁	沙曲村	——	1981—1983年在汾阳师范上学	高中	退休教师
020	男	26岁	沙曲村	——	——	初中	铲车司机
021	女	30岁	庄上镇后安峪	——	2005—2010年在离石上学	大专及以上	中国移动公司
022	女	28岁	庄上乡天绳头	2010年嫁入	2002—2007年在离石上学	高中	华晋饭店服务员
023	女	23岁	沙曲村	——	2014—2017年在太原上学	大专及以上	会计
024	男	33岁	康家沟	——	——	初中	货车司机
025	女	32岁	柳林镇薛家湾村	2008年嫁入	——	小学	家庭主妇
026	男	58岁	高明村	——	1979—1983年在天津当兵	高中	货车司机
027	男	26岁	高明村	——	——	初中	汽车修理员
028	女	56岁	高明村	——	——	初中	家庭主妇

续表

编号	性别	年龄	出生地	迁入时间	外出经历	文化程度	职业
029	女	21岁	高明村	——	2015—2019年在长治上学	大专及以上	护士
030	男	28岁	高明村	——	2010—2019年在西安上学7年，在南京工作2年	大专及以上	软件工程师
031	女	29岁	高明村	——	2010—2013年在临汾上学	大专及以上	特岗教师
032	男	52岁	高明村	——	——	小学	煤矿井下工人
033	男	77岁	三村委贾家沟		1959—1961年在太原上学	高中	会计、老教师
034	女	73岁	白家塔	1969年嫁入	——	小学	家庭主妇
035	女	33岁	贾家沟		2000—2005年在太原上学	大专及以上	幼儿园教师
036	女	47岁	二村委	——	——	初中	个体户
037	男	54岁	沙曲村	——	——	高中	药剂师
038	男	30岁	张家山		2014年在太原打工	初中	

续表

编号	性别	年龄	出生地	迁入时间	外出经历	文化程度	职业
039	男	28 岁	堡上村		2011—2013 年在新疆和田当兵	大专及以上	个体户
040	男	28 岁	张家山		2015 年至今在太原打工	初中	工人
041	男	69 岁	杨家坪	——	——	初中	农民
042	女	68 岁	二村委	——	——	没上过学	家庭主妇
043	男	28 岁	杨家坪	——	——	高中	矿工
044	女	45 岁	一村委	——	——	小学	家庭主妇
045	男	48 岁	一村委	——	常年在外跑车，单次未满一年	初中	司机
046	女	49 岁	二村委	——	——	初中	家庭主妇
047	女	30 岁	杨家坪	——	2013—2016 年在太原上学	大专及以上	教师
048	女	51 岁	二村委	——	——	大专及以上	教师
049	男	37 岁	二村委	——	——	初中	司机
050	女	21 岁	二村委	——	2017 年至今在太原上学	大专及以上	学生
051	女	21 岁	二村委贾家沟	——	2016—2019 年在运城上学	大专及以上	幼师
052	女	23 岁	二村委贾家沟	——	2014—2017 年在临汾上学	大专及以上	小学教师

续表

编号	性别	年龄	出生地	迁入时间	外出经历	文化程度	职业
053	男	73 岁	二村委炭场寨	——	1966 年在太原打工	初中	电工
054	女	41 岁	二村委炭场寨	——	——	小学	家庭主妇
055	男	35 岁	堡上村	——	2003—2007 年在山西师范大学上学	大专及以上	公务员
056	男	32 岁	卜赖垣	——	2914—2015 年在太原打工	初中	货车司机
057	男	49 岁	高明村	——	——	小学	建筑工
058	男	61 岁	三村委	——	1977—1983 年在天津当兵	高中	村委书记
059	男	60 岁	三村委	——	1979—1980 年在新疆当兵	高中	门卫
060	女	37 岁	堡上村	——	——	高中	个体户
061	女	47 岁	卜赖垣	——	——	小学	清洁工
062	男	66 岁	石西乡	——	——	初中	收废品
063	男	37 岁	安沟	——	——	初中	个体户
064	男	48 岁	卜赖垣	——	——	小学	电器维修工
065	女	46 岁	高家沟乡贺家坡村	——	1990—1994 年在太原农机院上学	高中	公务员

续表

编号	性别	年龄	出生地	迁入时间	外出经历	文化程度	职业
066	女	35 岁	一村委	——	2004—2007 年在离石上学	大专及以上	公务员
067	女	39 岁	二村委	——	——	初中	售票员
068	男	50 岁	庄上镇呼家圪台	1985 年迁入	——	小学	农民
069	男	45 岁	二村委炭场寨	——	——	初中	司机
070	女	48 岁	薛村镇前小成村	1999 年嫁入	1995—1997 年在太原打工 3 年	小学	家庭主妇
071	女	45 岁	下庄	1995 年嫁入	——	小学	家庭主妇
072	女	32 岁	二村委	——	——	初中	家庭主妇
073	男	63 岁	杨家坪	——	——	高中	村委报账员
074	女	36 岁	张家山	——	2011—2012 年在太原打工	初中	美容美发
075	女	57 岁	杜峪	——	——	小学	家庭主妇
076	女	64 岁	金家庄乡北辛安村	1974 年嫁入	——	没上过学	家庭主妇
077	女	64 岁	强家塔	——	——	初中	家庭主妇
078	男	65 岁	杜峪	——	——	小学	养大车

续表

编号	性别	年龄	出生地	迁入时间	外出经历	文化程度	职业
079	女	52岁	庄上镇杨家峪	1989年嫁入	——	初中	家庭主妇
080	男	52岁	杜峪	——	——	小学	井下工人
081	男	43岁	杜峪	——	——	初中	建筑工人
082	女	55岁	留誉镇	——	——	初中	家政保姆
083	女	67岁	杜峪	1970年嫁入	——	小学	家庭主妇
084	男	62岁	杜峪	——	——	高中	务农
085	男	45岁	杜峪	——	——	初中	务农
086	男	67岁	柳林杨道口	——	——	小学	务农
087	男	57岁	二村委	——	——	高中	村委委员
088	女	44岁	忻州五寨县	2004年迁入	——	初中	华晋物业队
089	女	51岁	石家庄市	2005年迁入	——	高中	华晋工会员工
090	男	33岁	方山县马地会	2010年迁入	2008—2011年在太原上学	大专及以上	华晋地质测量技术员
091	男	41岁	大同广灵县	2002年迁入	1995—1998年在河南上学，1999—2000年在太原工作	大专及以上	华晋物业队队长

续表

编号	性别	年龄	出生地	迁入时间	外出经历	文化程度	职业
092	女	36 岁	陈家湾乡	2002 年迁入	1998—2000 年在中阳上学	高中	华晋物业队
093	男	33 岁	大同平城区	2008 年迁入	——	大专及以上	煤矿地质测量技术人员
094	男	29 岁	黑龙江佳木斯鹤岗市	2015 年迁入	2010—2013 年在太原上学	大专及以上	煤矿地质测量技术人员
095	男	25 岁	一村委	——	2016—2018 年在离石上学	高中	华晋地质组技术员
096	男	33 岁	忻州市五台县	2013 年迁入	2005—2008 年在阳泉上学，2008—2009 年在长治工作，2010—2013 年在偏关工作	大专及以上	煤矿地质掘进技术人员
097	男	31 岁	交口县	2015 年迁入	2009—2013 年在河北上学	大专及以上	地质测量技术人员
098	男	57 岁	山阴县	2014 年迁入	1984—2014 年在太原工作	高中	地质测量科科长
099	男	56 岁	长治屯留县	2003 年迁入	——	高中	煤矿材料员

续表

编号	性别	年龄	出生地	迁入时间	外出经历	文化程度	职业
100	女	66岁	贾家垣乡龙花垣村	1974年嫁入	2013—2015年在北京看孙子	初中	家庭主妇
101	女	78岁	柳林镇杜家垣寸	1962年嫁入	——	初中	原妇联主任
102	女	66岁	白羊峁村	1980年嫁入	——	小学	家庭主妇

附录 6　文白异读变异调查数据统计表

异读的年龄分布（N=92）

例字	老年组（N=29）			中年组（N=34）			青年组（N=29）		
	两读	文读	白读	两读	文读	白读	两读	文读	白读
白	29	0	0	34	0	0	29	0	0
爬	24	0	5	32	2	0	17	12	0
触	6	0	23	15	0	19	15	13	1
硬	4	0	25	16	0	18	27	0	2
安	7	0	22	14	0	20	24	0	5
夏	23	0	6	33	0	1	29	0	0
巷	24	0	5	34	0	0	29	0	0
孩	26	0	3	34	0	0	29	0	0
横	22	0	7	34	0	0	28	1	0
足	0	0	29	13	0	21	22	0	7
供	29	0	0	33	1	0	17	12	0
仇	0	0	29	8	0	26	25	0	4
碾	0	0	29	3	0	31	18	0	11
肥	10	0	19	8	0	26	24	0	5

续表

例字	老年组（N=29）			中年组（N=34）			青年组（N=29）		
	两读	文读	白读	两读	文读	白读	两读	文读	白读
尾	24	0	5	34	0	0	29	0	0
蚊	29	0	0	34	0	0	29	0	0
荣	9	0	20	31	2	1	1	28	0
岁	9	0	20	20	0	14	28	0	1
坠	29	0	0	33	1	0	24	5	0
迟	9	1	19	22	1	11	15	7	7
世	8	1	20	20	1	13	15	6	8
堡	16	0	13	24	0	10	29	0	0
购	0	0	29	9	0	25	23	0	6
联	0	0	29	6	0	28	18	0	11
恋	0	0	29	8	0	26	17	0	12
然	24	0	5	34	0	0	29	0	0
闪	22	0	7	34	0	0	29	0	0
末	9	0	20	13	0	21	19	0	10
协	0	0	29	4	0	30	26	0	3
写	20	0	9	27	1	6	23	6	0
舍	3	0	26	17	0	17	26	0	3
左	25	0	4	34	0	0	25	4	0
个	5	0	24	14	0	20	27	0	2
落	10	0	19	20	0	14	26	0	3
约	3	0	26	16	0	18	25	0	4

续表

例字	老年组（N=29）			中年组（N=34）			青年组（N=29）		
	两读	文读	白读	两读	文读	白读	两读	文读	白读
学	3	0	26	11	0	23	26	0	3
匠	14	10	5	22	0	12	17	12	0
桑	14	15	0	9	25	0	0	29	0
寻	13	0	16	29	0	5	28	0	1
集	0	0	29	9	0	25	26	0	3
棚	29	0	0	34	0	0	20	9	0
正	24	0	5	34	0	0	25	4	0
生	29	0	0	34	0	0	29	0	0
宿	11	0	18	14	0	20	27	1	1
刮	16	0	13	30	0	4	29	0	0
总数	611	27	667	991	34	505	1043	149	113
占比（%）	46.8	2.1	51.1	64.8	2.2	33	79.9	11.4	8.7

异读的性别分布（N=92）

例字	男性（N=44）			女性（N=48）		
	两读	文读	白读	两读	文读	白读
白	44	0	0	48	0	0
爬	36	7	1	37	7	4
触	13	9	22	23	4	21
硬	18	0	26	29	0	19
安	18	0	26	27	0	21

续表

例字	男性（N=44）			女性（N=48）		
	两读	文读	白读	两读	文读	白读
夏	42	0	2	43	0	5
巷	43	0	1	44	0	4
孩	44	0	0	45	0	3
横	42	0	2	39	1	5
足	12	0	32	23	0	25
供	38	6	0	41	7	0
仇	11	0	33	22	0	26
碾	7	0	37	14	0	34
肥	19	0	25	23	0	25
尾	43	0	1	44	0	4
蚊	44	0	0	48	0	0
荣	22	12	10	19	18	11
岁	24	0	20	33	0	15
坠	39	5	0	47	1	0
迟	23	7	14	23	2	23
世	18	6	20	25	2	21
堡	34	0	10	35	0	13
购	9	0	35	23	0	25
联	8	0	36	16	0	32
恋	7	0	37	18	0	30
然	42	0	2	45	0	3

续表

例字	男性（N=44）			女性（N=48）		
	两读	文读	白读	两读	文读	白读
闪	42	0	2	43	0	5
末	15	0	29	26	0	22
协	12	0	32	18	0	30
写	37	1	6	33	6	9
舍	16	0	28	30	0	18
左	43	0	1	41	4	3
个	17	0	27	29	0	19
落	29	0	15	27	0	21
约	15	0	29	29	0	19
学	15	0	29	25	0	23
匠	34	9	1	19	13	16
桑	11	33	0	12	36	0
寻	30	0	14	40	0	8
集	14	0	30	21	0	27
棚	40	4	0	43	5	0
正	41	2	1	42	2	4
生	44	0	0	48	0	0
宿	22	1	21	30	0	18
刮	31	0	13	44	0	4
总数	1207	105	668	1429	111	617
占比（%）	61.0	5.3	33.7	66.2	5.1	28.6

各年龄段异读的性别差异（N=92）

例字	老年组（N=29）						中年组（N=34）						青年组（N=29）					
	男（16）			女（13）			男（15）			女（19）			男（13）			女（16）		
	两	文	白	两	文	白	两	文	白	两	文	白	两	文	白	两	文	白
白	16	0	0	13	0	0	15	0	0	19	0	0	13	0	0	16	0	0
爬	15	0	1	9	0	4	15	0	0	17	2	0	6	7	0	11	5	0
触	2	0	14	4	0	9	8	0	7	7	0	12	3	9	1	12	4	0
硬	4	0	12	0	0	13	2	0	13	14	0	5	13	0	0	15	0	1
安	6	0	10	1	0	12	3	0	12	11	0	8	9	0	4	15	0	1
夏	15	0	1	8	0	5	14	0	1	19	0	0	13	0	0	16	0	0
巷	15	0	1	9	0	4	15	0	0	19	0	0	13	0	0	16	0	0
孩	16	0	0	10	0	3	15	0	0	19	0	0	13	0	0	16	0	0
横	14	0	2	8	0	5	15	0	0	19	0	0	12	1	0	15	1	0
足	0	0	16	0	0	13	3	0	12	10	0	9	9	0	4	13	0	3
供	16	0	0	13	0	0	15	0	0	18	1	0	7	6	0	10	6	0
仇	0	0	16	0	0	13	2	0	13	6	0	13	9	0	4	16	0	0
碾	0	0	16	0	0	13	1	0	14	2	0	17	6	0	7	12	0	4
肥	9	0	7	1	0	12	1	0	14	7	0	12	9	0	4	15	0	1
尾	15	0	1	9	0	4	15	0	0	19	0	0	13	0	0	16	0	0
蚊	16	0	0	13	0	0	15	0	0	19	0	0	13	0	0	16	0	0
荣	7	0	9	2	0	11	14	0	1	17	2	0	1	12	0	0	16	0
岁	7	0	9	2	0	11	4	0	11	16	0	3	13	0	0	15	0	1
坠	16	0	0	13	0	0	15	0	0	18	1	0	8	5	0	16	0	0
迟	7	0	9	2	1	10	10	0	5	12	1	6	6	7	0	9	0	7
世	7	0	9	1	1	11	4	0	11	16	1	2	7	6	0	8	0	8
堡	11	0	5	5	0	8	10	0	5	14	0	5	13	0	0	16	0	0
购	0	0	16	0	0	13	1	0	14	8	0	11	8	0	5	15	0	1

续表

例字	老年组（N=29）						中年组（N=34）						青年组（N=29）					
	男（16）			女（13）			男（15）			女（19）			男（13）			女（16）		
	两	文	白	两	文	白	两	文	白	两	文	白	两	文	白	两	文	白
联	0	0	16	0	0	13	1	0	14	5	0	14	7	0	6	11	0	5
恋	0	0	16	0	0	13	1	0	14	7	0	12	6	0	7	13	0	3
然	14	0	2	10	0	3	15	0	0	19	0	0	13	0	0	16	0	0
闪	14	0	2	8	0	5	15	0	0	19	0	0	13	0	0	16	0	0
末	7	0	9	2	0	11	2	0	13	11	0	8	6	0	7	13	0	3
协	0	0	16	0	0	13	1	0	14	3	0	16	11	0	2	15	0	1
写	14	0	2	6	0	7	11	0	4	16	1	2	12	1	0	11	5	0
舍	2	0	14	1	0	12	3	0	12	14	0	5	11	0	2	15	0	1
左	15	0	1	10	0	3	15	0	0	19	0	0	13	0	0	12	4	0
个	3	0	13	2	0	11	2	0	13	12	0	7	12	0	1	15	0	1
落	8	0	8	2	0	11	10	0	5	10	0	9	11	0	2	15	0	1
约	2	0	14	1	0	12	3	0	12	13	0	6	9	3	1	10	3	3
学	2	0	14	1	0	12	2	0	13	9	0	10	11	0	2	15	0	1
匠	9	6	1	5	4	4	15	0	0	7	0	12	10	3	0	7	9	0
桑	4	12	0	10	3	0	7	8	0	2	17	0	0	13	0	0	16	0
寻	7	0	9	6	0	7	10	0	5	19	0	0	13	0	0	15	0	1
集	0	0	16	0	0	13	2	0	13	7	0	12	12	0	1	14	0	2
棚	16	0	0	13	0	0	15	0	0	19	0	0	9	4	0	11	5	0
正	15	0	1	9	0	4	15	0	0	19	0	0	11	2	0	14	2	0
生	16	0	0	13	0	0	15	0	0	19	0	0	13	0	0	16	0	0
宿	7	0	9	4	0	9	3	0	12	11	0	8	12	1	0	15	0	1
刮	7	0	9	9	0	4	11	0	4	19	0	0	13	0	0	16	0	0
总数	376	18	326	235	9	341	386	8	281	605	26	224	445	79	61	589	76	52

续表

例字	老年组（N=29）						中年组（N=34）						青年组（N=29）					
	男（16）			女（13）			男（15）			女（19）			男（13）			女（16）		
	两	文	白	两	文	白	两	文	白	两	文	白	两	文	白	两	文	白
占比（%）	52.2	2.5	45.2	40.2	1.5	58.3	57.2	1.2	41.6	70.8	3	26.2	76.1	13.5	10.4	82.1	10.6	7.3

异读的文化程度分布（N=92）

例字	小学及以下（N=20）			初中（N=33）			高中（N=19）			大学及以上（N=20）		
	两	文	白	两	文	白	两	文	白	两	文	白
白	20	0	0	33	0	0	19	0	0	20	0	0
爬	15	0	5	31	2	0	17	2	0	12	8	0
触	1	0	19	20	0	13	6	2	11	16	4	0
硬	2	0	18	13	0	20	13	0	6	19	0	1
安	2	0	18	10	0	23	13	0	6	20	0	0
夏	14	0	6	32	0	1	19	0	0	20	0	0
巷	15	0	5	33	0	0	19	0	0	20	0	0
孩	18	0	2	32	0	1	19	0	0	20	0	0
横	15	0	5	32	0	1	18	0	1	19	1	0
足	2	0	18	6	0	27	8	0	11	19	0	1
供	20	0	0	30	3	0	18	1	0	12	8	0
仇	3	0	17	5	0	28	6	0	13	19	0	1
碾	0	0	20	1	0	32	1	0	18	19	0	1
肥	2	0	18	11	0	22	10	0	9	19	0	1
尾	16	0	4	32	0	1	19	0	0	20	0	0
蚊	20	0	0	33	0	0	19	0	0	20	0	0

续表

例字	小学及以下（N=20）			初中（N=33）			高中（N=19）			大学及以上（N=20）		
	两	文	白	两	文	白	两	文	白	两	文	白
荣	8	2	9	17	8	8	12	4	3	5	15	0
岁	5	0	15	17	0	16	15	0	4	20	0	0
坠	20	0	0	31	2	0	17	2	0	18	2	0
迟	2	0	18	22	3	8	12	4	3	9	11	0
世	5	0	15	15	3	15	12	3	4	10	10	0
堡	5	0	15	27	0	6	17	0	2	20	0	0
购	2	0	18	4	0	29	7	0	12	19	0	1
联	2	0	18	1	0	32	3	0	16	18	0	2
恋	2	0	18	1	0	32	9	0	10	19	0	1
然	18	0	2	30	0	3	19	0	0	20	0	0
闪	16	0	4	30	0	3	19	0	0	20	0	0
末	3	0	17	7	0	26	11	0	8	20	0	0
协	1	0	19	7	0	26	4	0	15	18	0	2
写	9	0	11	31	0	2	8	1	10	12	6	2
舍	2	0	18	14	0	19	10	0	9	20	0	0
左	16	0	4	33	0	0	19	0	0	16	4	0
个	3	9	17	13	0	20	10	0	9	20	0	0
落	1	0	19	21	0	12	14	0	5	20	0	0
约	0	0	20	14	0	19	10	1	8	15	5	0
学	2	0	18	9	0	24	9	0	10	20	0	0
匠	8	2	10	24	3	6	11	7	1	10	10	0
桑	13	7	0	7	26	0	3	16	0	0	20	0
寻	6	0	14	26	1	6	18	1	0	20	0	0

续表

例字	小学及以下（N=20）			初中（N=33）			高中（N=19）			大学及以上（N=20）		
	两	文	白	两	文	白	两	文	白	两	文	白
集	0	0	20	7	0	26	9	0	10	19	0	1
棚	20	0	0	32	1	0	8	2	9	13	6	1
正	15	0	5	32	1	0	18	1	0	18	2	0
生	20	0	0	33	0	0	19	0	0	20	0	0
宿	0	0	20	18	0	15	14	1	4	20	0	0
刮	11	0	9	30	0	3	14	0	5	20	0	0
总数	380	20	508	907	53	525	575	48	232	773	112	15
占比（%）	41.9	2.2	55.9	61.1	3.5	35.4	67.3	5.6	27.1	85.9	12.4	1.7

各年龄段异读的文化程度差异（一）（N=92）

例字	老年组（N=29）												中年组（N=34）					
	小学-（9）			初中（10）			高中（9）			大专+（1）			小学-（10）			初中（15）		
	两	文	白	两	文	白	两	文	白	两	文	白	两	文	白	两	文	白
白	9	0	0	10	0	0	9	0	0	1	0	0	10	0	0	15	0	0
爬	4	0	5	10	0	0	9	0	0	1	0	0	10	0	0	15	0	0
触	0	0	9	3	0	7	2	0	7	1	0	0	0	0	10	10	0	5
硬	0	0	9	0	0	10	4	0	5	0	0	1	2	0	8	6	0	9
安	0	0	9	1	0	9	5	0	4	1	0	0	2	0	8	4	0	11
夏	4	0	5	9	0	1	9	0	0	1	0	0	9	0	1	15	0	0
巷	4	0	5	10	0	0	9	0	0	1	0	0	10	0	0	15	0	0
孩	7	0	2	9	0	1	9	0	0	1	0	0	10	0	0	15	0	0
横	4	0	5	9	0	1	8	0	1	1	0	0	10	0	0	15	0	0

续表

例字	老年组（N=29）												中年组（N=34）					
	小学-（9）			初中（10）			高中（9）			大专+（1）			小学-（10）			初中（15）		
	两	文	白	两	文	白	两	文	白	两	文	白	两	文	白	两	文	白
足	0	0	9	0	0	10	0	0	9	0	0	1	2	0	8	3	0	12
供	9	0	0	10	0	0	9	0	0	1	0	0	10	0	0	15	0	0
仇	0	0	9	0	0	10	0	0	9	0	0	1	2	0	8	0	0	15
碾	0	0	9	0	0	10	0	0	9	0	0	1	0	0	10	0	0	15
肥	2	0	7	2	0	8	6	0	3	0	0	1	0	0	10	4	0	11
尾	5	0	4	9	0	1	9	0	0	1	0	0	10	0	0	15	0	0
蚊	9	0	0	10	0	0	9	0	0	1	0	0	10	0	0	15	0	0
荣	0	0	9	2	0	8	6	0	3	1	0	0	8	1	0	15	0	0
岁	0	0	9	2	0	8	6	0	3	1	0	0	5	0	5	7	0	8
坠	9	0	0	10	0	0	9	0	0	1	0	0	10	0	0	15	0	0
迟	1	0	8	2	1	7	5	1	3	0	1	0	0	0	10	14	0	1
世	0	0	9	1	1	8	6	0	3	1	0	0	5	0	5	8	0	7
堡	2	0	7	5	0	5	8	0	1	1	0	0	2	0	8	14	0	1
购	0	0	9	0	0	10	0	0	9	0	0	1	2	0	8	0	0	15
联	0	0	9	0	0	10	0	0	9	0	0	1	2	0	8	0	0	15
恋	0	0	9	0	0	10	0	0	9	0	0	1	2	0	8	0	0	15
然	7	0	2	7	0	3	9	0	0	1	0	0	10	0	0	15	0	0
闪	5	0	4	7	0	3	9	0	0	1	0	0	10	0	0	15	0	0
末	1	0	8	3	0	7	4	0	5	1	0	0	2	0	8	2	0	13
协	0	0	9	0	0	10	0	0	9	0	0	1	0	0	10	1	0	14
写	2	0	7	8	0	2	0	0	9	0	0	1	6	0	4	15	0	0
舍	0	0	9	1	0	9	1	0	8	1	0	0	2	0	8	7	0	8
左	5	0	4	10	0	0	9	0	0	1	0	0	10	0	0	15	0	0

续表

例字	老年组（N=29）												中年组（N=34）					
	小学-（9）			初中（10）			高中（9）			大专+（1）			小学-（10）			初中（15）		
	两	文	白	两	文	白	两	文	白	两	文	白	两	文	白	两	文	白
个	0	9	9	2	0	8	2	0	7	1	0	0	2	0	8	5	0	10
落	1	0	8	4	0	6	4	0	5	1	0	0	0	0	10	11	0	4
约	0	0	9	1	0	9	1	0	8	1	0	0	0	0	10	7	0	8
学	0	0	9	1	0	9	1	0	8	1	0	0	2	0	8	2	0	13
匠	2	2	5	7	3	0	4	5	0	1	0	0	5	0	5	9	0	6
桑	8	1	0	5	5	0	1	8	0	0	1	0	5	5	0	2	13	0
寻	1	0	8	3	1	6	8	1	0	1	0	0	5	0	5	15	0	0
集	0	0	9	0	0	10	0	0	9	0	0	1	0	0	10	1	0	14
棚	9	0	0	10	0	0	0	0	9	0	0	1	10	0	0	15	0	0
正	4	0	5	10	0	0	9	0	0	1	0	0	10	0	0	15	0	0
生	9	0	0	10	0	0	9	0	0	1	0	0	10	0	0	15	0	0
宿	0	0	9	4	0	6	6	0	3	1	0	0	0	0	10	6	0	9
刮	4	0	5	7	0	3	4	0	5	1	0	0	6	0	4	15	0	0
总数	127	12	275	214	11	225	218	15	172	31	2	12	228	6	215	423	13	239
占比（%）	30. 1	2. 9	66. 4	47. 6	2. 4	50	53. 8	3. 7	42. 5	68. 9	4. 4	26. 7	50. 8	1. 3	47. 9	62. 7	1. 9	35. 4

各年龄段异读的文化程度差异（二）（N=92）

例字	中年组（N=34）												青年组（N=29）					
	高中（6）			大专+（3）			小学-（1）			初中（8）			高中（4）			大专+（16）		
	两	文	白	两	文	白	两	文	白	两	文	白	两	文	白	两	文	白
白	6	0	0	3	0	0	1	0	0	8	0	0	4	0	0	16	0	0
爬	6	0	0	3	0	0	1	0	0	6	2	0	2	2	0	8	8	0
触	2	0	4	3	0	0	1	0	0	7	0	1	2	2	0	12	4	0
硬	5	0	1	3	0	0	0	0	1	7	0	1	4	0	0	16	0	0
安	5	0	1	3	0	0	0	0	1	5	0	3	3	0	1	16	0	0
夏	6	0	0	3	0	0	1	0	0	8	0	0	4	0	0	16	0	0
巷	6	0	0	3	0	0	1	0	0	8	0	0	4	0	0	16	0	0
孩	6	0	0	3	0	0	1	0	0	8	0	0	4	0	0	16	0	0
横	6	0	0	3	0	0	1	0	0	8	0	0	4	0	0	15	1	0
足	5	0	1	3	0	0	0	0	1	3	0	5	3	0	1	16	0	0
供	6	0	0	3	0	0	1	0	0	5	3	0	3	1	0	8	8	0
仇	3	0	3	3	0	0	1	0	0	5	0	3	3	0	1	16	0	0
碾	0	0	6	3	0	0	0	0	1	1	0	7	1	0	3	16	0	0
肥	1	0	5	3	0	0	0	0	1	5	0	3	3	0	1	16	0	0
尾	6	0	0	3	0	0	1	0	0	8	0	0	4	0	0	16	0	0
蚊	6	0	0	3	0	0	1	0	0	8	0	0	4	0	0	16	0	0
荣	6	0	0	3	0	0	0	1	0	0	8	0	0	4	0	1	15	0
岁	5	0	1	3	0	0	0	0	1	8	0	0	4	0	0	16	0	0
坠	5	1	0	3	0	0	1	0	0	6	2	0	3	1	0	14	2	0
迟	5	1	0	3	0	0	1	0	0	6	2	0	2	2	0	6	10	0
世	4	1	1	3	0	0	0	0	1	6	2	0	2	2	0	6	10	0
堡	5	0	1	3	0	0	1	0	0	8	0	0	4	0	0	16	0	0

续表

例字	中年组（N=34）												青年组（N=29）					
	高中（6）			大专+（3）			小学-（1）			初中（8）			高中（4）			大专+（16）		
	两	文	白	两	文	白	两	文	白	两	文	白	两	文	白	两	文	白
购	4	0	2	3	0	0	0	0	1	4	0	4	3	0	1	16	0	0
联	1	0	5	3	0	0	0	0	1	1	0	7	2	0	2	15	0	1
恋	6	0	0	3	0	0	0	0	1	1	0	7	3	0	1	16	0	0
然	6	0	0	3	0	0	1	0	0	8	0	0	4	0	0	16	0	0
闪	6	0	0	3	0	0	1	0	0	8	0	0	4	0	0	16	0	0
末	6	0	0	3	0	0	0	0	1	2	0	6	1	0	3	16	0	0
协	0	0	6	3	0	0	1	0	0	6	0	2	4	0	0	15	0	1
写	4	1	1	2	0	1	1	0	0	8	0	0	4	0	0	10	6	0
舍	5	0	1	3	0	0	0	0	1	6	0	2	4	0	0	16	0	0
左	6	0	0	3	0	0	1	0	0	8	0	0	4	0	0	12	4	0
个	4	0	2	3	0	0	1	0	0	6	0	2	4	0	0	16	0	0
落	6	0	0	3	0	0	0	0	1	6	0	2	4	0	0	16	0	0
约	6	0	0	3	0	0	0	0	1	6	0	2	3	1	0	11	5	0
学	4	0	2	3	0	0	0	0	1	6	0	2	4	0	0	16	0	0
匠	5	0	1	3	0	0	1	0	0	8	0	0	2	2	0	6	10	0
桑	2	4	0	0	3	0	0	1	0	0	8	0	0	4	0	0	16	0
寻	6	0	0	3	0	0	0	0	1	8	0	0	4	0	0	16	0	0
集	5	0	1	3	0	0	0	0	1	6	0	2	4	0	0	16	0	0
棚	6	0	0	3	0	0	1	0	0	7	1	0	2	2	0	10	6	0
正	6	0	0	3	0	0	1	0	0	7	1	0	3	1	0	14	2	0
生	6	0	0	3	0	0	1	0	0	8	0	0	4	0	0	16	0	0
宿	5	0	1	3	0	0	0	0	1	8	0	0	3	1	0	16	0	0

续表

例字	中年组（N=34）												青年组（N=29）					
	高中（6）			大专+（3）			小学-（1）			初中（8）			高中（4）			大专+（16）		
	两	文	白	两	文	白	两	文	白	两	文	白	两	文	白	两	文	白
刮	6	0	0	3	0	0	1	0	0	8	0	0	4	0	0	16	0	0
总数	216	8	46	131	3	1	25	2	18	270	29	61	141	25	14	611	107	2
占比（%）	80. 0	3. 0	17. 0	97. 0	2. 2	0. 7	55. 6	4. 4	40. 0	75. 0	8. 1	16. 9	78. 3	13. 9	7. 8	84. 9	14. 9	0. 3

异读的外出经历分布（N=92）

例字	有外出（N=37）			无外出（N=55）		
	两读	文读	白读	两读	文读	白读
白	37	0	0	55	0	0
爬	26	11	0	48	3	5
触	27	0	10	22	0	33
硬	29	0	8	18	0	37
安	28	0	9	17	0	38
夏	37	0	0	48	0	7
巷	37	0	0	50	0	5
孩	37	0	0	52	0	3
横	35	2	0	48	0	7
足	24	0	13	11	0	44
供	26	11	0	54	1	0
仇	22	0	15	11	0	44
碾	20	0	17	1	0	54
肥	30	0	7	12	0	43

续表

例字	有外出（N=37）			无外出（N=55）		
	两读	文读	白读	两读	文读	白读
尾	37	0	0	50	0	5
蚊	37	0	0	55	0	0
荣	11	0	26	41	0	14
岁	30	0	7	27	0	28
坠	32	1	4	54	0	1
迟	17	1	19	28	2	25
世	18	1	18	25	2	28
堡	34	0	3	35	0	20
购	23	0	14	9	0	46
联	19	0	18	5	0	50
恋	22	0	15	6	0	49
然	37	0	0	50	0	5
闪	37	0	0	48	0	7
末	27	0	10	14	0	41
协	23	0	14	7	0	48
写	29	1	6	41	0	14
舍	28	0	9	18	0	37
左	33	4	0	51	0	4
个	26	0	11	20	0	35
落	31	0	6	25	0	30
约	23	5	9	15	1	39

续表

例字	有外出（N=37）			无外出（N=55）		
	两读	文读	白读	两读	文读	白读
学	26	0	11	14	0	41
匠	21	14	2	32	8	15
桑	2	21	14	21	34	0
寻	31	0	6	37	2	16
集	26	9	11	9	0	46
棚	30	7	0	53	0	2
正	34	3	0	49	1	5
生	37	0	0	55	0	0
宿	29	0	8	23	1	31
刮	33	0	4	42	0	13
总数	1258	91	324	1406	55	1015
占比（%）	75.2	5.4	19.4	56.8	2.2	41

各年龄段异读的外出经历差异（N=92）

例字	老年组（N=29）						中年组（N=34）						青年组（N=29）					
	有（9）			无（20）			有（7）			无（27）			有（21）			无（8）		
	两	文	白	两	文	白	两	文	白	两	文	白	两	文	白	两	文	白
白	9	0	0	20	0	0	7	0	0	27	0	0	21	0	0	8	0	0
爬	9	0	0	15	0	5	6	1	0	27	1	0	11	10	0	6	2	0
触	1	0	8	5	0	15	5	0	2	10	0	17	21	0	0	7	0	1
硬	2	0	7	2	0	18	6	0	1	10	0	17	21	0	0	6	0	2
安	3	0	6	4	0	16	6	0	1	8	0	19	19	0	2	5	0	3

续表

例字	老年组（N=29）						中年组（N=34）						青年组（N=29）					
	有（9）			无（20）			有（7）			无（27）			有（21）			无（8）		
	两	文	白	两	文	白	两	文	白	两	文	白	两	文	白	两	文	白
夏	9	0	0	14	0	6	7	0	0	26	0	1	21	0	0	8	0	0
巷	9	0	0	15	0	5	7	0	0	27	0	0	21	0	0	8	0	0
孩	9	0	0	17	0	3	7	0	0	27	0	0	21	0	0	8	0	0
横	9	0	0	13	0	7	7	0	0	27	0	0	19	2	0	8	0	0
足	0	0	9	0	0	20	5	0	2	8	0	19	19	0	2	3	0	5
供	9	0	0	20	0	0	7	0	0	27	0	0	10	11	0	7	1	0
仇	0	0	9	0	0	20	3	0	4	5	0	22	19	0	2	6	0	2
碾	0	0	9	0	0	20	2	0	5	1	0	26	18	0	3	0	0	8
肥	7	0	2	3	0	17	4	0	3	4	0	23	19	0	2	5	0	3
尾	9	0	0	15	0	5	7	0	0	27	0	0	21	0	0	8	0	0
蚊	9	0	0	20	0	0	7	0	0	27	0	0	21	0	0	8	0	0
荣	3	0	6	6	0	14	7	0	0	27	0	0	1	0	20	8	0	0
岁	3	0	6	6	0	14	6	0	1	14	0	13	21	0	0	7	0	1
坠	9	0	0	20	0	0	6	1	0	27	0	0	17	0	4	7	0	1
迟	3	0	6	5	2	13	5	1	1	17	0	10	9	0	12	6	0	2
世	3	0	6	5	1	14	6	1	0	14	0	13	9	0	12	6	1	1
堡	8	0	1	8	0	12	5	0	2	19	0	8	21	0	0	8	0	0
购	0	0	9	0	0	20	4	0	3	5	0	22	19	0	2	4	0	4
联	0	0	9	0	0	20	3	0	4	3	0	24	16	0	5	2	0	6
恋	0	0	9	0	0	20	4	0	3	4	0	23	18	0	3	2	0	6
然	9	0	0	15	0	5	7	0	0	27	0	0	21	0	0	8	0	0
闪	9	0	0	13	0	7	7	0	0	27	0	0	21	0	0	8	0	0
末	6	0	3	3	0	17	5	0	2	8	0	19	16	0	5	3	0	5

续表

例字	老年组（N=29）						中年组（N=34）						青年组（N=29）					
	有（9）			无（20）			有（7）			无（27）			有（21）			无（8）		
	两	文	白	两	文	白	两	文	白	两	文	白	两	文	白	两	文	白
协	0	0	9	0	0	20	3	0	4	1	0	26	20	0	1	6	0	2
写	8	0	1	12	0	8	6	1	0	21	0	6	15	0	5	8	0	0
舍	1	0	8	2	0	18	6	0	1	11	0	16	21	0	0	5	0	3
左	9	0	0	16	0	4	7	0	0	27	0	0	17	4	0	8	0	0
个	1	0	8	4	0	16	4	0	3	10	0	17	21	0	0	6	0	2
落	6	0	3	4	0	16	6	0	1	14	0	13	19	0	2	7	0	1
约	1	0	8	2	0	18	6	0	1	10	0	17	16	5	0	3	1	4
学	1	0	8	2	0	18	4	0	3	7	0	20	21	0	0	5	0	3
匠	6	3	0	8	7	5	5	0	2	17	0	10	10	11	0	7	1	0
桑	1	0	8	13	7	0	1	0	6	8	19	0	0	21	0	0	8	0
寻	3	0	6	8	2	10	7	0	0	22	0	5	21	0	0	7	0	1
集	0	9	9	0	0	20	5	0	2	4	0	23	21	0	0	5	0	3
棚	9	0	0	20	0	0	7	0	0	27	0	0	14	7	0	6	0	2
正	9	0	0	15	0	5	7	0	0	27	0	0	18	3	0	7	1	0
生	9	0	0	20	0	0	7	0	0	27	0	0	21	0	0	8	0	0
宿	3	0	6	8	0	12	5	0	2	9	0	18	21	0	0	6	1	1
刮	5	0	4	11	0	9	7	0	0	23	0	4	21	0	0	8	0	0
总数	219	12	183	389	19	492	251	5	59	745	20	451	788	74	82	272	16	72
占比（%）	52.9	2.9	44.2	43.2	2.1	54.7	79.7	1.6	18.7	61.3	1.6	37.1	83.5	7.8	8.7	75.6	4.4	20

附录 7　异读的语词环境数据统计（N=92）

调查字词		文白读音	青年组	中年组	老年组
白	白菜	pɛi^{35}/phiəʔ^{21}	29/1	34/0	29/0
	白富美		28/4	26/0	16/0
	白眼狼		25/9	21/13	21/8
	白生生		0/29	0/34	0/29
	白脸奸臣		5/24	1/34	0/29
爬	爬山	pha^{33}/pa^{35}	29/3	34/3	23/6
	爬坡		28/5	34/3	24/7
	爬墙溜瓦		29/0	34/0	23/6
	爬明不早		1/17	2/32	0/29
	爬起失坐		8/0	30/4	24/3
触	触角	ʦhu^{51}/ʦuəʔ^{21}、ʦhuəʔ^{21}	28/3/3	11/2/0	6/0/4
	接触		25/11/12	2/32/2	3/29/0
	触电		26/6/10	4/2/11	6/5/0

续表

调查字词		文白读音	青年组	中年组	老年组
硬	硬度	iŋ^{51}/niŋ^{51}、nia^{5}	27/25/0	16/34/0	4/27/0
	软硬		27/25/0	16/34/0	4/29/0
	硬茬茬		12/28/1	5/15/25	0/5/29
	硬米		13/26/5	1/12/32	0/3/29
安	安全	æ^{33}/ŋæ^{35}、ŋiɛ^{35}	22/11/29	15/9/34	7/8/27
	一路平安		23/11/29	14/10/33	7/7/27
	安安然然		3/3/29	5/0/34	0/0/29
夏	春夏秋冬	ɕia^{51}/xa^{51}	28/1	31/0	23/8
	夏天		29/1	27/6	17/17
	立夏		24/10	12/34	5/27
	夏晌天		0/29	0/34	0/29
巷	巷子	ɕiɔ^{51}/xɔ^{33}	21/14	7/34	4/29
	柳巷		29/0	34/0	24/0
	圪巷巷		0/29	0/34	0/29
孩	孩子	xɛi^{33}/ɕi^{51}	29/0	34/3	25/0
	男孩		29/0	34/3	24/0
	孩每$_{孩子们}$		0/29	0/31	0/29
横	横行霸道	xəŋ^{33}/ɕya^{33}	28/0	34/0	22/1
	横竖		29/0	34/3	18/10
	霸横$_{霸道}$		0/28	0/34	0/29
	横懒十字		0/11	0/34	0/29

续表

调查字词		文白读音	青年组	中年组	老年组
足	举手投足	ʦu^{35}/ʦuəʔ^{21}、ʨyəʔ^{21}	27/29/1	13/10/13	0/13/1
	足球		27/28/2	8/15/24	0/6/29
	足意满足		0/1/6	0/3/26	0/2/29
供	口供	kuəŋ^{35}/ʨyəŋ^{35}	29/1	34/0	29/0
	供销社		29/1	34/0	29/0
	供不起		24/17	1/33	0/29
	供管养活		0/6	0/32	0/29
仇	报仇	ʦhou^{33}/ʦhɤ^{33}、sɤ^{33}	26/29/0	9/34/0	0/29/6
	仇人		26/29/9	7/24/34	0/27/29
	记仇		25/29/1	9/34/7	0/29/19
	仇了不和睦		0/3/4	0/12/33	0/17/22
碾	碾子磨粉的石质工具	niæ^{214}/zɤ^{214}、zɛi^{214}、niɛ^{214}、iɛ^{51}	5/10/6/4/0	0/26/8/0/0	0/14/17/2/0
	碾压		18/2/0/27/0	3/0/0/29/0	0/0/0/20/0
	碾则山柳林县地名		4/0/2/10/0	0/0/1/12/4	0/3/9/10/7
肥	肥料	fɛi^{33}/xuɛi^{33}/ɕi^{33}	23/28/0	8/32/0	10/23/0
	肥猪		18/3/26	0/0/34	0/0/29
	肥胖蛋		0/0/25	0/0/34	0/0/29
尾	尾巴	uɛi^{214}/i^{214}	29/29	11/34	8/29
	尾气		29/0	34/4	24/0
	追尾		29/0	34/4	21/0

续表

调查字词		文白读音	青年组	中年组	老年组
蚊	蚊帐	uəŋ^{33}/məŋ^{214}	29/0	34/0	29/0
	蚊子		19/29	9/34	6/29
	蝇蚊圪蚤		0/12	0/34	0/29
荣	荣华富贵	zuəŋ^{33}/yəŋ^{33}	29/1	29/17	9/27
	光荣		29/1	17/30	3/27
	荣誉		29/1	17/31	3/27
岁	长命百岁	suɛi^{51}/ɕy^{51} 、ʦuɛi^{51}	28/29/0	20/34/0	9/29/0
	岁数		28/29/0	20/34/0	7/29/0
	几岁		28/29/0	20/34/0	7/29/0
	百岁百天		16/21/4	5/1/33	3/0/29
坠	坠落	ʦuɛi^{51}/ʨy^{51}	28/0	30/0	20/0
	坠毁		29/0	30/0	20/0
	脸坠下吃胖了		29/0	34/0	29/0
	耳坠		1/21	1/33	0/29
迟	尉迟恭	tshʅ^{33}/tshɛi^{33}	29/0	25/6	10/15
	迟早		26/14	4/33	3/27
	迟到		26/14	4/33	3/27
世	世人	sʅ^{51}/sɛi^{51}	26/9	18/33	9/28
	世界		28/8	21/33	9/28
	世上		25/15	18/33	9/28

续表

调查字词		文白读音	青年组	中年组	老年组
堡	城堡	pou^{214}/phu^{214}、pu^{214}	29/0/0	21/0/5	16/0/2
	碉堡		29/0/2	17/1/21	5/0/18
	堡上地名		0/0/29	0/0/34	0/0/29
	吴堡地名		0/1/29	0/6/34	0/17/28
购	网购	$kou^{51}/kɤ^{51}$、$ŋɤ^{51}$	22/26/2	8/27/9	0/20/27
	购物		22/26/3	5/29/10	0/10/29
	采购		22/26/6	5/29/14	0/11/29
联	联系	$liæ^{51}/liɛ^{33}$、$luæ^{33}$、luo^{33}	18/29/0/0	6/34/4/0	0/29/0/0
	联校		18/29/0/15	6/9/7/29	0/4/5/22
	妇联主任		18/29/1/1	6/33/15/0	0/18/18/0
恋	恋恋不舍	$liæ^{51}/liɛ^{51}$、luo^{33}	19/29/0	8/29/0	0/20/0
	依恋		19/29/0	8/29/0	0/20/1
	恋爱		18/29/6	5/21/29	0/10/29
然	然而	$zæ^{33}/zɤ^{33}$、$zɛi^{33}$	29/0/0	33/0/0	18/0/0
	然后		26/2/1	34/0/0	24/0/11
	安然		2/18/9	2/27/7	0/21/10
	自然		28/11/7	33/12/3	18/9/10
闪	闪亮	$sæ^{214}/sɤ^{214}$、$sɛi^{214}$	29/0/0	34/0/0	23/0/1
	闪电		29/0/0	34/0/0	18/0/1
	打闪打雷		1/10/5	2/27/7	2/10/21
	闪了一下		0/18/11	2/27/12	2/10/21

续表

调查字词		文白读音	青年组	中年组	老年组
末	末尾	muo^{51}/məʔ^{21}、ma^{33}	19/23/0	10/30/0	8/4/0
	期末		17/29/0	7/34/0	0/29/0
	末 tuəʔ^{21}子$_{末尾}$		0/0/20	0/0/28	0/0/29
协	协助	ɕiɛ^{33}/ɕiaʔ^{21}、ɕiəʔ^{21}	26/9/15	4/32/2	0/29/13
	协会		24/9/15	4/32/2	0/29/13
	协调		24/9/15	4/32/2	0/29/13
写	书写	ɕiɛ^{214}/ɕia^{214}	29/2	28/13	20/11
	写字		23/17	20/33	6/28
	写作业		19/22	20/26	5/29
	写下		20/23	14/33	3/29
舍	舍命陪君子	sə^{214}/saʔ^{21}、sa^{214}	25/1/10	18/3/16	3/0/16
	舍弃		24/0/9	14/4/12	0/0/17
	舍得		21/1/28	13/4/28	0/0/29
	宿舍		0/19/12	7/24/8	0/20/7
左	左派	tsuo^{214}/tsɔ^{51}	29/1	34/1	25/0
	左右		29/1	27/0	25/0
	左手		28/1	27/1	25/7
	左刮子$_{左撇子}$		5/21	0/34	12/29

续表

调查字词		文白读音	青年组	中年组	老年组
个	几个	kə^{51}/kuəʔ^{21}、kɔ^{51}	24/29/0	19/34/4	3/29/15
	个数		23/0/0	19/0/33	4/0/29
	个别		21/0/17	18/0/33	2/0/29
	个子$_{身高}$		14/0/29	17/0/33	0/0/29
落	家道中落	luo^{51}/laʔ^{21}、luəʔ^{21}、la^{214}	26/0/3/0	20/1/0/3	10/7/0/0
	日落		23/0/1/3	12/1/0/15	4/26/0/1
	降落伞		16/1/19/3	6/16/20/0	2/26/3/6
	落花生		3/29/0/0	3/34/0/0	2/29/0/0
约	约会	yɛ^{33}/iaʔ^{21}、iou^{35}	23/17/0	17/33/0	3/29/0
	约好		21/19/0	17/33/0	3/29/0
	约定		24/18/0	17/33/0	3/29/0
	约摸		11/4/19	3/0/34	0/17/29
学	鹦鹉学舌	ɕyɛ^{35}/ɕyəʔ^{21}、ɕiou^{33}、ɕiɛ^{214}、ɕiəʔ^{21}	18/14/3/0/6	11/13/0/0/7	3/4/8/0/16
	学校		20/6/0/0/26	5/12/0/6/24	3/0/0/0/29
	学霸		20/9/0/0/20	8/6/0/6/21	3/0/0/0/20
	学会		12/6/27/0/18	4/6/34/0/8	0/0/29/0/10
匠	匠人	tɕiɔ^{51}/tsɔ^{51}	29/0	20/0	24/0
	木匠		19/17	1/34	0/29
	泥匠$_{泥瓦匠}$		19/17	0/34	0/29
桑	沧海桑田	sɔ^{35}/suo^{35}	28/0	30/0	19/0
	沧桑		29/0	30/0	21/0
	桑叶		29/0	34/8	28/18

续表

调查字词		文白读音	青年组	中年组	老年组
寻	寻找	ɕyəŋ^{33}/səŋ^{33}、ɕiŋ^{33}	29/0/0	29/0/0	13/6/0
	寻人启事		29/7/0	28/18/1	13/27/0
	寻东西		1/29/1	3/33/2	0/29/4
集	集合	tɕi^{35}/tɕhiəʔ^{21}、tɕiəʔ^{213}	26/0/29	9/0/34	0/0/29
	集中		26/0/29	9/0/34	0/0/29
	赶集上会		2/3/2	0/33/2	0/29/2
棚	车棚	phəŋ^{35}/phia^{33}	29/0	34/0	29/0
	雨棚		29/0	34/0	29/0
	搭棚棚		20/17	18/34	6/29
	猴棚棚 小棚子		0/16	4/34	0/29
正	正直	tsəŋ^{51}/tsɛi^{51}	29/0	34/0	25/0
	真正		29/0	26/5	20/0
	正月		19/28	24/32	5/29
	翻正 正反		0/25	0/32	0/29
生	生日	səŋ^{35}/saʔ^{21}、sa^{35}	29/0/0	34/0/0	29/0/0
	陌生		29/0/0	34/0/0	21/0/0
	生巴巴 陌生		0/0/29	0/7/34	0/0/29
	过生		0/0/29	0/7/34	0/0/29
	生月		0/0/29	0/7/34	0/0/29
	辈生 好朋友		0/12/0	0/27/0	0/29/0

续表

<table>
<tr><th colspan="2">调查字词</th><th>文白读音</th><th>青年组</th><th>中年组</th><th>老年组</th></tr>
<tr><td rowspan="4">宿</td><td>夜宿山寺</td><td rowspan="4">su⁵¹/ɕyəʔ²¹、suəʔ²¹</td><td>28/0/0</td><td>20/3/4</td><td>11/19/0</td></tr>
<tr><td>住宿</td><td>18/11/17</td><td>18/33/0</td><td>5/25/0</td></tr>
<tr><td>宿舍</td><td>17/24/1</td><td>16/34/0</td><td>0/25/0</td></tr>
<tr><td>隔了一宿住了一晚</td><td>0/20/0</td><td>0/34/0</td><td>0/29/0</td></tr>
<tr><td rowspan="3">刮</td><td>刮胡子</td><td rowspan="3">kuaʔ²¹/kua³⁵</td><td>2/29</td><td>11/29</td><td>15/19</td></tr>
<tr><td>刮风</td><td>29/0</td><td>34/1</td><td>29/0</td></tr>
<tr><td>刮嗒出门(串门)</td><td>29/0</td><td>34/1</td><td>29/0</td></tr>
</table>

后　记

2010 年，在恩师和母校的关怀与推荐下，我很幸运地成为一名高校教师。怀揣着对未来的无限憧憬，工作 6 年后，我又回到母校继续深造。这次的校园生活来之不易，我倍加珍惜。本研究从选题到正式调查几经波折，最后交出了这份答卷，也是我日日夜夜“赶夜车”的最好回报。

回顾在民大求学的点点滴滴，我有幸得到诸多师长学友的帮助与鼓励。首先感谢我的导师王远新教授！王老师长期从事社会语言学研究，研究内容涉及少数民族语言、汉语方言、双语教育等方面，他的博学多识开阔了我的学术视野。课堂上，王老师思维敏捷，恰到好处、一针见血的点评，让人醍醐灌顶，茅塞顿开；田野中，王老师凭借极高的语言敏感度，引导我们在短时间内寻找合适的被试；治学上，王老师高标准严要求，字斟句酌，奉行“好文章是改出来的”，每部书稿都不厌其烦地反复推敲、不断修改；生活中，王老师像慈父一样关心每一个学生的成长与发展，王家军一百五十多人，每个学生的趣事，王老师都如数家珍，记在心里。于我而言，王老师引我入门，荐我进高校，提我读博，是我的贵人，亦是我的恩人！

感谢瞿霭堂先生、劲松教授，两位教授为人谦和，治学严谨，在论文选题、思路框架以及行文布局方面都及时给出了有针对性的意见。感谢刘勋宁教授、郭风岚教授、李云兵教授、卢小群教授、翟燕教授、刘玉屏师姐、武玉芳老师在我的论文开题和预答辩中提出的宝贵修改意见和建议。

感谢给我授业解惑的戴庆厦教授、胡振华教授、周国炎教授、刘岩教授、罗自群教授、王蓓教授、胡素华教授、关辛秋教授等，以及校外的项梦冰教授、陈保亚教授、聂鸿音教授、詹卫东教授等，老师们循循善诱，给我奠定了坚实的专业基础知识，也激发了我今后从事语言学研究的深挚动力。感谢木乃热哈教授，在您的关照下，我的学业和事业都很平顺。

感谢同门兄弟姐妹们在求学路上的陪伴与鼓励。感谢协助我完成田野调查的亲朋好友帮我获取了第一手田野资料。最后还要特别感谢我的家人，初稿写作时，儿子八岁，女儿两岁，两个孩子已经懂得心疼妈妈，用他们自己的方式给我腾出宝贵的时间写作，我的父母和两个妹妹在我做田野时，帮我做好后方保障工作，我的爱人也一直支持和鼓励我，本研究饱含家人们的付出和努力。

最后，还要感谢民族出版社的罗焰老师和张亦芃老师，她们为本书的出版付出了很多心血。

本书即将付梓，我心里很忐忑，因学识和精力所限，书中难免有错误和不妥之处，恳请同行们不吝批评指正，督促我在未来的学术生涯中走得更远更扎实。

贾海霞

2023 年 6 月于成都

图书在版编目(CIP)数据

晋语柳林话文白异读及其变异研究/贾海霞著.—北京:民族出版社,2023.5

ISBN 978-7-105-16979-5

Ⅰ.①晋… Ⅱ.①贾… Ⅲ.①晋语—方言研究—柳林县 Ⅳ.①H172.2

中国国家版本馆 CIP 数据核字(2023)第 101980 号

策划编辑:罗 焰
责任编辑:张亦芃
封面设计:金 晔
出版发行:民族出版社
地 址:北京市和平里北街 14 号
邮 编:100013
网 址:http://www.mzpub.com
印 刷:北京中石油彩色印刷有限责任公司
经 销:各地新华书店
版 次:2023 年 7 月第 1 版 2023 年 7 月北京第 1 次印刷
开 本:880 毫米×1230 毫米 1/32
字 数:289 千字
印 张:11.5
定 价:36.00 元
ISBN 978-7-105-16979-5/H·1221(汉 423)

汉文编辑一室电话:010-64271909 发行部电话:010-64224782